Nome _____

Endereço _____

_____

Fone _____

Bairro _____

Cidade _____

Estado _____

CANTOR CRISTÃO
com letra

1ª Edição
10ª reimpressão
[NRI 7258]

CANTOR CRISTÃO
com Letra

CANTOR CRISTÃO
com letra

Com Pauta Musical
Hinário das Igrejas Batistas do Brasil

Junta de Educação Religiosa e Publicações da
Convenção Batista Brasileira
Co-Editor Geo-gráfica e editora Ltda.

Nesta nova edição 2005 do "Cantor Cristão" os hinos foram acrescidos de suas pautas musicais permitindo a leitura inicial da música. Fizemos também que cada hino ocupasse apenas uma abertura de página, para facilitar o seu louvor.

Na presença de Deus foi preparada esta coleção de hinos, que é apresentada ao público acompanhada de oração para que sirva de estímulo e conforto aos fiéis, de convite poderoso aos não salvos e de padrão de glória e louvor ao Deus Pai, Filho e Espírito Santo.

Esta edição baseia-se na letra revisada da 34ª. edição do Cantor Cristão quando foram corrigidos os erros percebidos, vícios de linguagem, e manifestas impropriedades de expressão, sendo esta edição composta de 581 hinos.

ÍNDICE DOS ASSUNTOS

I. ADORAÇÃO A DEUS .... 1 – 16
    1. O Amor de Deus .... 17 – 26

II. DEUS O FILHO — JESUS CRISTO
    1. Seu nascimento .... 26 – 33
    2. Sua vida, graça e amor .... 34 – 51
    3. Exaltação pelo nome .... 52 – 70
    4. Jesus como amigo .... 71 – 81
    5. Sua cruz e seu sangue .... 82 – 94
    6. Sua humilhação .... 95 – 98
    7. Sua ressurreição .... 99 – 101
    8. Sua segunda vinda .... 102 – 115

III. DEUS O ESPÍRITO SANTO
    (Também o hino 580) .... 116 – 118

IV. CULTO PÚBLICO
    1. Louvor e gratidão a Deus .... 119 – 135
    2. A Palavra de Deus .... 136 – 138
    3. O Dia do Senhor .... 139 – 141
    4. A Ceia do Senhor .... 82 – 94
    (Também os hinos 142–144)
    5. Batismo .... 145 – 147
    6. Oração e avivamento .... 274 – 282
    7. Fim de culto .... 178 – 182

V. O EVANGELHO
    1. Sua mensagem .... 183 – 209
    2. Convite ao pecador .... 210 – 248
    3. Advertência e instância .... 249 – 260
    4. Decisão e arrependimento .... 261 – 273
    5. A alegria do convertido .... 274 – 282

VI. A VIDA CRISTÃ
1. Aspiração pela comunhão com Deus ..... 283 – 294
2. Amor e consagração .... 295 – 309
3. Amparo e proteção de Deus .... 310 – 327
4. Conforto em aflições .... 328 – 349
   (Também o hino 578)
5. Deus como guia .... 350 – 363
6. Fé e esperança .... 364 – 371
7. Segurança e certeza .... 372 – 378
   (Também o hino 579)
8. Comunhão Cristã .... 379 – 382
9. Alegria e paz .... 383 – 412
10. Trabalho e recompensa .... 413 – 426
11. Evangelização e missões .... 427 – 449
    (Também o hino 581)
12. Luta e vitória .... 450 – 475
13. Peregrinação cristã .... 476 – 482

VII. A VIDA FUTURA
1. Aspiração pelo céu .... 483 – 488
2. O céu antecipado .... 489 – 492
3. A morada no céu .... 493 – 521

VIII. MOCIDADE
1. Hinos para crianças .... 522 – 543
2. Hinos para jovens .... 544 – 555

IX. OCASIÕES ESPECIAIS
1. Hinos vespertinos .... 556 – 558
2. Ano Novo .... 559 – 561
3. Consagração de templo .... 562 – 564
4. Viagens .... 565 – 566
5. Casamento .... 567 – 568
6. Ministério santo .... 569 – 570
7. Funeral .... 571 – 573

X. HINOS PÁTRIOS .... 574 – 577

1 - Antífona

H.M.W.

1. A ti, ó Deus, fiel e bom Senhor.
   Eterno Pai, supremo Benfeitor,
   Nós, os teus servos, vimos dar louvor,
   Aleluia! Aleluia!

2. A ti, Deus Filho, Salvador Jesus;
   Da graça a fonte, da verdade a luz,
   Por teu amor, medido pela cruz,
   Aleluia! Aleluia!

3. A ti, ó Deus, real Consolador,
   Divino fogo santificador,
   Que nos anima e nos acende o amor,
   Aleluia! Aleluia!

4. A ti, Deus trino, poderoso Deus,
   Que estás presente sempre junto aos teus,
   A ministrar as bênçãos lá dos céus,
   Aleluia! Aleluia!

2 - Justo És, Senhor

J.G.R.

Justo és, Senhor, nos teus santos caminhos;
És digno em todas as tuas obras;
Eis, perto estás dos que te invocam,
De todos que te invocam em verdade!
Aleluia! Aleluia!

3 - Louvor ao Senhor — W.E.E.

Ó gratos ao Senhor,
Ao vosso Rei louvai;
Com alegria e com fervor, *(bis)*
Seu culto celebrai! *(bis)*
A Ele pertencem
Bênção e sabedoria,
Sim, glória e soberania,
Agora e pra sempre, sem fim.

4 - Ao Deus Santo — M.A.L/W.E.E.

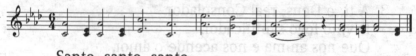

Santo, santo, santo
És tu, Senhor!
Louvem-te nos altos céus,
E na terra os filhos teus,
Ó Deus de amor.

5 - Presença Divina — Anônimo/J.H.N.

1. Onipotente Rei, aqui presente sê
No teu poder;
Em teu excelso amor, inspira-nos louvor;
Queremos-te, Senhor, engrandecer.

2. Ó poderoso Deus, nos ouve lá dos céus
A petição.
Vem-nos abençoar, e vem fazer brotar
O que se semear no coração.

E Senhor, sê testificador
Santificar-nos, a obra completar,
A glória nos darás de coração.
...adoramos nós,

6 - Glória ao Senhor

1. A nosso Pai do céu tributa, lábio meu
   Glória e louvor!
   A quem seu Filho deu, o qual por nós morreu!
   A quem me prostro eu; glória ao Senhor!

2. Louvemos ao Senhor, o santo Redentor,
   O Rei Jesus!
   Sua morte me remiu, a mim, tão pecador,
   E assim o céu me abriu; glória a Jesus!

3. Espírito de Deus, mandado por Jesus,
   Louvor a ti!
   De Cristo o grande amor revela, Instruidor!
   Sê meu renovador! Louvor a ti!

4. Louvemos com ardor, com gozo e com fervor,
   O trino Deus!
   Eternamente ali, em canto abrasador,
   Trindade santa, a ti louvor nos céus!

7 - Maravilhas Divinas

1. Ao Deus (...) bondade,
   (...) aclamai;
   (...) ante de graças,
   Com vo(...) todos, vinde e louvai.
   Com (...)
   Se(...) na terra, que maravilhas
   ...perando o poder do Senhor!
   Mas seu amor aos homens perdidos
   Das maravilhas é sempre a maior!

2. Já nossos pais nos contaram a glória
   De Deus, falando com muito prazer,
   Que nas tristezas, nos grandes perigos,
   Ele os salvou por seu grande poder.

3. Hoje, também, nós bem alto cantamos
   Que as orações Ele nos atendeu;
   Seu forte braço, que é tão compassivo,
   Em nosso auxílio Ele sempre estendeu.

4. Como até hoje e daqui para sempre,
   Ele será nosso eterno poder,
   Nosso castelo bem forte e seguro,
   E nossa fonte de excelso prazer.

8 - Adoração   T.K./S.P.K.

A Deus, supremo Benfeitor,
Vós anjos e homens dai louvor;
A Deus o Filho, a Deus o Pai,
A Deus Espírito, glória dai.

9 - Santo
R.H./J.G.R.

1. Santo! Santo! Santo! Deus onipotente!
   Cedo de manhã cantaremos teu louvor.
   Santo! Santo! Santo! Deus Jeová triúno,
   És um só Deus, excelso Criador.

2. Santo! Santo! Santo! Todos os remidos,
   Juntos com os anjos, proclamam teu louvor.
   Antes de formar-se o firmamento e a terra,
   Eras, e sempre és e hás de ser, Senhor.

3. Santo! Santo! Santo! Nós, os pecadores,
   Não podemos ver tua glória sem tremor.
   Tu somente és santo; não há nenhum outro,
   Puro e perfeito, excelso Benfeitor.

4. Santo! Santo! Santo! Deus onipotente!
   Tuas obras louvam teu nome com fervor.
   Santo! Santo! Santo! Justo e compassivo,
   És um só Deus, supremo Criador.

10 - Auxílio Divino
A.R./W.E.E.

1. Santo Deus, vem inflamar
   Nossos débeis corações;
   Vem as trevas dissipar,
   Livra-nos de imperfeições

2. Sim, ó Deus, vem dirigir
   Este culto a celebrar;
   Vem, ó vem nos revestir
   De fervor pra te louvar!

11 - Ao Deus Trino — W.E.E

1. Ó Deus, bom Pai e Benfeitor,
   A ti rendemos com ardor
   Louvor leal sem fim, Senhor,
   De todos nós sustentador.

2. E tu, Deus Filho, ó bom Jesus!
   Por nós sofreste numa cruz;
   De ti nos vem a clara luz
   Que nossos pés aos céus conduz.

3. Tu, Deus, Espírito veraz,
   Oh! nossas almas satisfaz,
   Com gozo, com divina paz,
   E as nossas aflições desfaz.

4. Ó infinito e excelso Deus,
   Ampara-nos, embora réus,
   Com bênçãos, lá dos altos céus,
   A todos nós os filhos teus.

12 - Louvamos R.H.

1. Louvamos, louvamos, Senhor, e adoramos
   A Ti, ó Deus-Homem, no céu assentado;
   Que em tempo devido, na terra humilhado.
   Por nossos pecados morreste na cruz. *(bis)*

2. Louvamos, louvamos, Senhor, e adoramos
   A ti, que a justiça de Deus sustentaste;
   A pena sofrendo por nós merecida,
   A vida depondo pra assim nos remir. *(bis)*

3. Louvamos, louvamos, Senhor e adoramos
   A glória divina por ti revelada;
   Que para nós brilha na luz esplendente,
   Fazendo-nos ver a real perfeição. *(bis)*

4. Em ti concilia-se a santa justiça,
   Que não pode a culpa deixar sem castigo,
   Com a compaixão que por graça recebe,
   E exime de culpas o réu pecador. *(bis)*

13 - Adoração a Deus H.F.L./W.E.E.

Bendigam a Deus, glorioso Senhor,
E com gratidão lhe rendam louvor;
Amigo dos homens, fiel Defensor,
Que os guarda seguros no seu amplo amor.

14 - O Deus de Abraão D.B.J.D./T.O./R.H.M.

1. Ao Deus de Abraão louvai;
   Do vasto céu Senhor,
   Eterno e poderoso Pai,
   E Deus de amor.
   Augusto Deus Jeová,
   Que terra e céu criou,
   Minha alma o nome abençoará
   Do grande Eu-Sou.

2. Ao Deus de Abraão louvai;
   Eis, por mandado seu,
   Minha alma deixa a terra e vai
   Gozar no céu.
   O mundo desprezei,
   Seu lucro e seu louvor,
   E Deus por meu quinhão tomei
   E protetor.

3. Meu guia Deus será;
   Seu infinito amor
   Feliz em tudo me fará
   Por onde eu for.
   Tomou-me pela mão,
   Em trevas deu-me luz,
   E dá-me eterna salvação
   Por meu Jesus.

4. Meu Deus por si jurou;
   E nele confiei,
   E para o céu que preparou
   Eu subirei.
   Seu rosto irei eu ver,
   Fiado em seu amor,
   E eu hei de sempre engrandecer
   Meu Redentor.

3. Vem tu Consolador, sê testificador
   Da redenção.
   No templo vem entrar, a obra completar,
   Das manchas vem limpar o coração.

4. Ó grande, trino Deus, sim, te adoramos nós,
   E só a ti!
   Santificar-nos-ás, ao céu nos levarás,
   A glória nos darás contigo aí.

6 - Glória ao Senhor   A. J. S. N.

1. A nosso Pai do céu tributa, lábio meu
   Glória e louvor!
   A quem seu Filho deu, o qual por nós morreu!
   A quem me prostro eu; glória ao Senhor!

2. Louvemos ao Senhor, o santo Redentor,
   O Rei Jesus!
   Sua morte me remiu, a mim, tão pecador,
   E assim o céu me abriu; glória a Jesus!

3. Espírito de Deus, mandado por Jesus,
   Louvor a ti!
   De Cristo o grande amor revela, Instruidor!
   Sê meu renovador! Louvor a ti!

4. Louvemos com ardor, com gozo e com fervor,
   O trino Deus!
   Eternamente ali, em canto abrasador,
   Trindade santa, a ti louvor nos céus!

7 - Maravilhas Divinas — S.L.G.

1. Ao Deus de amor e de imensa bondade,
   Com voz de júbilo vinde e aclamai;
   Com coração transbordante de graças,
   Seu grande amor, todos, vinde e louvai.

   No céu, na terra, que maravilhas
   Vai operando o poder do Senhor!
   Mas seu amor aos homens perdidos
   Das maravilhas é sempre a maior!

2. Já nossos pais nos contaram a glória
   De Deus, falando com muito prazer,
   Que nas tristezas, nos grandes perigos,
   Ele os salvou por seu grande poder.

3. Hoje, também, nós bem alto cantamos
   Que as orações Ele nos atendeu;
   Seu forte braço, que é tão compassivo,
   Em nosso auxílio Ele sempre estendeu.

4. Como até hoje e daqui para sempre,
   Ele será nosso eterno poder,
   Nosso castelo bem forte e seguro,
   E nossa fonte de excelso prazer.

8 - Adoração — T.K./S.P.K.

A Deus, supremo Benfeitor,
Vós anjos e homens dai louvor;
A Deus o Filho, a Deus o Pai,
A Deus Espírito, glória dai.

15 - Exultação
F.J.C./J.J.

1. A Deus demos glória, com grande fervor;
   Seu Filho bendito por nós todos deu;
   A graça concede ao mais vil pecador,
   Abrindo-lhe a porta de entrada no céu.

   Exultai! Exultai! Vinde todos louvar
   A Jesus, Salvador, a Jesus, Redentor;
   A Deus demos glória, porquanto do céu
   Seu Filho bendito por nós todos deu.

2. Oh! graça real, foi assim que Jesus,
   Morrendo, seu sangue por nós derramou!
   Herança nos céus, com os santos em luz,
   Comprou-nos Jesus, pois o preço pagou.

3. A crer nos convida tal rasgo de amor,
   Nos merecimentos do Filho de Deus;
   E quem, pois confia no seu Salvador,
   Vai vê-lo sentado na glória dos céus.

16 - Vinde Adorar
H.M.W.

1. Oh! vinde adorar o excelso e bom Deus,
   Eterno Senhor da terra e dos céus,
   Que reina, supremo, envolto na luz,
   E que se revela em Cristo Jesus.

2. Seu grande poder deveis contemplar
   No brilho do céu, na terra e no mar;
   As gotas de orvalho, sim, toda flor
   Proclamam constantes seu grande Autor.

17 - O Amor de Deus S.E.M.

1. Decorridas eras são,
   Desde que aos judeus
   Cristo fez proclamação
   Do grande amor de Deus.

2. Veio aos cegos vista dar,
   Luz nas trevas ser;
   Pecadores quis salvar,
   Perdidos recolher.

3. Nunca os pobres desprezou,
   Sempre os recebeu;
   Paga sempre recusou;
   De graça tudo deu.

4. Tempos já passados são,
   Cristo o mesmo é;
   Vida, vista, salvação
   Obtêm-se pela fé.

CORO:
*Que profundo amor se via
Quando aqui andou!
Terna, santa simpatia
Ele nos mostrou!*

18 - Amor sem Igual — S.E.M.

1. Oh! não tens ouvido do amor sem igual,
   Do amor que teu Deus tem por ti?!
   Do amor que O levou a seu Filho entregar
   Pra os salvos levar para Si?!

   Oh, crê! Oh, crê!
   A graça de Deus te chama dos céus.
   Oh, crê nesse amor sem igual!

2. Não foram os grandes que Cristo chamou,
   Nem justos veio Ele salvar;
   Mas pobres e fracos, culpados e maus,
   Mandou pelos servos chamar.

3. O homem, porém, não podia chegar
   À santa presença de Deus;
   Porque seus pecados, qual grande montão,
   Vedavam-lhe a entrada nos céus.

4. Mas pelo seu sangue Jesus expiou
   A culpa dos crentes na cruz;
   Tirando o pecado, caminho mostrou,
   O qual para o céu nos conduz

5. E tu, pecador, não desejas, então,
   O amor do teu Deus conhecer?
   Por fé no Senhor, como teu Salvador,
   Irás alcançar tal prazer.

19 - Boa Nova   W.E.E.

1. Alegre nova nos chegou:
   O grande Deus assim amou
   A todo o mundo pecador,
   Que deu seu Filho benfeitor
   Em sua redenção.

2. Aquele, pois, que em
   Cristo crer,
   A vida eterna passa a ter;
   Jamais a morte vai provar;
   No céu, porém, irá gozar
   A plena salvação.

3. Mister é Cristo conhecer,
   E dele em tudo depender,
   Guardar a sua santa lei,
   E coroá-lo nosso Rei
   De todo o coração.

4. Ó mundo todo, a Cristo vem,
   Ao que concede todo o bem,
   Que poderá tornar feliz
   A cada povo e seu país,
   Com sua proteção!

20 - Amor Perene   G.L.S.F.

1. Amavas-me, Senhor, não tendo a luz ainda
   Surgido lá nos céus, ao mando criador;
   Nem mesmo o sol, na aurora esplendorosa e linda,
   À terra dava força fecundante, infinda,
   Meu Deus, que amor!
   Meu Deus, que antigo amor!

2. Amavas-me, Senhor, no tempo em que imolado
   Foi numa cruz sangrenta o meigo Salvador,
   Levando sobre si, sim, todo o meu pecado,
   O Santo de Israel, o teu Cordeiro amado.
   Meu Deus, que amor!
   Meu Deus, que imenso amor!

3. Amavas-me, Senhor! No fundo de meu peito
Brilhou a doce luz, do meu Consolador,
E com promessas mil do teu amor perfeito,
Nasceu em mim a fé em que hoje me deleito.
Meu Deus, que amor!
Meu Deus, és todo amor!

4. A mim sempre hás de amar! Pois que jamais o inferno
E o mundo poderão a teu querer se opor;
Ao teu decreto, ó Rei, ao teu decreto eterno,
Ao teu amor, ó Pai, ao teu amor superno!
Meu Deus, que amor! [És sempre, sempre amor!

21 - Louvor ao Pai e ao Filho   S.L.G.

1. Do mundo Deus se condoeu
De tal maneira que lhe deu
Por salvador o Filho seu.
Louvor ao Pai e ao Filho dai!

2. Jesus sofreu, sim, como réu,
A fim de nos levar ao céu,
Foi quem rasgou da morte o véu.
Louvor ao Pai e ao Filho dai!

3. E Cristo, por morrer na cruz,
Outorga vida, gozo e luz;
Sim, tudo temos em Jesus.
Louvor ao Pai e ao Filho dai!

4. Morreu Jesus e nos remiu,
Foi sepultado e ressurgiu,
E para Deus depois subiu.
Louvor ao Pai e ao Filho dai!

22 - Amor Sublime — I.S.T./S.L.G.

1. Qual ave que, buscando os céus,
O mundo deixa e seus troféus,
Minha alma vem a ti, Senhor,
Pra conhecer teu terno amor.

Divino amor, sublime amor,
Dos grandes temas o maior!
Minha alma quer fruir, gozar
De Cristo o tão sublime amor.

2. Amor sublime, amor real,
Amor eterno e sem igual;
Sobre uma cruz por mim morrer
E me salvar por seu poder!

3. Teu nome, ó Deus, publicarei,
A tua graça, a tua lei,
O teu poder e o teu amor!
Minha alma adora-te, Senhor!

23 - Deus, Fonte da Vida — H.M.W.

1. Ó Deus do céu, da terra e mar,
   Humildes vimos-te adorar;
   O teu amor, sim, celebrar
   Que tudo dás.

2. A luz benigna, luz solar,
   A brisa branda e salutar,
   Que vem a tudo renovar,
   Sim, tudo dás.

3. A verde relva, a linda flor,
   De ricos frutos o penhor,
   Proclamam teu constante amor.
   Sim, tudo dás.

4. Tu, por um mundo pecador,
   Teu Filho deste, o Salvador;
   Com Ele tudo dás, Senhor.
   Sim, tudo dás.

5. Dás vida aos mortos e perdão,
   Dás aos perdidos salvação,
   De paz enchendo o coração.
   Sim, tudo dás.

6. Pureza dás e dás poder,
   A graça que nos é mister,
   Por ti viver, por ti morrer.
   Sim, tudo dás.

7. Ensina-nos, Senhor, a amar;
   Ensina-nos, Senhor, a dar,
   E a ti a vida consagrar,
   Pois tudo dás.

24 - Deus É Amor　　　　　　　　J.B./S.L.G.

1. Deus é amor. A sua graça
   Conquistou meu coração;
   Concedeu-me vida eterna,
   Paz e luz e salvação.

2. Deus é amor. Eis tudo acaba
   Neste mundo de amargor;
   Só perdura inalterável
   Seu infindo e eterno amor.

Coro: *Deus é amor, sim, Deus é amor.*
Deus é amor, sim, Deus é amor.

3. Deus é amor,
   Pois cuida sempre
   Do seu filho bom, fiel,
   Ele inspira, guia e livra;
   Como ao povo de Israel.

4. Deus é amor. Vem, auxilia
   A este pobre pecador;
   Perdoado, agora almeja,
   Proclamar o teu amor!

25 - Amor　　　　　　　　　　　R.B./S.L.G.

1. Que grande amor, excelso amor,
   Que Cristo nos mostrou!
   Pra se tornar o Salvador
   A vida não negou.

2. Ninguém, pois, deve duvidar
   Do seu tão grande amor,
   Mas todos devem aceitar
   O amor do Salvador.

3. O que esse amor de nós fará
   É-nos vedado ver;
   Mas Cristo em breve voltará,
   E nos fará saber.

Louvemos tão grande amor,
Sim, tão grande amor
Que Cristo assim nos manifesta;
Que maravilha de amor,
Que nos trouxe para Deus!

26 - Rei Excelso   I.W./J.H.N.

1. Cantai que o Salvador chegou!
   Acolha a terra o Rei!
   Leais nações, a Ele só,
   Contentes vos rendei; *(bis)*
   Oh, sim, contentes vos rendei!

2. Ao mundo o gozo proclamai,
   Do reino de Jesus!
   Ó terra e mar e céus cantai
   A resplendente luz! *(bis)*
   A grande e resplendente luz.

3. Pecados, dores, morte já
   Vencidos dele são;
   A paz Jesus concederá
   Em régia profusão! *(bis)*
   Oh! sim, em régia profusão.

4. Verdade e amor são sua lei;
   Os povos acharão
   Que é justo e bom o excelso Rei,
   E lhe obedecerão *(bis)*
   Sim, todos lhe obedecerão.

27 - Natal — C.W./R.H.M.

1. Eis dos anjos a harmonia,
Cantam glória ao novo Rei;
Paz aos homens e alegria,
Paz com Deus e suave lei.
Ouçam povos exultantes,
Ergam salmos triunfantes,
Aclamando o seu Senhor;
Nasce Cristo, o Redentor.

2. Cante o povo resgatado:
"Glória ao Príncipe da paz".
Deus, em Cristo revelado,
Vida e luz ao mundo traz.
Nasce pra que renasçamos;
Vive para que vivamos,
Rei, Profeta e Salvador!
Louvem todos ao Senhor!

CORO: *Toda a terra e altos céus*
Cantem glória ao Homem-Deus!

28 - Nasceu o Redentor — F.B./B.R.D.

1. Alerta, ó terra, entoa o canto que ressoa:
O mundo pecador tem grande sorte e boa.
A nova se vos dá, e quão alegre soa:
Nasceu o Redentor!

Nasceu o Redentor! Nasceu o Redentor!
O eterno Pai do céu seu Filho ao mundo deu.
Alerta, ó terra, entoa a nova alegre e boa:
Nasceu o Redentor!

2. A noite já passou, a aurora já raiou;
O negro e denso véu de todo se rasgou.
Dos montes através o brado ressoou:
Nasceu o Redentor!

3. Nasceu o Rei da paz, num berço humilde jaz;
Nas asas desse amor conforto a todos traz.
Dizei em alta voz que Cristo satisfaz:
Nasceu o Redentor!

4. Oh! gozo divinal, amor celestial,
   Quem pode te sondar ou ter um outro igual?
   Posso eu, da morte réu, gozar ventura tal?
   Nasceu o Redentor!

5. Ó povos, exultai! nações, oh, jubilai!
   Eis finda toda a dor, jamais se dá um ai;
   A virgem deu à luz; a Deus glorificai!
   Nasceu o Redentor!

29 - Nasce Jesus   M.A.S.

1. O povo, sim, coberto
   De densas trevas, perto
   Do abismo e não desperto,
   Vê, surpreso, um grande e divinal clarão!

Coro:
É Jesus que nasce, Autor da salvação!
Cristo amado a todos traz a redenção!
O coro angelical, num hino triunfal,
Proclama o Cristo, com adoração!

2. Cumprindo as profecias
   Nos nasce o Rei Messias,
   Em horas tão sombrias
   Cada povo em trevas vê o seu clarão!

3. Jesus, o Rei da glória,
   Humilde em sua história,
   A todos dá vitória;
   Vinde ver o Cristo em sua humilhação!

4. Ó, nova alegre e boa!
   No céu azul ressoa,
   Que Cristo nos perdoa.
   Aceita-O, ó povos; dai-lhe o coração!

30 - Noite de Paz J.M./W.E.E.

1. Tudo é paz! Tudo amor!
   Dormem todos em redor;
   Em Belém Jesus nasceu,
   Rei da paz, da terra e céu;
   Nosso Salvador
   É Jesus, Senhor.

2. "Glória a Deus! Glória a Deus!"
   Cantam anjos lá nos céus;
   Boas novas de perdão,
   Graça excelsa, salvação;
   Prova deste amor
   Dá o Redentor.

3. Rei da paz, Rei de amor,
   Deste mundo Criador;
   Vinde todos lhe pedir
   Que nos venha conduzir;
   Deste mundo a luz
   É o Senhor Jesus.

31 - Lugar para Cristo E.E./C.K.T.

1. Tu deixaste, Jesus, o teu reino de luz,
   E baixaste a este mundo tão vil;
   Um presépio, em Belém, tu, Jesus, Sumo-Bem,
   Escolheste por berço infantil.

   Vem, Jesus, habitar comigo,
   Em minha alma há lugar; ó vem já! (bis)

2. Alegraram os céus, com os santos de Deus,

Sim, por teres nascido, Jesus,
Vindo aos filhos de Adão conceder salvação
Pela morte, em resgate, na cruz.

3. Tu vieste, Senhor, revelar-nos amor,
E Te aprouve do mal nos salvar;
Mas provaste do fel, do motejo cruel,
Morte, enfim, te fizeram provar.

4. Outra vez tu virás, e por mim chamarás,
Rodeado dos anjos de Deus;
Oh! que gozo pra mim, se disseres assim:
"Um lugar te darei Eu nos céus.

32 - Cristo em Belém   J.C.C.

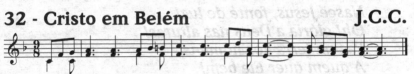

1. Alta noite estão pastores
   De Belém no derredor;
   E os cercou de resplendores
   Luz celeste do Senhor.

2. Glória a Deus e paz bendita,
   Eis o canto angelical,
   Para toda a gente aflita!
   Tão glorioso e triunfal!

CORO:
*"Novas tenho... dar-vos venho",
Disse um anjo com dulçor;
"Eis que é nado o Bem amado,
Jesus Cristo, o Salvador".*

3. Ver Jesus na manjedoura,
   Onde veio repousar,
   Querem eles sem demora,
   Para a nova confirmar.

4. O Senhor de quanto existe
   Quis pastores procurar,
   Para deste berço triste
   Suas novas proclamar.

33 - Nasceu Jesus — R.H.M.

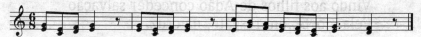

1. Nasce Jesus, fonte de luz!
   Descem os anjos cantando;
   Nasce Jesus; é nossa luz;
   Trevas vem, pois, dissipando.
   Nasce Jesus, fonte de luz!
   Rompe as cadeias do forte,
   Raia o dia da salvação, triunfante vem!
   Salve Jesus! Oh! firma teu justo império!
   Grato louvor os homens e os anjos dêem!

   Nasce Jesus, fonte de luz!
   Oh! glória a Deus nas alturas!
   Paz na terra aos homens,
   A quem quer Ele bem!

2. Deus nos amou, e nos mandou
   Cristo, seu Filho querido.
   Deus nos amou, Deus encarnou!
   Vede o menino nascido!
   Deus nos amou! Deus nos amou!
   Digam-no todos os povos;
   Gozam paz e salvação todos os que crêem.
   Reino bendito! Reino de amor divino!
   Eis que as nações resgate por Cristo têm!

34 - Plena Graça — H.M.W.

Plena graça para me salvar,
Sangue puro para me lavar,
E poder pra sempre me guardar,
Tem meu Senhor.

35 - Incomparável   J.E.H./H.M.W.

1. O grande amor do meu Jesus,
   Por mim morrendo sobre a cruz,
   Da perdição pra me salvar,
   Quem poderá contar?

2. O cálix que Jesus bebeu,
   A maldição que padeceu
   Na cruz por mim, pra me salvar,
   Quem poderá contar?

3. A zombaria tão cruel,
   A cruz sangrenta, o amargo fel,
   Que ali sofreu pra me salvar,
   Quem poderá contar?

4. Incomparável Salvador,
   Quão inefável teu amor!
   Quão impossível de sondar!
   Imensidão sem par!

CORO:
Quem pode o seu amor contar?
Quem pode o seu amor contar?
O grande amor do Salvador
Quem poderá contar?

36 - O Amor de Jesus — M.A.S.

1. Ó maravilha do amor de Jesus,
   Desse admirável amor sem igual!
   Cristo penou e morreu numa cruz,
   Para salvar-me da morte eternal.

   Cristo, meu Mestre, veio por mim,
   Veio por mim, veio por mim;
   Cristo, meu Mestre, veio por mim,
   Veio pra me salvar.

2. Oh! duvidar poderei eu jamais
   Desse insondável amor de Jesus.
   Ele me veio trazer sua paz,
   Dando-me entrada no reino de luz.

3. Cristo, meu Mestre divino, meu Deus,
   Quis me remir e me dar seu favor;
   Ele me abriu o caminho dos céus,
   E me adotou como filho de amor.

4. Vou me entregar a Jesus, e, fiel,
   Quero fazer conhecido esse amor
   Que me salvou de uma morte cruel;
   Quero viver para meu Salvador.

37 - Amor Glorioso — W.S.W./S.L.G.

1. Buscou-me com ternura
   Jesus, o bom Pastor;
   Achou-me na miséria,

Salvou-me com amor;
No céu cantaram de alegria
Os anjos, sim, em harmonia.

2. Ferido, abandonado,
Jesus me socorreu;
E segredou-me: "Achei-te;
De agora em diante és meu".
Tão meiga voz jamais ouvi;
Prazer maior jamais senti.

3. Jesus mostrou-me as chagas
Que em meu lugar sofreu,
Coroa, mas de espinhos,
A cruz que padeceu;
Que poderia em mim achar,
Pra tais afrontas suportar?

4. Minha alma embevecida,
Seu rosto a contemplar,
Recorda as muitas bênçãos
Do seu amor sem par;
Louvor e glória e adoração,
Tributai-lhe meu coração!

5. Enquanto as horas passam,
Eu tenho gozo e paz,
E aguardo o meu bom Mestre,
Que tão feliz me faz;
Jesus, a mim virá buscar,
E então pra sempre irei gozar.

Oh, que amor glorioso!
Preço tão grandioso
Que Jesus por mim na cruz pagou;
Inaudita graça me mostrou!

38 - Divino Amor M.S./S.E.M.

1. Quem pode o teu imenso amor contar,
   Ó Salvador Jesus, e esquadrinhar
   Seus alicerces no divino Ser,
   Sua extensão ou sua altura ver?
   Amor sem fim!

2. Quem pode amor tão vasto compreender?
   Pois nem o céu o pôde, enfim, conter.
   Foi neste mundo que se revelou:
   Jesus sofrendo sobre a cruz mostrou
   Divino amor.

3. Quem pode dar adoração capaz
   A ti, que, sem limite, amor nos dás?
   A par do qual o parcial louvor
   Que temos dado ao nosso Salvador
   Parece vão.

4. Mas sempre nos ensina o teu amor
   Que, embora fracos, temos no Senhor,
   A fonte inesgotável de afeição,
   Que sabe a voz do nosso coração
   Apreciar.

39 - A Ovelha Perdida E.C./S.P.K.

1. Noventa e nove ovelhas vão
   Seguras ao curral;
   Mas uma delas se afastou
   Do aprisco pastoral
   A errar nos montes de terror,
   Distante do fiel pastor. (bis)

2. "Com a grei submissa, ó bom Pastor,
   Não te contentarás?"
   "A errante é minha", replicou,
   "Pertence-me a fugaz.
   Vou ao deserto procurar
   A ovelha que ouço em dor gritar". *(bis)*

3. Nenhum remido imaginou
   Quão negra escuridão,
   Quão fundas águas que passou,
   Trazendo-a à salvação;
   E quando foi pra socorrer,
   A errante estava a perecer. *(bis)*

4. "Por toda a estrada donde vem,
   Que sangue enxergo ali?"
   "Busquei a ovelha com amor,
   O sangue meu verti".
   "Ferida vejo a tua mão"...
   A angústia encheu-me o coração". *(bis)*

5. Vêm da montanha aclamações!
   É a voz do bom Pastor!
   Ressoa em notas triunfais
   O salmo vencedor!
   E os anjos cantam lá nos céus:
   "A errante já voltou a Deus". *(bis)*

40 - Amor de Cristo   H.M.W.

Qual grande vaga
De um imenso mar,
Vem o amor de Cristo
Minha alma transbordar.

41 - Reconhecimento   H.M.W.

1. Até a cruz o meu Jesus foi por mim,
   Foi por mim, foi por mim;
   Até a cruz o meu Jesus foi por mim;
   Minha alma pra salvar!

42 - Realização   E.W.B./J.J.

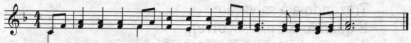

1. Jesus, agora, sim, eu sei,
   Quão grande é teu amor;
   Pois salvação em ti achei,
   Aceita o meu louvor.

2. Jamais descanso conheci,
   Inútil sempre sou;
   Mas Cristo se lembrou de mim,
   De graça me salvou.

CORO:
És tu, Jesus, meu Salvador,
Por ti eu tenho paz;
Jesus, a ti louvor darei,
Pois tudo tu me dás.

3. Comigo, crentes, exaltai
   O grande Salvador;
   Pois tudo Cristo me supriu,
   Embora pecador.

4. Louvor, louvor a ti darei,
   Ó Cristo, meu Senhor;
   Profeta, Sacerdote e Rei;
   Do mundo o Salvador.

43 - Palavras Preciosas   F.J.C./J.J.

1. Preciosas as palavras de Jesus,
   Supremo Rei:
   "A mim aquele que vier.
   Eu não desprezarei".   *3 vezes (bis)*

2. Preciosas as palavras de Jesus,
   Supremo Rei:
   "A porta sou, por mim entrai:
   Descanso vos darei". *3 vezes (bis))*

3. Preciosas as palavras de Jesus
   Supremo Rei:
   "Ó vinde, vós, cansados, já;
   É suave a minha lei". *3 vezes (bis)*

4. Preciosas as palavras de Jesus,
   Supremo Rei:
   "Por vós o mundo já venci;
   por vós a vida dei". *3 vezes (bis)*

44 - A Linda História   F.H.R./S.L.G.

1. Cantarei a linda história
   De Jesus, o Salvador,
   Que deixou seu lar na glória
   Pra salvar o pecador.

2. Eu perdi-me e Ele achou-me,
   Longe, longe do meu lar;
   Abraçou-me então, tomou-me
   Pra com Ele eu ir morar.

Coro:
*Cantarei a linda história
De Jesus, meu Salvador;
Cantarei na sua glória
Com os santos, com fervor.*

3. Jesus Cristo deparou-me
   Quando fraco, pra morrer;
   As feridas Ele untou-me
   E livrou-me com poder.

4. Dias negros inda tenho,
   Sofrimento e dissabor;
   Mas a Ele eu tudo exponho,
   E me livra com amor.

45 - Por Amor de Nós   R.H.

1. Senhor quão admirável
   É teu divino amor!
   Eterno e perdurável,
   Motivo de louvor.
   Amando-nos, baixaste
   A este mundo aqui;
   Querendo, assim, remir-nos
   E nos chamar a ti.

2. Tu, por amor, provaste
   A nossa condição,
   E, por amor, levaste
   A nossa punição.
   Sofreste o desamparo,
   A ira e o dissabor,
   Devidos ao pecado,
   Ó grande Sofredor!

3. Por nós tu deste a vida,
   Morrendo sobre a cruz;
   Qual nosso substituto,
   Sofreste tu, Jesus.
   Por isto, te cercamos
   Com grata adoração;
   Perante ti prostramos
   Corpo, alma e coração.

4. E não julgamos pouco,
   Em prova desse amor,
   O ser-nos permitido
   Servir-te aqui, Senhor.
   Ou seja em culto alegre,
   Ou seja no sofrer,
   Ou seja nos trabalhos,
   Segundo o teu querer.

46 - Jesus me Transformou   J.R./S.L.G.

1. Eu, perdido, pecador,
   Longe do meu Jesus,
   Já me achava sem vigor,
   A perecer sem luz;
   Meu estado Cristo viu,
   Dando-me sua mão,
   E salvar-me conseguiu
   Da perdição.

Coro:
   Cristo me amou, e me livrou;
   O seu imenso amor me transformou.
   Foi seu poder, o seu querer,
   Sim, Cristo, o Salvador
   Me transformou.

2. Minha vida, todo o ser,
   Quero-lhe consagrar;
   A seu lado vou viver,
   O seu amor cantar;
   A mensagem transmitir
   Aos que perdidos são.
   Venham todos já fruir
   A salvação.

47 - Alegria Perene S.M./S.L.G.

1. Desperta e canta com fervor,
   Sim, ó minha alma, a teu Senhor;
   Pois muitos e preciosos bens
   A ti tem dado com amor.

   Oh, que grande amor!
   Oh, que imenso amor
   De Cristo pelo pecador!

2. Perdido, Cristo me encontrou,
   E dispensou-me compaixão;
   Por seu tão grande amor de pai
   Tirou-me desta condição.

3. Eu sei que é mau meu coração;
   Propende sempre para o mal,
   Mas Ele em paz me guardará.
   Com seu amor que é perenal.

48 - Salvação T.C.O./J.J.

1. Cantai a Cristo, Salvador,
   Que tanto nos amou;
   E, para nossa salvação,
   Seu sangue derramou.

   Salvação! Salvação!
   Que dimana do
              [Filho de Deus!
   Salvação! Salvação!
   Aleluia a Jesus,
              [nosso Deus!

2. Mirai o amor que é perenal,
   O amor do grande Deus;
   Tão vasto, puro, tão veraz,
   Perdoa os erros meus.

3. Louvor a Cristo, Redentor,
   Devemos entoar,
   E dar a todos conhecer
   Que Cristo os quer salvar.

49 - Tudo Fez Jesus — R.H.

Cristo tudo fez completo,
Nada por fazer deixou;
Vida do mais doce afeto,
Ele para nós comprou.
Seu, o feito; nosso, o gozo;
Nossa, a vida; sua, a cruz;
Seu, o cálice amargoso;
Nossa, a dita que produz.

50 - A Velha História — K.H./S.P.K.

1. Contai-me a velha história
   Do grande Salvador;
   De Cristo e sua glória,
   De Cristo e seu amor.
   Com calma e com paciência,
   Pois quero penetrar
   À altura do mistério:
   Que Deus nos pode amar.

   Contai-me a velha história,
   Contai-me a velha história,
   Contai-me a velha história,
   De Cristo e seu amor.

2. Falai-me com doçura
   Do amante Redentor;
   Falai com sentimento,
   Pois sou um pecador!
   Querendo consolar-me
   Em tempos de aflição,
   Sempre essa velha história
   Dizei do coração.

3. Se o brilho deste mundo
   Toldar do céu a luz,
   Narrai a mesma história
   Da graça de Jesus!
   E quando, enfim, a glória
   Do mundo além raiar,
   Contai-me a velha história,
   Que veio aqui salvar.

51 - Vida na Graça F.B./M.A.S.

1. Jamais houve alguém feliz como o cristão,
   O qual alcançou de Deus bênçãos de amor;
   E tem verdadeira paz com seu Senhor,
   Fruindo prazer do céu, graça e perdão.

   Prazer, alegria, amor,
   Tudo lhe dá Jesus!
   Paz e perdão, favor,
   Goza na luz!

2. Terror já não tem de Deus; foge do mal;
   Na santa presença está; vive na luz,
   Gozando da redenção feita na cruz,
   Deseja crescer na fé, firme e leal.

3. Jesus é seu mediador; crê no porvir;
   Da santa Palavra tem força e poder,
   Por Cristo deseja, então, tudo fazer;
   A luz da verdade quer sempre expandir.

52 - Jesus Glorioso M.A.S.

1. Oh, sim, Jesus é tão maravilhoso
   Que Deus lhe deu o nome: o Santo de Israel!
   E lhe chamou de Todo-Poderoso,
   E Deus da paz, Senhor, Emanuel.
   O Cristo Rei, que a santa lei cumpriu com gozo,
   É Sol divino e Salvador fiel!

   Só Cristo, Salvador, em tudo é vencedor;
   Pois padeceu, na cruz sofreu humilhação!
   Ó vinde desfrutar o seu amor;

Buscai com grande ardor, com devoção, o Seu favor.
Amai, irmãos, a quem nos deu perdão!

2. Jesus, Senhor assim glorificado,
   Do céu notando o povo entregue a todo mal,
   Quis vir aqui salvá-lo do pecado.
   E o fez, porém com grande dor moral.
   Cumpriu a lei, salvou a grei do triste estado,
   E encheu-a de favor celestial.

3. Notai, irmãos, e vede que bondade!
   Jamais se ouviu de alguém que assim provasse amar.
   Deveis ouvir Jesus com lealdade
   Dizer que Deus por Cristo pode dar
   Real perdão, a salvação e liberdade!
   Oh, vinde a Cristo a vida consagrar!

53 - Os Filhos de Sião   I.W./R.L./W.E.E.

1. Ó filhos de Sião,
   Honrai o Rei dos reis;
   Louvores altos lhe cantai, *(bis)*
   Guardai as santas leis *(bis)*

2. Os que do mundo são
   A Deus não dão louvor;
   Mas filhos do celeste Rei, *(bis)*
   Louvai ao Salvador! *(bis)*

Coro: *Sião é a nossa santa e gloriosa cidade,*
Também perene morada
Dos crentes em nosso Jesus.

3. Dos montes de Sião
   Provêm delícias tais,
   Que de prazer nos
      [enchem mais *(bis)*
   Que gozos terreais. *(bis)*

4. Oh, venham-no louvar
   Os que seus filhos são,
   E se ergam já a demandar *(bis)*
   Às plagas de Sião! *(bis)*

54 - Glória e Honra R.H.

Glória, honra e poderio
Sempre sejam ao Cordeiro,
Jesus Cristo, nosso Mestre!
Aleluia! Aleluia!
Vinde todos O adorar!

55 - Hosana nas Alturas J.J.

1. Bendito o Rei que vem em nome do Senhor,
A quem nós esperamos,
Ao qual nós adoramos!
Bendito o Rei que vem em nome do Senhor!
Hosana! Hosana! Hosana nas alturas! *(bis)*
Os seus gloriosos feitos celebrai com fervor!
Em todo o vale soa
Nova pra nós tão boa!
Bendito o Rei que vem em nome do Senhor!

2. Bendito o Rei que vem em nome do Senhor!
Oh, rendam-lhe louvores,
A Cristo em seus fulgores!
Bendito o Rei que vem em nome do Senhor!
Hosana! Hosana! Hosana nas alturas! *(bis)*
Oh, vinde todos a Jesus, o Rei, Salvador!
Todos com alegria,
Vozes em harmonia!
Bendito o Rei que vem em nome do Senhor!

3. Bendito o Rei que vem em nome do Senhor!
Sim, vem tão majestoso,
Jesus, o Rei bondoso!

Bendito o Rei que vem em nome do Senhor!
Hosana! Hosana! Hosana nas alturas! *(bis)*
O Salvador seu povo chama a si com amor!
Venham os pequeninos!
Venham já os meninos!
Bendito o Rei que vem em nome do Senhor!

56 - Rei da Glória   H.F.L./S.L.G.

1. A Jesus, o Rei da glória,
   Hinos de louvor cantai;
   Aos seus pés, humildemente,
   Seu poder, pois, exaltai.
   Perdoados, resgatados.
   Sua glória proclamai!

2. Seu perdão e sua graça
   Aos perdidos dispensou;
   Tão paciente e mui bondoso
   Aos rebeldes se mostrou;
   Libertou-os, transformou-os,
   Dos castigos os salvou!

3. Nossas tentações conhece,
   Pois Satã o quis vencer;
   Triunfante, Cristo agora
   Aos tentados quer valer.
   Poderoso e tão bondoso,
   Ele pode socorrer!

4. Contemplando sua face,
   Ó remidos, O adorai!
   Dedicados, consagrados,
   Sua fama publicai.
   Oh, louvai-O exaltai-O,
   Seu amor anunciai!

57 - Bendito o Rei
J.C.C.

1. No mundo paz, louvor nos céus!
   Cantava a multidão;
   Com o clamor dos fariseus,
   Erguiam mais o som.

   Como em Jerusalém,
   Hei de clamar, hei de clamar:
   Bendito o Rei, que do alto vem,
   Que vem do céu as trevas dissipar!

2. Do grande Rei, Jesus Senhor,
   Sim, tais palavras são:
   "Se algum dos crentes se calar,
   As pedras clamarão".

3. Bendito Rei, nós, servos teus,
   Como em Jerusalém,
   Sem atender aos fariseus,
   Louvamos-Te também.

58 - O Nome de Jesus
W.E.E.

1. Do Salvador o nome traz
   Recordação que a mim me apraz;
   Dos vis grilhões me libertou,
   E deu-me fé que me salvou.

   Do Salvador o nome traz
   Recordação que a mim me apraz;
   A ti, Senhor, a ti, louvor
   Sem fim eu ergo com fervor.

2. Em ti, Senhor, eu gozo paz
   E tudo mais que satisfaz;
   De bênçãos mil sou alvo, sim,
   Que tu, Jesus, dás
   [sempre a mim.

3. Desprezo, pois, o que é fala
   E ponho a fé no Deus veraz;
   Foi Ele quem, por grande amo
   Nos deu Jesus, o Redentor!

59 - Saudai Emanuel   D.R.V.S./O.P.M.

1. Saudamos-te, ó Emanuel!
   A ti louvores damos;
   De coração, sim, todos nós
   A ti nos entregamos;
   Em honra a ti, Senhor e Rei,
   Os anjos cantam lá no céu,
   E lá ressoa teu louvor:
   Saudai! Saudai!
   Saudai, saudai Emanuel!

2. Saudamos-te, ó Emanuel!
   Os santos te rodeiam;
   Os reis da terra se erguerão
   A proclamar teu reino,
   Enquanto os filhos já com Deus,
   Cercando o trono lá nos céus,
   Entoam hinos imortais:
   Saudai! Saudai!
   Saudai, saudai Emanuel!

3. Saudamos-te, ó Emanuel!
   Ó Rei dos reis eterno!
   Venceste as hostes infernais;
   Tu és onipotente!
   Jamais a morte reinará,
   Nem mal algum dominará.
   Eterna glória seja a ti.
   Saudai! Saudai!
   Saudai, saudai! Emanuel!

Rei, Emanuel, Emanuel (bis)
Sabedoria, poder sem fim,
Honras e glória as nações Te dêem,
Hoje e para sempre!
Rei, Emanuel, Emanuel! (bis)
Rei dos reis e Salvador
Saudai Emanuel!

60 - Coroai

E.P./J.R./J.H.N.

1ª Música

2ª Música

1. Saudai o nome de Jesus!
   Arcanjos, vos prostrai! *(bis)*
   O Filho do glorioso Deus
   Com glória coroai! *(bis)*

2. Ó escolhida geração,
   Do bom, eterno Pai, *(bis)*
   O grande Autor da salvação,
   Com glória coroai! *(bis)*

3. Ó perdoados por Jesus,
   Alegres adorai! *(bis)*
   O Deus de paz, o Deus de luz,
   Com glória coroai! *(bis)*

4. Ó raças, tribos e nações,
   O Rei divino honrai; *(bis)*
   A quem quebrou os vis grilhões
   Com glória coroai! *(bis)*

61 - Glória a Jesus

H.M.W.

Glória, glória, aleluia!
Glória, glória ao nosso Salvador!
Glória a Jesus, glória a Jesus,
Nosso grande Redentor!

62 - Nome Precioso

L.B./B.R.D.

1. Leva tu contigo o nome
De Jesus, o Salvador;
Este nome dá consolo,
Seja no lugar que for.

2. Este nome leva sempre,
Para bem te defender
Ele é arma ao teu alcance,
Quando o mal te aparecer.

Coro: *Nome bom, doce à fé* (bis)
A esperança do porvir.

3. Oh, que nome precioso!
Gozo traz ao coração;
Sendo por Jesus aceito,
Tu terás o seu perdão.

4. Nome santo e venerável
É Jesus, o amado teu;
Rei dos reis, Senhor eterno,
Tu O aclamarás no céu.

63 - Jesus, o Senhor

R.H.

1. Jesus, santo nome do Cristo de Deus,
Por Deus posto acima de todos, nos céus!
Jesus, o bendito e divino Senhor;
Jesus, o bondoso, fiel Redentor!

2. Jesus, Nazareno, sem honras aqui;
Jesus, Deus excelso, com glórias ali;
Jesus, que saudamos, real Salvador;
Jesus, que aclamamos, do mundo o Senhor!

64 - Jubiloso   F.J.C./J.C.C.

1. Desperta já, meu coração,
   Faz tua voz soar;
   Louvores ao teu Redentor
   Não cesses de cantar,
   Pois te remiu em uma cruz,
   Dos vis pecados teus,
   E com seu sangue te comprou
   A doce paz dos céus.

   Desperta já, meu coração!
   Desperta, sim, para entoar
   Canções sem fim à redenção,
   De Deus o amor cantar!

2. Remido estou; meu Deus, meu Rei,
   Me deu a salvação
   E me livrou do vil poder
   Da negra tentação.
   Tão grande amor não pagarei,
   Não pagarei jamais;
   Pois nessa graça ainda vou
   Ter gozos divinais!

3. Óh! santo amor, sublime amor,
   Que os anjos lá nos céus
   Não têm poder de aquilatar,
   O eterno amor de Deus!
   Tudo Ele faz resplandecer,
   A tudo dá vigor;
   Ó céus, ó mar, ó vastidão,
   Louvai o Deus de amor!

65 - Jesus, o Bem Amado
W.C.M./S.L.G.

1. Jesus, teu nome satisfaz;
   Por todo o orbe espalha a paz;
   Perfeito gozo e vida traz,
   Jesus, meu bem-amado!

CORO:
Cristo, nome de valor!
Cristo, forte Redentor!
Cristo, sumo e bom Pastor,
Sou teu eternamente!

2. Pois, à minha alma, ó Salvador,
   A coração tão sofredor
   Concedes forças e vigor,
   Jesus, meu bem amado!

3. Aflito pela tentação,
   Me fortalece a tua mão;
   Prostrado, invoco, em oração,
   Jesus, meu bem-amado!

4. Jesus, teu nome é sem igual,
   Tão carinhoso, tão leal;
   És bom Pastor, celestial,
   Jesus, meu bem-amado!

66 - Rei dos Céus

T.K./J.J.T.

1. Eis, que Chefe tão glorioso
   É Jesus, o bom Senhor!
   Que lutou mui vitorioso
   Para ser o Salvador.

2. Vinde, todos, coroá-lo;
   Que troféus bons Ele traz!
   No poder entronizá-lo,
   Príncipe da nossa paz.

Coro: *Coroai-O, ó remidos;*
Coroai-O Rei dos reis (bis)

3. Os judeus O rejeitaram,
   Escolhendo um outro rei;
   Anjos, santos, potestades
   Obedecem sua lei.

4. Escutai o grande aplauso;
   Triunfou o bom Jesus.
   Ele toma, pois, seu reino,
   Coroado Rei dos céus!

67 - Cristo Exaltado

S.E.M.

1. Eis entronizado, à destra do bom Deus,
   Como Rei eterno, Cristo lá nos céus;
   Ele é Rei da glória, que a Satã venceu;
   Feita tal vitória, Deus O recebeu.

   Pela sua graça, pelo seu amor,
   Seja dado a Cristo, cordial louvor!

2. Veio resgatar-nos pela sua cruz;
   Quer apresentar-nos em celeste luz.
   Pela sua morte, pelo seu sofrer,
   O inimigo nunca poderá vencer.

3. Mas o seu serviço continua ali.
   Poderá valer-nos, entretanto, aqui;
   Por nós advogando com o Pai está;
   Ele nos ajuda e sempre ajudará.

68 - Bem-Aventurados   I.D.S./W.E.E.

1. Glória seja dada a Cristo,
   Filho eterno do bom Deus,
   Pois remiu-nos pela graça
   E nos fez herdeiros seus.

2. Já se foi o tempo triste
   Em que procuramos luz!
   Eis que longe de nós fica,
   Cristo agora nos conduz.

3. Sim, guardados nós por Ele,
   Viveremos em amor;
   Bem-aventurados somos;
   Entoemos-lhe louvor.

Salvos pela fé em Cristo,
Salvos, sim, no sangue seu;
Tendo nele segurança,
Caminhemos para o céu.

69 - Aleluia C.W./S.L.G.

1. Aleluia! Aleluia!
   Gratos hinos entoai!
   Jubilosos e contentes
   Hinos a Jesus cantai!
   Pra livrar-nos do pecado
   Triste morte padeceu,
   E da morte triunfando,
   Ele vida eterna deu.

2. Jesus Cristo, o Rei da glória,
   O pecado aniquilou!
   E alcançou a mesma bênção
   Para os que Ele resgatou.
   Eis milhares de milhares
   A prestar-lhe adoração,
   Descobrindo, na sua obra,
   Vida, luz e salvação.

3. Aleluia! Aleluia!
   A Jesus todo o louvor!
   Aleluia eternamente,
   Ao bendito Redentor!
   Aleluia ao Espírito Santo,
   Que nos dá consolo e paz;
   Aleluia ao Pai eterno,
   Deus da graça, Deus da paz!

70 - Nome Adorável J.N./B.C./H.M.W.

1. Mui doce soa ao coração
   Do pobre pecador
   O nome que lhe dá perdão
   Jesus, o Salvador.

2. Jesus, meu Rei,
   Meu Salvador,
   Meu terno e bom Pastor,
   Meu Advogado, meu Senhor,
   Meu forte Redentor.

3. Bendito o nome de Jesus,
   Em ti esperarei;
   Tu, que morreste sobre a cruz,
   Em ti confiarei.

4. Jesus, o só pensar em ti
   Minha aflição desfaz;
   E o ver-te bem melhor será;
   É descansar em paz.

71 - Amigo Eterno

S.L.G.

1. Irmãos, todos juntos louvemos
A Cristo Jesus, nosso Deus,
Pois, muitos têm sido os favores
Que dele tiveram os seus.
Sim, muito nós temos sofrido
De incrédulos e fariseus.
Alegres, irmãos, prossigamos
Na senda que vai para os céus!

Oh! sim, prossigamos, irmãos,
Na senda que vai para os céus.
Alegres, irmãos! Alegres, irmãos!
Na senda que vai para os céus!

2. E, crentes, lembrai-vos, portanto,
De todos que estão ao redor,
Os quais inda jazem nas trevas,
Não crendo em Jesus, Salvador.
Alerta, pois crentes, alerta!
Firmeza no bom Redentor;
E, gratos a cada momento
Falai, pois, do seu grande amor.

3. Cuidai bem de vossos deveres;
De Deus não se deve zombar;
Ouvi, sempre, sempre a seu Filho,
E assim nunca haveis de falhar.
Jesus é amigo mui terno,
É firme, fiel, e sem par;
O seu grande amor e seu braço
De tudo vos podem livrar.

72 - Amigo sem Igual — H.M.W.

1. Amigo sem igual! Amigo sem igual!
   O meu Jesus em meu lugar
   Morreu pra me salvar!
   Amigo sem igual! Amigo sem igual!
   Seu grande amor não mudará,
   E nunca falhará!

2. Amigo sem igual! Amigo sem igual!
   Perto Ele está e quer salvar
   Quem nele confiar.
   Amigo sem igual! Amigo sem igual!
   Convida com imenso amor
   A todo o pecador!

73 - Um Grande amigo — C.W.F./S.E.M.

1. Achei um grande amigo,
   Jesus, o Salvador,
   Que com amor me guarda cada dia;
   Fiel é seu cuidado,
   Constante o seu amor,
   E sem limite a sua simpatia.
   E ainda o mais notável
   É que por mim morreu
   E meus pecados todos expiou;
   Assim me regozijo
   Nas bênçãos que me deu;
   Sim, sei que Jesus Cristo me salvou.

Jesus é meu amigo,
Meu guia, meu Senhor,
Meu protetor, sem outro haver igual.
Por mim sofreu a morte,
Por mim, um pecador,
E agora, vivo, guarda-me do mal.

2. Por este grande amigo
Desejo aqui viver,
Com Ele ter constante comunhão,
Servi-lo fielmente,
E assim lhe dar prazer,
Ficando sempre a Ele em sujeição.
Nos seus caminhos santos
Espero aqui seguir
E seu amor a todos demonstrar,
Porque Ele do pecado
Me veio redimir
E por amor morreu em meu lugar.

3. A hora vem chegando,
A Bíblia no-lo diz,
Em que Jesus ao mundo voltará.
Oh, que momento alegre,
Que dia tão feliz,
O dia em que voltar aqui será!
Então com Ele sempre,
Nos céus, eu ficarei,
Já livre do pecado, mágoa e dor;
O seu amado rosto
Na glória ali verei,
E gozarei das bênçãos do Senhor.

74 - Graças a Jesus   R.R.K.

1. Graças ao bom Salvador,
   Que me livra do furor
   Do feroz destruidor!
   Graças, graças a Jesus!

2. Graças ao fiel Pastor,
   Que morreu por grande amor
   Deste pobre pecador!
   Graças, graças a Jesus!

75 - Que Grande Amigo   J.G.S./S.E.M.

1. Que grande amigo é meu Jesus,
   Tão santo, bom e terno!
   Sem outro igual, o seu poder,
   E o seu amor, superno.
   Para esta ovelha sem vigor
   Olhou com simpatia,
   E sua tão bondosa mão
   Serviu-me, então, de guia.

2. Que grande amigo é meu Jesus,
   De longe quis buscar-me!
   Desceu, chegou, sofreu, penou,
   Morreu pra resgatar-me!
   As glórias do seu santo lar
   Renovam meu alento;
   Pois breve espero receber
   O seu acolhimento.

3. Que grande amigo é meu Jesus,
   Meu guia tão prudente,
   Meu protetor tão ideal,
   E capitão valente!

Sou de Jesus, Jesus é meu
Por tempos sempiternos,
E gozarei de Deus no céu
Favores seus paternos.

76 - Amigo Verdadeiro M.N./R.H.

1. Há um amigo verdadeiro,
   Cristo, o Senhor,
   Que sofreu sobre o madeiro
   A nossa dor.
   Este amigo moribundo,
   Padecendo pelo mundo,
   Patenteia amor profundo.
   Que grande amor!

2. Vida eterna é conhecê-lo,
   Cristo, o Senhor;
   Quem quiser, depressa venha
   Ao Redentor.
   Por nós outros derramava
   O seu sangue, pois amava
   Os perdidos que chamava.
   Que grande amor!

3. Ontem, hoje e para sempre
   Cristo, o Senhor,
   É o mesmo bom amigo
   Do pecador.
   É maná para o deserto,
   Guia no maior aperto;
   Seu socorro sempre é certo.
   Que grande amor!

77 - O Melhor Amigo   P.P.B./J.G.R.

1. Sei que o amigo melhor é Cristo;
   Quando a tempestade assalta a fé,
   Pronto estende a sua mão,
   Tranqüiliza o coração.
   Sim, o amigo melhor é Cristo.

   Jesus é o melhor amigo.
   Jesus é o melhor amigo.
   Sim, repreende com dulçor,
   E me anima com vigor.
   Sim, o amigo melhor é Cristo.

2. Oh, que amigo precioso é Cristo!
   Nele encontro amor, consolo e paz.
   Em seu braço esperarei;
   Nenhum golpe temerei.
   Sim, o amigo melhor é Cristo.

3. Ao passar pelo vale escuro,
   E chegando às águas do Jordão,
   Não receio, pois Jesus,
   Salvo, à pátria me conduz.
   Sim, o amigo melhor é Cristo.

4. Na mansão eternal eu junto
   Com os santos, transformados já,
   Este canto de louvor
   Entoaremos ao Senhor:
   Sempre o amigo melhor É Cristo!

   Jesus é o melhor amigo.
   Jesus é o melhor amigo.
   Do pecado me salvou,

*Para os céus me preparou
Sim, o amigo melhor é Cristo.*

78 - Tudo de Graça   H.M.W.

Sim, de graça, Cristo dá-me paz e perdão,
Inefável alegria, plena salvação.

79 - Um Bom Amigo   J.P.S./W.E.E.

1. Um bom amigo, e fiel, achei:
   Jesus, meu Salvador;
   Contar aquilo que fez por mim,
   Eu quero, sim, e com fervor.

2. Do mal não deixa de defender,
   Seguro bem estou;
   Com forte braço, com seu poder
   Ampara-me; contente vou.

CORO:
*Graça real, sem fim,
Mostra Jesus por mim;
Gozo me dá, alegria sem par!
Que prazer, prazer!*

3. E quando necessitado sou,
   Eu posso recorrer
   Ao seu tesouro celestial
   E bênçãos ricas recolher.

4. Em Cristo todos encontrarão
   Amigo sem igual,
   Amigo que lhes concederá
   Felicidade perenal.

80 - Coração Purificado   H.M.W.

A Jesus com fé chegando,
Acho plena salvação,
E seu sangue me lavando,
Torna puro o coração.

81 - Amigo Incomparável   J.O.Jr./A.L.D.

1. Nenhum amigo há igual a Cristo!
Não, nenhum! Não nenhum!
Outro não há que minha alma salve!
Não, nenhum! Não, nenhum!

Cristo sabe das nossas lutas;
Guiará até o fim chegar;
Nenhum amigo há igual a Cristo,
Não, nenhum! Não, nenhum!

2. Nenhum momento Ele me abandona!
Não, nenhum! Não nenhum!
Não há desgosto que não suavize!
Não, nenhum! Não nenhum!

3. Nenhum amigo há tão nobre e santo!
Não, nenhum! Não nenhum!
Também não há tão humilde e manso!
Não, nenhum! Não nenhum!

4. Crente nenhum é desamparado!
   Não, nenhum! Não, nenhum!
   Nenhum ansioso há que é rejeitado!
   Não, nenhum! Não nenhum!

82 - O Gólgota   C.F.A./J.G.R.

1. Mui longe o monte verde está,
   Ao norte de Sião,
   No qual o bom Jesus, na cruz,
   Nos deu a salvação.

2. Quem sondará, quem contará
   A dor que padeceu?
   Mas crer podemos, foi por nós
   O que na cruz sofreu.

3. Morreu pra dar-nos o perdão,
   Morreu pra sermos bons,
   Pra entrarmos na mansão de Deus,
   Com limpos corações.

4. Ninguém podia, aqui, pagar
   A pena universal;
   Só Cristo pôde nos remir,
   Ao preço divinal.

CORO:
   Oh, quanto! quanto nos amou!
   Amemo-lo também;
   E confiando em seu amor,
   Façamos todo o bem!

83 - A Cruz de Cristo   M.A.S.

1. Pendurado foste, ó Senhor Jesus,
   Numa cruz, exposto ao desprezo, assim,
   Cena que a pensar muita gente induz;
   Sofreste tanto, creio, foi por mim!

   Tu, Jesus, vieste me salvar.
   Tu, Jesus, vieste me salvar.
   Eu confio em ti,
   Teu amor senti,
   Sofreste tanto, creio, foi por mim!

2. Sangue tu verteste pra me salvar,
   Deste tua vida, meu Redentor.
   Certo estou, foi tudo em me resgatar;
   Sofreste tanto, creio, meu Senhor!

3. Tua morte veio me libertar;
   Grande foi o peso de tal paixão.
   Teu amor, oh, quem poderá sondar?!
   Sofreste, creio, em tua compaixão!

4. Toda a maldição do pecado meu
   Tu levaste, pois, sobre ti, Senhor.
   Gozo paz, tornei-me um herdeiro teu,
   Sofreste tudo, creio, pelo amor!

84 - A Cruz   J.B./W.K.

1. Cristo, em tua cruz há glória,
   Dominando o caos maior;
   Toda a luz da sacra história
   Se concentra ao seu redor.

2. Se me abatem vis temores
   E a esperança se desfaz,
   É na cruz que encontro flores
   Dela vem prazer e paz.

3. Se o sol brilha da ventura,
   Alegrando o meu viver,
   Lá da cruz a luz fulgura
   E me traz maior prazer

4. Por igual, já são benditas
   A ventura e a dor, na cruz;
   Alegrias inauditas
   Nela trouxe o bom Jesus.

85 - Cantai Louvores   H.M.W.

1. Oh, vinde crentes e entoai
   Louvores a Jesus,
   Que, para a nossa salvação,
   Foi morto numa cruz;
   Seu sangue derramou, de tudo me lavou,
   Mais alvo do que a neve me tornou!

   O sangue de Jesus me lavou, me lavou;
   O sangue de Jesus me lavou, me lavou;
   Alegre cantarei louvores a meu Rei,
   A meu Senhor Jesus que me salvou.

2. Conosco vinde vos unir
   Na guerra contra o mal,
   E com o nosso Salvador
   Em marcha triunfal,
   A todos proclamar a graça e seu poder;
   Seu sangue derramou pra nos salvar!

3. O Capitão da salvação
   É Cristo, o Salvador;
   O Rei dos reis, o Redentor,
   Jesus, o bom Senhor;
   Pois tudo vencerá; vitória nos dará;
   À glória, salvos, nos conduzirá.

86 - Sangue Precioso — H.M.W.

1. Oh, que tão precioso sangue
   Meu Senhor verteu,
   Quando, para resgatar-nos,
   Padeceu!

2. Oh, que tão precioso sangue!
   Fala-nos de paz;
   Tudo quanto a lei exige,
   Satisfaz!

3. Oh, que tão precioso sangue!
   Traz-nos salvação;
   Deus por ele dá aos crentes
   O perdão!

4. Oh, que tão precioso sangue
   Do meu Salvador!
   Pois que a todos manifesta
   Seu amor!

5. Oh, que tão precioso sangue
   Que liberta os réus!
   Podem ter por ele entrada
   Lá nos céus!

87 - Calvário — W.M.D./W.E.E.

1. Oh, como foi que meu Jesus
   Assim sofreu na triste cruz?!
   Não só na cruz, mas no jardim
   Agonizou, e foi por mim!

Ali na cruz, ali na cruz,
Oh, sim, Jesus por mim sofreu!
Ali na cruz, ali na cruz,
Oh, sim, Jesus por mim morreu!

2. O grande horror da escuridão
   Apavorou a multidão;
   Rasgado o véu lhes fez saber
   Que terminou o seu sofrer.

3. Que dor cruel na cruz sofreu!
   Seu sangue ali Jesus verteu;
   Sim, foi por mim, pra me salvar,
   Para eu, enfim, no céu morar.

88 - Que Fazes por Mim   F.R.H./R.H.M.

1. Das glórias eternais
   Ao mundo vil desci;
   A sorte Eu assumi
   Dos míseros mortais;
   E tudo foi por ti,
   Que fazes tu por mim?

2. Meu sangue derramei,
   E, no sofrer cruel,
   Bebi vinagre e fel;
   Na cruz Eu expirei;
   E tudo foi por ti,
   Que sofres tu por mim?

3. Pra dar-te a salvação
   Sofri, penei, morri;
   Teu substituto fui
   Em dura escravidão;
   E tudo foi por ti,
   Que deste tu por mim?

4. Do Pai celestial
   Completa redenção,
   A eterna salvação,
   A dita perenal
   Te dou de graça a ti;
   Não temas, vem a mim.

89 - O Poder do Sangue — L.E.J./S.L.G.

1. Do teu pecado te queres livrar?
   Seu sangue tem poder, sim, tem poder.
   Almejas tu do maligno escapar?
   Seu sangue tem este poder.

   Há poder, sim, força sem igual,
   Só no sangue de Jesus;
   Há poder, sim, prova-o, pecador,
   Oh, aceita o dom de Jesus!

2. Queres com tua vaidade acabar?
   Seu sangue tem poder, sim, tem poder.
   Vícios, paixões, queres tu dominar?
   Seu sangue tem este poder.

3. Teu coração queres purificar?
   Seu sangue tem poder, sim, tem poder.
   Todas as manchas te pode tirar;
   Seu sangue tem este poder.

4. Queres entrar no serviço real?
   Seu sangue tem poder, sim, tem poder.
   Queres também ser um servo leal?
   Terás no seu sangue o poder.

90 - Contemplação — I.W./J.H.N.

1. Olhando o lenho crucial,
   Em que morreu da glória o Rei,
   Às honras, vida mundanal
   Desprezo eterno votarei.

2. E não permitas, meu Senhor,
   Que me glorie eu, senão
   Na morte do meu Redentor,
   Que me salvou da perdição.

3. Olhai! da ensangüentada cruz,
   Torrentes de tristeza e amor!
   Que dor, que amor do meu Jesus,
   Por mim, seu vil perseguidor!

4. Se o mundo inteiro fosse meu,
   Seria oferta sem valor;
   Tudo o que sou, Senhor, é teu,
   Minha alma e todo o meu amor.

91 - Sangue de Jesus   H.M.W.

O sangue tão precioso de Jesus
Do pecado purifica;
O sangue de Jesus me purifica;
Mesmo, mesmo a mim.

92 - Substituição   F.R.H./D.M.H.

1. Morri na cruz por ti,
   Morri pra te livrar;
   Meu sangue, sim, verti,
   E posso te salvar.

2. Aqui vivi por ti,
   Com muito dissabor;
   Sim, tudo fiz aqui,
   Pra ser teu Salvador.

CORO: *Morri, morri na cruz por ti;*
Que fazes tu por mim? (bis)

3. Sofri na cruz por ti,
   A fim de te salvar;
   A vida consegui,
   Que tu irás gozar.

4. Eu trouxe salvação,
   Dos altos céus, favor;
   É livre meu perdão;
   Sincero, meu amor.

93 - Só no Sangue — R.L./J.J.T

1. Quem me poderá salvar?
   Cristo, que verteu seu sangue.
   Onde as manchas vou limpar?
   Só no seu precioso sangue.

   Oh, que preciosa paz,
   Que vem da sua cruz!
   A qual me dá Jesus
   Pelo seu precioso sangue!

2. Vejo a minha salvação
   Só no seu precioso sangue.
   Deus concede-me perdão
   Só no Seu precioso sangue.

3. Dele vem a perfeita paz
   Pelo seu precioso sangue;
   Infalível e eficaz,
   Esse tão precioso sangue.

4. Minha justificação
   Tenho no precioso sangue;
   Gozo traz ao coração
   Esse tão precioso sangue.

5. Entrarei no céu, enfim,
   Pelo seu preciso sangue;
   Louvarei, então, sem fim,
   Esse tão precioso sangue.

94 - Jesus na Cruz — M.A.S.

1. Só tu, Jesus levaste a cruz,
   Humilde em teu amor;
   No teu olhar brilhava a luz
   De compaixão, Senhor!

2. Julgado foste como réu,
   Pilatos foi juiz;
   De enganador foi teu labéu,
   Julgaram-te infeliz!

3. Sofreste zombarias mil,
   Desdém e amargo fel;
   Feriu-te a rejeição hostil
   De gente tão cruel!

4. Suspenso em um madeiro vil,
   Mostraste o teu amor;
   Perdão, pra gente tão servil
   Rogaste, Salvador!

5. Rendeste o espírito a Jeová,
   Com grande brado teu,
   Sim: "Tudo consumado está".
   Missão que o Pai te deu!

95 - Vitória do Rejeitado   D.W.W./S.E.M.

1. Jesus é rejeitado,
   O mundo não O quer,
   Recusa, com orgulho,
   Seu Rei reconhecer;
   Mas eis que vem glorioso
   Do seu celeste lar,
   Para logo com
   [poder aqui reinar!

2. O sol ao meio-dia
   Não tem o resplendor
   Qual há de ter a igreja
   Na vinda do Senhor;
   Eis que, do Esposo as jóias
   A noiva há de ostentar,
   Quando Cristo,
   [triunfante, aqui reinar!

3. Já temos privilégio
   De pela fé prever
   A divinal herança
   Que vamos receber.
   A dor e o sofrimento
   Jamais terão lugar,
   Quando Cristo,
   [triunfante, aqui reinar!

   *Logo vem o dia eterno
   Da sua exaltação!
   Vem, sim, para o livramento
   De toda a criação.
   Oh, que canto de vitória
   Então há de soar,
   Quando Cristo,
   [triunfante, aqui reinar!*

96 - Deslumbrante   A.J.S.N.

1. Se nos cega o sol ardente,
   Quando visto em seu fulgor,
   Quem contemplará Aquele
   Que do sol é criador?
   Patriarcas, nem profetas
   O chegaram a avistar,
   Nem Adão chegou a vê-Lo,
   Antes mesmo de pecar.

2. Luz, pra qual o sol é trevas,
   Quem te pode contemplar?
   Nossos olhos nus, humanos,
   Não te podem encarar.

Fogo em cima da Arca Santa,
Sarça ardente no Sinai,
São figuras só da glória,
Do Senhor, do eterno Pai.

3. Para termos nós com Ele
Franca e doce comunhão,
Cristo, o Filho, fez-se carne,
Fez-se nossa redenção.
Para que na glória eterna
Nós miremo-lo sem véu,
Cristo padeceu a morte,
Nova entrada abrindo ao céu.

97 - Jesus Veio Aqui   H.B./W.E.E.

1. Oh, como é tão singular Jesus,
Esbelto e mui gentil!
No rosto traz uma rara luz,
Fanal no mundo vil!

2. A sua vida gastou aqui
Perdidos pra salvar;
Na cruz sangrenta se deu a si,
A fim de os resgatar.

3. O povo, com apatia, viu
A prova desse amor;
E sua graça jamais mediu
Um mundo pecador.

4. No céu agora Jesus está,
Mas breve há de voltar,
E à glória os salvos transportará,
Onde hão de descansar.

CORO:
*Da sua glória celestial
Veio Jesus aqui;
A sua graça divinal
Fê-lo ao mundo vir!*

98 - Jesus Triunfou   R.L./S.E.M.

1. Jesus Cristo está sentado
   No seu trono de poder;
   Tudo já tem consumado
   Do que quis aqui fazer.
   Oh, que glória! oh, que glória
   No Senhor se pode ver!

2. Desde o seu primeiro advento
   Em humana encarnação,
   Té o pleno cumprimento
   Dessa terreal missão,
   Vemos glória, vemos glória
   Que é dos céus admiração.

3. Na agonia extrema vemos
   Que vitória então ganhou;
   Por morrer, nós compreendemos,
   Ele a vida nos legou;
   Com que glória, com que glória
   Sobre a morte triunfou!

99 - Ressurreição   R.L./R.P.

1. Eis morto o Salvador
   Na sepultura!
   Mas com poder, vigor,
   Ressuscitou.

   Da sepultura saiu!
   Com triunfo e glória ressurgiu!
   Ressurgiu, vencendo a morte e o seu poder;
   Pode agora a todos vida conceder!
   Ressurgiu! Ressurgiu!
   Aleluia! Ressurgiu!

2. Tomaram precaução
   Com seu sepulcro;
   Mas tudo foi em vão
   Para O reter.

3. A morte conquistou
   Com grande glória!
   Oh! graças, alcançou
   Vida eterna.

100 - Jesus Ressuscitado   P.P.B./M.A.M.

1. Eis Jesus ressuscitado!
   Ele para o céu subiu.
   As prisões quebrou da morte,
   Grandes feitos conseguiu.
   Eis Jesus ressuscitado!
   Vive e reina lá no céu!
   Eis Jesus ressuscitado!
   Voltará ao povo seu!

2. Eis Jesus ressuscitado,
   Para nosso Mestre ser!
   Conseguiu, na cruz morrendo,
   Pelo crente interceder.
   Eis Jesus ressuscitado,
   Pra a vitória nos ganhar!
   Eis Jesus ressuscitado,
   Para nos justificar!

3. Eis Jesus ressuscitado!
   Ele a morte aniquilou,
   Pra ressuscitar-nos todos,
   Sim, os crentes que salvou.
   Eis Jesus ressuscitado!
   Ele em breve voltará.
   Eis Jesus ressuscitado,
   E consigo nos terá!

101 - Ressurgiu C.W./H.M.W.

1. Cristo já ressuscitou; aleluia!
   Sobre a morte triunfou; aleluia!
   Tudo consumado está; aleluia!
   Salvação de graça dá; aleluia!

2. Uma vez na cruz sofreu; aleluia!
   Uma vez por nós morreu; aleluia!
   Mas agora vivo está; aleluia!
   E pra sempre reinará; aleluia!

3. Gratos hinos entoai; aleluia!
   A Jesus, o grande Rei; aleluia!
   Pois à morte quis baixar; aleluia!
   Pecadores pra salvar; aleluia!

102 - Cristo Volta F.R.H./S.E.M.

1. Cristo volta brevemente,
   Para aqui no mundo ter,
   Em lugar de sofrimento,
   Majestade com poder.
   Ele volta, e em sua glória
   Brilha a refulgente luz
   Desse dia tão querido
   Dos remidos de Jesus.

2. Cristo volta! Nem mais penas,
   Nem mais pranto, nem mais dor,
   Nem mais sombra de pecado,
   Nem mais falta de vigor.
   Ele volta para à glória
   Sua igreja conduzir,
   Para tê-la, então, consigo
   No celestial porvir.

3. Cristo volta! Não sabemos
   Em que dia tem de ser,
   Mas estamos confiados
   Que seu rosto iremos ver.
   A palavra santa o afirma,
   E não poderá falhar,
   E por isso esperaremos
   Ver Jesus aqui voltar.

Cristo volta! Cristo volta!
Para o povo seu buscar;
Cristo volta triunfante,
Para com poder reinar.
Cristo volta! Cristo volta!
Nosso amado Salvador!
Oh, que regozijo ao vê-lo
Sobre todos ser Senhor!

103 - Jesus Vindo S.E.M.

1. Jesus desceu, a Bíblia o diz,
   Do seu celeste lar,
   A fim de o grande amor de Deus
   Aos homens declarar.

2. Jesus morreu, a Bíblia o diz,
   E fez expiação
   Do nosso mal, e assim achou
   Um meio de perdão.

3. A Bíblia diz que ressurgiu,
   Da morte vencedor,
   E desde agora pode ser
   O nosso Salvador.

4. A Bíblia diz que voltará,
   A fim de nos levar,
   Do mundo e da tristeza aqui,
   Ao seu bendito lar.

5. A Bíblia diz-nos que Jesus
   No mundo reinará;
   Então, Senhor universal,
   Louvor sem fim terá.

104 - O Bom Porvir   R.L./S.E.M.

1. O dia alegre chega,
   Radiante em santa luz,
   Quando, afinal, vencido o mal,
   Vier reinar Jesus.
   O Salvador domínio
   Terá de mar a mar,
   E sob a Sua proteção
   Os seus vem congregar.

   Breve o dia vem; breve o dia vem.
   O dia alegre chega,
   Bem perto a aurora está;
   Breve o dia vem; breve o dia vem
   Em que essa paz, que Cristo traz,
   Seu povo gozará.

2. Jamais a voz do engano
   No mundo se ouvirá;
   Jamais o horror do tentador
   O povo afligirá;
   Mas todos a verdade
   Somente falarão,
   E ao grande Deus os santos seus
   Com gozo adorarão.

3. Por esse dia alegre
   Suspira a criação,
   Em dor, aqui, oculta em si,
   Sob dura escravidão;
   Mas das tristezas, dores,
   Então se livrará,
   Ao refulgir, no bom porvir,
   A luz que bênção dá.

105 - Feliz — R.R.K.

Jesus sendo meu, sou muito feliz!
Eu vou para o céu, meu lindo país;
Eu não o mereço, sou vil pecador,
Mas, crendo, conheço meu bom Salvador!

106 - O Desejado — D.W.W./S.L.G.

1. Vem, ó Cristo desejado!
   Vem depressa, Redentor!
   Salve o dia esplendoroso
   Do regresso teu, Senhor!

2. Vem, ó Cristo desejado!
   Vem o mundo libertar
   Dessas dores em que geme!
   Teu poder vem demonstrar!

3. Vem, ó Cristo desejado!
   Vem o mundo dominar,
   Dispensando amor, justiça!
   Vem teu reino dilatar!

4. Vem, ó Cristo desejado,
   Tua glória revelar!
   Vem, Senhor Jesus, nos ares
   Para nos arrebatar!

Coro:
Vem, esperança deste mundo!
Vem o milênio inaugurar!
Vem teus remidos despertar do sono!
Oh, vem teu reino confirmar!

107 - Esperando   S.L.G.

1. Bem ansiosos aguardamos
   Tua vinda, ó bom Jesus,
   Quando em majestade e glória
   Tu voltares lá dos céus!
   Removida, então, veremos
   Toda dor, toda aflição;
   Exultando aplaudiremos
   Tua glorificação!

2. Bem ansiosos aguardamos
   Tua vinda, ó bom Jesus;
   Pois, assim como subiste,
   Voltarás dos altos céus.
   E nós, tuas testemunhas,
   Com prazer e exaltação,
   Exultando, aplaudiremos
   Tua glorificação!

3. Bem ansiosos aguardamos
   Tua vinda, ó bom Jesus;
   Com os nossos bem-amados
   Gozaremos tua luz.
   Quando tu, Jesus, voltares,
   Desfarás toda opressão;
   Exultando, aplaudiremos
   Tua glorificação!

108 - Chamada Final   J.M.B./A.L.D.

1. Quando Cristo sua trombeta
   Lá do céu mandar tocar,
   Quando o dia mui glorioso lá romper,

E aos remidos desta terra
Meu Jesus se incorporar,
E fizer-se, então, chamada, lá estarei.

2. Nesse tão glorioso dia,
Quando o crente ressurgir
E da glória de Jesus participar,
Quando os crentes ressurgidos
O saudarem no porvir,
E fizer-se, então, chamada, lá estarei.

3. Lidarei, então pra Cristo
Té o dia terminar;
Falarei do seu amor por nós aqui.
Quando, pois, findar a vida
E o labor aqui cessar,
E fizer-se então chamada, lá estarei.

*Quando se fizer chamada, (4 vezes)
Lá estarei!*

109 - Por Pouco Tempo   J.F.C./S.E.M.

1. Anseio a paz que qual um rio corre,
E no deserto faz brotar a flor;
Anseio a fé que, neste pouco tempo,
Descansa no bendito Salvador.

2. Há pouco tempo pra velar, orando,
E contra o inimigo batalhar;
Há pouco tempo para aqui, chorando,
Lançar semente, pra depois ceifar.

3. Por pouco tempo, as lâmpadas zelando,
Devemos, bem despertos, esperar;
Assim, pois, pressuroso o noivo vindo,
Com Ele nós iremos pra seu lar.

110 - Quando Cristo Vier　　W.O.C./S.L.G.

1. Quando Cristo os crentes vier buscar,
   Todo vale escuro há de se aclarar,
   Quando Cristo os crentes vier buscar,
   Pra gozar no eterno lar.

2. Quando Cristo os crentes vier buscar,
   Todas as tristezas hão de acabar,
   Quando Cristo os crentes vier buscar,
   Pra gozar no eterno lar.

3. Quando Cristo os crentes vier buscar,
   Todo o seu receio se extinguirá;
   Pois a morte não mais existirá,
   Quando nos vier buscar.

4. Quando Cristo os crentes vier buscar,
   Um bem-vindo alegre há de ressoar;
   Ele nunca mais nos irá deixar,
   Quando nos vier buscar.

Quando nos vier buscar,
Quando Cristo regressar,
Todo vale escuro há de se aclarar,
Pra gozar nos vem buscar.

111 - Não Tardará   D.W.W./S.L.G.

1. Cristo do céu em breve virá,
   Ele afirmou-nos, e não tardará;
   Oh, que alegria, que glória será,
   Quando Jesus regressar!

2. Em breve os mortos ressurgirão;
   Todos os crentes, oh, se encontrarão!
   Juntos, alegres, ao céu subirão!
   Quando Jesus regressar!

3. Breve esta terra gozará paz;
   Preso, encerrado será Satanás!
   Tudo que é vil deixaremos atrás,
   Quando Jesus regressar!

4. Cristo não tarda, não tarda em vir.
   Quando será, no glorioso porvir?
   Oh, que alegria teremos em ir,
   Quando Jesus regressar!

Coro:
Cristo não tarda, não tarda a voltar;
Cristo não tarda a voltar!
Oh, que alegria, que glória será,
Quando Jesus regressar!

112 - Vencendo Vem Jesus — J.W.H./R.P.

1. Já refulge a glória eterna
   De Jesus, o Rei dos reis;
   Breve os reinos deste mundo
   Seguirão as suas leis!
   Os sinais da sua vinda
   Mais se mostram cada vez.
   Vencendo vem Jesus!

2. O clarim que chama os crentes
   À batalha já soou;
   Cristo, à frente do povo,
   Multidões já conquistou.
   O inimigo, em retirada,
   Seu furor patenteou.
   Vencendo vem Jesus!

3. Eis que em glória refulgente
   Sobre as nuvens descerá,
   E as nações e os reis da terra
   Com poder governará.
   Sim, em paz e santidade
   Toda a terra regerá.
   Vencendo vem Jesus!

4. E por fim, entronizado,
   As nações há de julgar;
   Todos, grandes e pequenos,
   O Juiz hão de encarar;
   E os remidos, triunfantes,
   Em fulgor hão de cantar,
   Vencido tem Jesus!

Glória, glória! Aleluia! (3 vezes)
Vencendo vem Jesus!

Glória, glória! Aleluia! (3 vezes)
Vencido tem Jesus!

113 - O Dia Glorioso — I.D.S./H.M.W.

1. Regozijai-vos, sim, ó crentes,
   O Senhor não tardará!
   Já vem o dia mui glorioso
   Em que Cristo voltará!

2. Eis, com milhares de milhares,
   Sobre as nuvens Ele vem;
   E todos juntos entraremos
   Com Jesus na glória além!

3. E então será glorificado
   Nos remidos o Senhor;
   E o mundo ficará pasmado,
   Vendo a Cristo em seu fulgor!

   Ó dia triunfal de Cristo,
   Quando lá do céu descer!
   Estejamos prontos, jubilosos,
   O Senhor a receber!
   Regozijai-vos, sim, ó crentes!
   O Senhor não tardará!
   Já vem o dia mui glorioso
   Em que Cristo voltará!

114 - A Vinda do Senhor — J.G.

1. Como foi para o céu, Jesus Cristo há de vir
   Quando o som da trombeta ecoar;
   Quando a voz de um arcanjo no céu estrugir,
   Eu irei com Jesus me encontrar.

   Oh, que dia faustoso, esse dia há de ser
   Quando o som da trombeta ecoar;
   Quando Cristo, nas nuvens, tiver de descer
   Para, assim, entre nós habitar!

2. Nesse dia de glória, meu corpo mortal
   Semelhante ao de Cristo há de ser;
   E já livre da morte, e já livre do mal,
   O milênio de Cristo hei de ver.

3. Eu aqui, pela cruz, para o mundo morri,
   Muita dor inda aqui sofrerei;
   Minha vida com Cristo em meu Deus escondi,
   E com Cristo eu aqui reinarei.

4. Vem, Jesus, ó Senhor, vem depressa reinar,
   Vem a paz e a justiça trazer;
   Criação, povo teu, tudo almeja o raiar
   Desse dia de glória e poder.

5. Este império do mal, vem, Senhor, destruir,
   Vem, Esposo celeste, reinar!
   Vem, ó Sol da justiça, no mundo luzir;
   Ó meu Rei, vem meu pranto estancar!

115 - Breve com Jesus — S.P.K.

Em breve, em breve havemos
De ver o Salvador;
E em casa cantaremos
Jesus e seu amor! *(3 vezes)*

116 - Desejo da Alma — F.J.C./S.P.K.

1. Vem, Espírito divino,
   Grande Ensinador!
   Vem! descobre às nossas almas
   Cristo, o Salvador!

Coro:
*Cristo, Mestre,
Ouve com favor!
Em poder e graça insigne
Obre o teu amor!*

2. Vem! demole os alicerces
   Da enganosa paz,
   Aos errados concedendo
   Salvação veraz!

3. Vem! reveste a tua igreja
   De poder e luz!
   Vem! atrai os pecadores
   Ao Senhor Jesus!

4. Maravilhas soberanas
   Outros povos vêem;
   Oh, derrama a mesma bênção
   Sobre nós também!

117 - Espírito Santo — J.L.

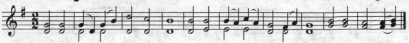

1. Ó divino Preceptor,
   Mostra-nos o Salvador!
   Ó tu, bom Consolador,
   Enche-nos de santo amor!

2. Tu, fiel, Instruidor,
   Com celestial favor,
   Mostra como te adorar,
   Como culto a Deus prestar!

3. Santo Espírito de Deus,
   Enche de fervor os teus,
   Pra cantarem o louvor
   De Jesus, O Salvador!

4. Vem, Espírito veraz,
   Esta escuridão desfaz!
   Enche-nos de santa luz,
   Guia todos a Jesus!

118 - Santo Espírito — S.P.K.

Jesus, ao céu subindo,
Se penhorou mandar
Seu bom e santo Espírito,
A fim de nos guiar;
E o grande, excelso Guia,
Em nós agora está,
O mundo além revela,
Conduz-nos para lá.

119 - Fidelidade — I.W./J.J.R.

1. Por meus delitos expirou
   Jesus, a Vida e Luz;
   Ele o castigo meu levou,
   Na ensangüentada cruz.

   Oh, faz-me forte em confessar
   A ti, Jesus, Senhor!

Oh, faz-me pronto a confiar
Em teu excelso amor!

2. E eu hei de ter tão fraca voz,
Que trema, ao confessar,
A quem, com morte tão atroz,
Minha alma quis salvar?

3. Pois eu desejo aqui cantar,
Tão grande Salvador;
E, quando for no céu morar,
Louvá-lo-ei melhor.

120 - Louvai ao Senhor   M.E.S./S.L.G.

1. Louvai ao Senhor, o Deus onipotente,
Louvai, ó remidos, louvai ao Senhor!
Ó homens, Deus ama-vos eternamente,
Pois provas nos deu por Jesus, Salvador.

Louvai, louvai, louvai nosso Redentor!
Cantai, cantai, cantai sempre em seu louvor.
Jesus sofreu por nós na cruz,
Louvai, exaltai nosso Salvador!

2. Perdão vos concede o Senhor poderoso,
Que Cristo por nós no madeiro alcançou;
Deixai vossos vícios, e o mundo enganoso,
Fugi para Cristo, que vos libertou!

3. Sim, Cristo vos salva de toda a maldade,
Vos livra dos vícios, da carne e do mal,
Vos tira das trevas, vos dá liberdade
E salva pra sempre! Que amor sem igual!

121 - Ecos de Louvor — R.H.

1. Àquele que, de amor por nós,
   À morte se entregou,
   E, pela mão tomando-nos,
   Do mal nos libertou;
   Que nos levou de novo a Deus,
   O Deus de todo o amor,
   A Cristo soem, pelos céus,
   Os ecos de louvor.

2. Louvado seja quem nos quis
   De Deus aproximar,
   E em reino e sacerdotes seus
   Com sangue consagrar.
   Louvado seja quem o dom
   Do Espírito nos deu;
   Louvado seja, pois que abriu
   A entrada para o céu.

3. Aos teus ouvidos, santo Pai,
   Eleve-se o louvor,
   Que destes fracos lábios sai,
   A Cristo, Salvador,
   Pois muito nos apraz saber
   Que a ti, no santo lar,
   Louvor a Cristo agrada ouvir
   Na terra celebrar.

122 - Motivos de Louvor — H.M.W.

1. Oh, vinde ouvir, enquanto
   De Cristo eu vou cantar,
   Meu Salvador bendito,
   Pois veio-me salvar!
   Cordeiro imaculado,
   Minha alma resgatou,
   E com seu próprio sangue
   Meu coração lavou.

2. Quando a seus pés sentado,
   Eu, grato, cantarei
   Os tão gloriosos feitos
   Do meu Senhor e Rei.
   Sim, mesmo quando os males
   Me queiram submergir,
   Eu cantarei de Cristo,
   Que os pode destruir.

3. Seguindo na vereda
   Que para o céu conduz,
   Eu cantarei de Cristo,
   A minha vida e luz!

   Quando eu me achar sem males
   Naquele santo lar,
   Eternamente a Cristo
   Louvor hei de cantar.

123 - Bendito Cordeiro — E.R.L./H.M.W.

1. Seja bendito o Cordeiro
   Que na cruz por nós padeceu!
   Seja bendito o seu sangue
   Que por nós, pecadores, verteu!
   Eis nesse sangue lavados,
   Com roupas que tão alvas são,
   Os pecadores remidos,
   Que perante seu Deus hoje estão!

   Alvo mais que a neve!
   Alvo mais que a neve!
   Sim, nesse sangue lavado,
   Mais alvo que a neve serei!

2. Quão espinhosa a coroa
   Que Jesus por nós suportou!
   Oh, quão profundas as chagas
   Que nos provam o quanto ele amou!
   Eis, nessas chagas, pureza
   Para o mais torpe pecador,
   Pois que mais alvos que a neve
   O teu sangue nos torna, Senhor!

3. Se nós a ti confessarmos,
   E seguirmos na tua luz,
   Tu não somente perdoas,
   Purificas também, ó Jesus,
   Sim, e de todo pecado!
   Que maravilha desse amor!
   Pois que mais alvos que a neve
   O teu sangue nos torna, Senhor!

124 - Cantarei P.P.B./E.A.B./S.L.G.

1. Cantarei do *amor* de Cristo,
   Nunca houve amor igual;
   Deu a vida pra salvar-nos
   Da condenação fatal.

2. Cantarei das suas *palavras*,
   Tão repletas de poder,
   Que consolam e me inspiram
   A Jesus obedecer.

Coro:
*Cantarei de Jesus Cristo,
Poderoso Salvador;
Pois transforma, regenera
O perdido, indigno malfeitor.*

3. Cantarei da imensa *graça*
   Do seu terno coração;
   Pela fé que tenho nele
   Me garante o meu perdão.

4. O seu *nome* tão glorioso
   Com fervor proclamarei;
   Junto com os seus remidos
   Esse nome exaltarei.

125 - Redenção D.W.W./S.L.G.

1. Minha alma, canta ao Salvador,
   Que te remiu com tanto amor,
   Que te livrou da escravidão,
   Seu Sangue dando em redenção!

   *Na redenção firmado estou,
   Meu cativeiro já findou,
   Contente, cantarei louvor
   A meu glorioso Redentor.*

2. Longe eu andava do meu Deus,
   Seguindo nos caminhos meus;
   O Salvador me descobriu
   E com seu sangue me remiu.

3. Feliz momento quando vi,
   Na triste cruz, morrer por mim,
   Pra libertar-me do opressor,
   Meu santo e justo Remidor.

4. Pra minha justificação
   O esforço meu foi todo vão;
   Perante Deus só tem valor
   O sangue do meu Remidor.

5. Vem, alma opressa, descansar
   Na redenção tão singular;
   Jesus garante a salvação;
   Seu sangue vale a redenção.

126 - Louvai   F.J.C./S.L.G.

1. Louvai, louvai Cristo, o bom Mestre divino!
   Por nós na cruz Ele sofreu, morreu;
   Perdão, perdão hoje aos contritos outorga,
   Pois precioso sangue na cruz verteu.
   Sim, louvai-O, ei-lo tão exaltado,
   Mediador que nunca nos faltará.

   Louvai, louvai, falai da sua grandeza,
   Do perdão, da graça que a todos dá.

2. Louvai, louvai Cristo, o bom Mestre divino!
   Conselhos bons dá Ele ao pecador;
   Anunciai as bênçãos maravilhosas,
   Concedidas por esse Salvador.
   Ide, todos, servos de Jesus Cristo,
   Ele nunca vos abandonará.

3. Louvai, louvai Cristo, o bom Mestre divino!
   Cantai, cantai, seu grande amor cantai;
   Fiéis, cantai de coração, bem unidos,
   Seu poder e glória louvai, louvai!
   Qual pastor que cuida do seu rebanho,
   Cristo assim os crentes protegerá.

127 - Jesus Bondoso — M.A.M.

1. Jesus, teu nome é santo,
   Amável teu querer;
   Louvor real, com puro amor,
   Queremos-te render.
   Poder e honra e glória a ti
   Nós vimos tributar;
   Com gratidão e devoção
   Teu culto celebrar.

2. Jesus, teu nome é santo,
   Merece o nosso amor;
   Nos altos céus és nosso Deus,
   O nosso Protetor;
   Incomparável sempre és tu
   Em tua compaixão,
   Pois tu vieste ao mundo vil
   Fazer-te nosso irmão!

3. Jesus, teu nome é santo,
   Amarga foi a cruz;
   O teu sofrer, o teu penar
   A vida nos produz;
   Na glória já sentado estás,
   Atento à adoração
   Que teus fiéis te vêm prestar
   Com grato coração.

128 - A Redenção — F.J.C./W.E.E.

1. Eterno Deus, queremos nós
   Louvores a Jesus cantar;
   O seu amor, a sua cruz,
   Ajuda-nos a celebrar.

   A graça vinda do alto céu
   Que o Salvador nos concedeu,
   Descanso traz ao coração,
   Vigor e paz e salvação.

2. Da vida és o Criador,
   De ti provém inspiração;
   Abrasa-nos com mais ardor
   Pra divulgar a redenção.

3. De Cristo a causa defender,
   O reino seu anunciar,
   A fama dele promover
   Eis nossa glória singular!

129 - Bendita Luz   E.E.H./S.L.G.

1. Que bendita, que gloriosa luz!
   É mais bela que a do dia!
   Ilumina as almas a seguir
   Cristo, o Mestre, o eterno Guia.

Coro: *Luz bendita, luz gloriosa,*
Concedida lá dos altos céus
Só ao crente em Cristo, o Redentor;
Ó bendita luz de Deus!

2. Sempre canta, alegre, seu louvor,
   Quem possui a luz dos céus;
   Goza afável e celeste paz,
   Dom gracioso só de Deus.

3. Vida nova em santa retidão
   Têm os crentes em Jesus;
   Quem de perto ao Salvador seguir
   Dele alcança graça e luz.

4. Esperança, vida e salvação
   Hás de ter, ó pecador,
   Aceitando Cristo, nossa Luz,
   Este dom do Deus de amor!

130 - Beneficência   T.R.T.

1. Se já liberto foste, ó pecador,
   Por quem morreu na negra cruz,
   Mostra por frutos santos, em amor,
   Que pertences a Jesus.

   CORO:
   Vinde, cristãos, louvar;
   Vinde, cristãos, cantar
   A Jesus, do mundo grande Redentor.
   Vinde render louvor,
   Pelo seu grande amor.
   A Jesus, o Redentor.

2. Quem poderá gozar o seu favor
   E seguidor de Cristo ser,
   Se, desumano, deixa, sem horror,
   Seu irmão a perecer?

3. Ter fé que possa montes transportar
   É grande dom que vem dos céus;
   Mas dos enfermos dores mitigar
   É supremo dom de Deus.

4. Todos tenhamos gozo do dulçor
   De praticar nosso dever;
   Ouçam de longe as gentes seu louvor,
   Escutando assim dizer:

131 - Bendize   W.H.H.

1. Bendize, ó tu, meu coração,
   Bendize ao Salvador,
   E tudo quanto houver em mim,
   Consagre-lhe louvor. *(bis)*

2. Bendize, ó tu, meu coração,
   Bendize ao Salvador;
   Não fiques esquecido, pois,
   Do seu divino amor. *(bis)*

3. Ele os delitos com amor
   E graça perdoou,
   E com divina compaixão
   Jesus te aliviou. *(bis)*

4. O teu desejo satisfaz
   Com verdadeiros bens;
   A vida renovada, assim,
   Tu, como as águias, tens. *(bis)*

132 - Ebenézer   R.R./J.H.N.

1. Fonte tu de toda bênção,
   Vem o canto me inspirar;
   Dons de Deus, que nunca cessam,
   Quero em alto som louvar.
   Oh, ensina o novo canto
   Dos remidos lá dos céus
   Ao teu servo e ao povo santo,
   Pra louvarmos-te, bom Deus!

2. Cá meu "Ebenézer" ergo,
   Pois Jesus me socorreu;
   E, por sua graça, espero
   Transportar-me para o céu.
   Eu, perdido, procurou-me,
   Longe do meu Deus, sem luz;
   Maculado e vil, lavou-me
   Com seu sangue o bom Jesus.

3. Devedor à tua graça
   Cada dia e hora sou;
   Teu desvelo sempre faça
   Com que eu ame a ti, Senhor.
   Eis minha alma vacilante:
   Toma-a, prende-a com amor,
   Para que ela, a todo instante,
   Glorifique a ti, Senhor.

133 - Exultação J.B.

1. Tributai, ó vós, remidos,
   Gratos hinos a Jesus;
   Tendes uma herança boa,
   Abrigada em santa luz!
   Pois cantai com alegria,
   Que descanso encontrareis;
   E no derradeiro dia
   A Jesus encontrareis.

2. Nesta vida achais tristezas,
   Morte, dor, separação;
   Achareis no céu riquezas
   Que jamais se acabarão.
   Na cidade mui gloriosa
   Reina Cristo com fulgor;
   Não há pranto, nem pecado,
   Na presença do Senhor.

3. Para as bodas do Cordeiro,
   Ó remidos, entrareis;
   E, de novo, no seu reino,
   Vós do cálix bebereis.
   Exultai, sim, alegrai-vos,
   Que vereis o bom Jesus!
   Louvarei eternamente
   Ao Cordeiro em santa luz!

134 - Reino Universal — J.H.N.

1. Ó línguas, povos e nações,
   Louvor a Cristo celebrai;
   Em alta voz, ó corações,
   O nome de Jesus cantai!
   Misericórdia divinal,
   Justiça eterna, eterno amor,
   De litoral a litoral
   Apregoai com todo ardor.

2. Com reverência, com fervor,
   O incenso do louvor levai;
   Sinceros, gratos ao Senhor,
   Oh, vinde alegres, e exultai!
   Com todo ardor, oh, exaltai!
   A Cristo, autor da redenção;
   Em toda língua proclamai
   Que reino dele os povos são.

135 - Louvor — W.P.M./J.T.H.

1. Louvamos-te, ó Deus,
   Pelo dom de Jesus,
   Que por nós pecadores
   Foi morto na cruz.

2. Louvamos-te, ó Deus,
   E ao teu Filho de amor,
   Que foi morto, mas vive,
   Supremo Senhor.

3. Louvamos-te, ó Deus,
   Pelo Espírito, luz
   Que nos tira das trevas
   E a Cristo conduz.

4. Oh, vem nos encher
   De celeste fervor,
   E fazer-nos fruir
   Teu afável amor!

Coro:
Aleluia, toda a glória
Te rendemos, sem fim;
Aleluia, tua graça
Imploramos. Amém!

136 - Estudo Bíblico — S.P.K.

1. Eis Samuel ouviu
   Palavras de favor,
   E muito se admirou,
   Ouvindo o Criador!
   Que dita, se Jesus assim
   Viesse me ensinar a mim!

2. Não poderia estar
   Com falta de atenção,
   Por medo de pecar
   De língua ou coração;
   Mas sempre havia de escutar,
   Ouvindo o grande Deus falar.

3. Pois na divina lei
   Eu ouço a voz de Deus,
   O santo, eterno Rei,
   Falando-me dos céus,
   Com reverente amor convém
   Saber o que essa lei contém.

4. Eu devo, humilde, ouvir
   A amável instrução,
   E ao bom Jesus servir
   De todo o coração;
   Ser servo humilde, mas fiel,
   Tal como o infante Samuel.

5. Sim, Deus agora está
   Tão perto, tão real!
   Oh, quão feliz será,
   Com alma filial,
   Dizer-lhe, em hino de louvor:
   "Escuto; fala, pois, Senhor!"

137 - O Pão da Vida — M.A.L. /H.M.W.

1. Enquanto, ó Salvador, teu livro eu ler,
   Meus olhos vem abrir; pois quero ver
   Da mera letra, além, a ti, Senhor;
   Eu venho a ti, Jesus, meu Redentor.

2. À beira-mar, Jesus, partiste o pão,
   Satisfazendo ali a multidão;
   Da vida o pão és tu; vem, pois, assim,
   Satisfazer, Senhor, a mim, a mim!

138 - A Lei do Senhor — Anônimo

1. Sábia, justa, santa e pura,
   É a lei do meu Senhor,
   Que corrige a vida impura
   Do perdido pecador.
   Do Senhor o ensinamento
   Nela tão perfeito está;
   É tão cheia de preceitos
   E conselhos santos dá!

2. Do Senhor os bons conselhos
   Justos e benignos são;
   Neles vejo, quais espelhos,
   Quanto é mau meu coração.
   Mais que o sol, resplandecentes,
   Os preceitos do Senhor
   Iluminam nossas mentes
   Com divino resplendor.

139 - Dia do Senhor   J.N./G.B.N.

1. A semana já passou,
   O Senhor guiou-nos bem;
   O seu povo se lembrou
   Que, reunido, bênçãos tem.
   É dos sete o dia melhor,
   De descanso e de louvor.

2. Vimos te pedir perdão,
   Ó amado Redentor;
   Mostra tua compaixão,
   Nossas culpas tira e a dor!
   Dá-nos, hoje, a tua paz,
   Bênção que nos satisfaz!

3. Desejamos te louvar,
   Tua graça aqui sentir;
   Neste culto reforçar
   Esperanças do porvir;
   Paz e glória, lá dos céus,
   Manifesta já, ó Deus!

4. O evangelho tem poder
   Para o crente consolar,
   Para o vício seu vencer,
   Todo o mal abandonar.
   Que hoje dê a pregação
   Gozo e paz ao coração.

140 - Domingo   S.L.G.

1. Domingo, ó dia de amor,
   Tão cheio de prazer!
   Almejo, ó meu Senhor,
   A graça e teu poder;
   Honrar-te, sim, glorioso Rei,
   Cumprir a tua santa lei.

2. Encher-me vem, Senhor,
   De gozo e muita fé;
   Ó grande Benfeitor,
   Concede-me a mercê
   De pecadores despertar
   E tua igreja estimular!

3. Espírito de luz,
   Oh! dá-me o dom do amor,
   Que vejo em meu Jesus,
   O meigo e bom Pastor!
   Ensina-me, pois, meu dever;
   Dirige todo o meu viver.

141 - Descanso aos Domingos A.J.S.N.

1. Na terra, aos domingos, Jesus, descansamos,
   Mas tens lá no céu um descanso melhor;
   Se, aqui reunidos, prazeres gozamos,
   Contigo teremos um gozo maior.

2. Mais paz e alegria no céu gozaremos,
   Que aquelas que temos aqui, com Jesus;
   Sem dores, sem prantos, alegres, veremos
   Aquele que para a mansão nos conduz.

3. Sem medo de ataques de vis inimigos,
   E sem os cuidados mundanos daqui,
   Sem sombra de noite, sem nuvens de dia,
   Contigo seremos ditosos ali.

4. Jesus, eu bem sei que tu tens preparado
   A aurora de gozos eternos pra mim;
   Exausto, na senda de dor e pecado,
   Eu quero o descanso contigo, sem fim.

142 - Pão da Vida S.L.G.

1. Pão da vida, pão dos céus,
   Pão de Deus é meu Jesus;
   Pão que dá ao coração
   Alegria, paz e luz. *(bis)*

2. Sangue que Jesus verteu
   É divino, é eficaz;
   Este sangue ao coração
   Força, amor e vida traz. *(bis)*

3. Vem, Jesus, me abençoar;
   Enche-me de ti, Senhor,
   Pois almejo te servir
   E te honrar, meu Salvador. *(bis)*

143 - A Ceia do Senhor — W.E.E.

1. Será possível esquecer
   O teu amor, Senhor?
   A tua graça em conceder
   Perdão ao pecador?

2. Será possível esquecer
   O teu sofrer, Senhor?
   A vida que vieste ter,
   Vivida em tanta dor?

3. Será possível esquecer
   A grande salvação
   Que tu vieste nos trazer,
   Que muda o coração?

4. Nós vamos hoje celebrar,
   Em santa comunhão,
   O teu sofrer, o teu penar,
   Sim, nossa redenção.

144 - Vera Páscoa — Anônimo

1. Ó Jesus! Ó vera Páscoa,
   Suspirada dos antigos!
   Ó Cordeiro eterno e meigo,
   Digna-te assistir aqui!

2. Bom Jesus, ó pão divino!
   Pela fé te apropriamos;
   És nas almas o alimento
   Que sustenta o nosso amor.

3. Bom Jesus, ó vinho puro,
   Fonte de perene gozo!
   Faze que nossa alma viva
   Para ti, de ti, em ti

145 - Batismo — W.E.E.

1. Às águas do Jordão desceu
   Jesus, o Redentor,

O Deus eterno, que morreu
Por nós em santo amor.

2. O exemplo seu devemos ter
Por norma a nos cingir;
O salvo pelo seu poder
Seus passos quer seguir.

3. Por nós morreu Jesus, na cruz,
E nos remiu do mal;
Abriu caminho que conduz
À vida divinal.

4. Morremos ao pecado vil,
Pra nunca mais voltar,
E os erros deste mundo hostil
Queremos desprezar.

5. A vida nova vamos ter,
Ao bem nos dedicar,
Em santidade e amor viver,
Do amor de Deus falar.

146 - Alegria Verdadeira   H.M.W.

1. Sei agora o que me alegra,
Sei agora o que me alegra,
Sei agora o que me alegra,
Confiando no Senhor!

2. É Jesus o que me alegra,
É Jesus o que me alegra,
É Jesus o que me alegra,
Confiando em seu amor!

147 - Obediência no Batismo — S.L.G.

1. Cercando teu sepulcro,
   Estamos nós, Jesus,
   Teu nome aqui louvando,
   Alçando tua cruz.
   Alegres te seguimos,
   Neste ato, em santo amor;
   Mister é obedecer-te
   Em tudo, ó bom Senhor!

2. As águas nos encobrem;
   Assim, também, Senhor,
   As águas te cobriram
   De morte e de furor;
   E, como ressurgiste
   Pra a vida perenal,
   Assim, Jesus, levanta,
   Levanta-nos do mal.

3. Sim, tu ressuscitaste;
   Jamais tu sofrerás;
   Morreste pelo mundo,
   Mas sempre viverás;
   A morte já venceste,
   Ó grande Deus, Jesus!
   E vida nova, outorgas
   A quem seguir a luz.

4. Contigo sepultados,
   Queremos nós aqui
   Renunciar o mundo,
   E só viver por ti;
   Ressuscitados vamos,
   Jesus, contigo andar;
   Oh, vem, vem ajudar-nos
   A sempre a ti honrar!

148 - Hora Bendita — W.W.W./T.R.T.

1. Bendita a hora de oração,
   Pois traz-nos paz ao coração,
   E sobrepuja toda a dor,
   Trazendo auxílio do Senhor.
   Em tempos de perturbação,
   Na dor maior, na tentação,
   Procurarei com mais fervor *(bis)*
   A comunhão com o Senhor.

2. Bendita a hora de oração,
   Produto só da devoção,
   Que eleva ao céu o seu odor
   Em doce cheiro ao meu Senhor.

E, finda a hora da aflição,
Os dias maus, a tentação,
Então darei melhor louvor   *(bis)*
A meu Jesus, a meu Senhor.

3. Bendita a hora de oração,
Pois liga-nos em comunhão
E traz-nos fé e mais amor,
Enchendo o mundo de dulçor.
Desejo a vida aqui findar
Com fé, amor, constante orar;
Depois da morte, do pavor,   *(bis)*
Então será, sim, só louvor.

149 - Persistência em Oração   R.P.

1. Eis que, ó Pai, prostrados, te rogamos nós:
Dá-nos a vitória nesta luta atroz;
Dá-nos fé robusta para resistir –
É o que teus servos vimos-te pedir!

2. Dá-nos persistência como a de Jacó,
Pra lutar orando, num desejo só,
Suplicando graça, sem desanimar,
Té que recebamos teu favor sem par!

3. E, se demorares em nos responder,
Firmes ficaremos sem desfalecer;
Tu por graça tudo nos darás, Senhor,
Quando for provada nossa fé e amor!

4. De salvar perdidos, pobres socorrer
E de dar-nos bênçãos tens real prazer.
Que alcancemos sempre tua compaixão!
Dá-nos fé mais forte, dá-nos tua mão!

150 - Pai Nosso   D.F.G.

1. Nosso Pai, que estás nos céus,
   Que és rodeado de esplendor,
   Nome teu santificar
   Vimos com ardente amor. *(bis)*

2. O teu reino venha a nós;
   Nele brilha a luz sem véu;
   Seja feito o teu querer
   Tanto aqui como é no céu. *(bis)*

3. Cada dia o nosso pão,
   Que a nós todos dá vigor,
   Dá-nos hoje, nosso Deus,
   Pelo teu benigno amor. *(bis)*

4. Vem, Senhor, nos perdoar,
   Como nós, com todo amor,
   Desejamos desculpar
   Nosso devedor maior. *(bis)*

5. No furor da tentação,
   Que nos pode ser fatal,
   Não nos deixes, pois, cair.
   Livra-nos de todo mal. *(bis)*

151 - Comunhão   E.L.G./M.A.C.

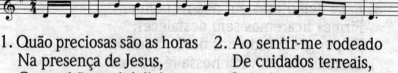

1. Quão preciosas são as horas
   Na presença de Jesus,
   Comunhão mui deliciosa
   De minha alma com a luz!
   Os cuidados deste mundo
   Não me poderão mover,
   Pois é Ele meu abrigo
   Quando o tentador vier *(bis)*

2. Ao sentir-me rodeado
   De cuidados terreais,
   Irritado, enfraquecido,
   Em hesitações fatais,
   A Jesus eu me dirijo,
   Nesses tempos de aflição;
   As palavras que Ele fala
   Trazem-me consolação. *(bis)*

3. Se confesso meus temores,
Toda a minha imperfeição,
Ele escuta com paciência
Essa triste confissão;
Com ternura repreende
O pecado e todo o mal;
Ele é sempre meu amigo,
O melhor e mais leal. *(bis)*

4. Se quereis saber quão doce
É com Deus ter comunhão,
Podereis, então, prová-lo,
E tereis compensação.
Procurai estar sozinhos
Em conversa com Jesus,
E tereis, na vossa vida,
Paz perfeita, graça e luz. *(bis)*

152 - Pastor Divino   D.A.T./S.P.K.

1. Ouve-nos, Pastor divino,
Nós, que neste bom lugar,
Teu rebanho congregado,
Desejamos-te adorar.
Cristo amado, Cristo amado,
Vem teu povo abençoar. *(bis)*

2. Ao perdido no pecado
Seu perigo faze ver;
Chama os pobres enganados,
Faze-os tua voz ouvir;
Aos enfermos, aos enfermos,
Mestre, digna-te acudir. *(bis)*

3. Traze o pobre desgarrado
Ao aprisco teu, Senhor;
Toma o tenro cordeirinho
No regaço teu, Pastor;
Dá-lhe os pastos, dá-lhe os pastos
De celeste e doce amor. *(bis)*

4. Ó Jesus, escuta o rogo,
Nossa humilde petição;
Vem encher o teu rebanho
De sincera devoção;
Cantaremos, cantaremos,
Tua afável proteção. *(bis)*

153 - Perdão — A.J.S.N.

1. Se aqui, Senhor,
   bem poucos
   Te vêm cantar louvor,
   E aos vis prazeres loucos
   Preferem teu amor,
   O que impossível seja
   A ti, meu Deus, não há:
   Conquiste a tua igreja
   Ao meu país, Jeová!

2. Jesus, ao povo inspira,
   Tu, que és verdade e luz;
   Quebranta-lhe a mentira,
   Das trevas o conduz.
   Da cega idolatria,
   Oh, salva-o, meu Senhor!
   Transforma em claro dia
   A noite de temor.

3. Senhor, tu dás sustento
   Ao mundo, com poder,
   E dás-lhe mandamento
   Pra te reconhecer.
   Porém aos que rejeitam
   A salvação e a cruz,
   E a graça não aceitam,
   Oh, dá perdão, Jesus!

154 - Firme nas Promessas — R.K.C./Anônimo

1. Firme nas promessas do meu Salvador,
   Cantarei louvores ao meu Criador.
   Fico, pelos séculos do seu amor,
   Firme nas promessas de Jesus.

Firme, firme,
Firme nas promessas de Jesus, meu Mestre.
Firme, firme,
Sim, firme nas promessas de Jesus.

2. Firme nas promessas não irei falhar,
   Vindo as tempestades a me consternar;
   Pelo Verbo eterno eu hei de trabalhar,
   Firme nas promessas de Jesus.

3. Firme nas promessas sempre vejo assim
   Purificação no sangue para mim;
   Plena liberdade gozarei, sem fim,
   Firme nas promessas de Jesus.

4. Firme nas promessas do Senhor Jesus,
   Em amor ligado com a sua cruz,
   Cada dia mais alegro-me na luz,
   Firme nas promessas de Jesus.

155 - O Grande Amigo J.S./C.K.T.

1. Em Jesus amigo temos,
   Mais chegado que um irmão;
   Ele manda que levemos
   Tudo a Deus em oração!
   Oh, que paz perdemos sempre,
   Oh, que dor no coração,
   Só porque nós não levamos
   Tudo a Deus em oração!

2. Temos lidas e pesares
   E na vida tentação;
   Não ficamos sem conforto,
   Indo a Cristo em oração.
   Haverá um outro amigo
   De tão grande compaixão?
   Os contritos Jesus Cristo
   Sempre atende em oração.

3. E se nós desfalecemos,
   Cristo estende nos a mão,
   Pois é sempre a nossa força
   E refúgio em oração.
   Se este mundo nos despreza,
   Cristo é nosso em oração;
   Em seus braços nos acolhe
   E nos dá consolação.

156 - Orando Sempre — M.A.S.

1. Ó Deus bendito, atende o nosso rogo
E dá-nos graça e vida de poder;
Na tentação, que inflama como fogo,
Só Tu outorgas força de vencer.
Nossa oração responde, ó Pai de amor, *(bis)*
E, neste mundo, dá-nos teu favor!

2. Perdoa as nossas culpas e pecados,
Que muitos são, pois débeis somos nós;
De ti, às vezes, vamos afastados,
Rebeldes, não ouvimos a tua voz.
A Ti clamamos, certos do perdão; *(bis)*
Arrependidos mostra compaixão!

3. Que privilégio santo e doce temos
De ter a paz de Cristo, o Salvador;
E, em seu bendito nome, a Deus louvemos,
Alegres, fortes, cheios de fervor!
Oh, que prazer glorioso, a Deus orar, *(bis)*
Pois é queimar incenso sobre o altar!

4. Orai, nos diz Jesus, teu Filho amado;
Sim, tudo a ti levamos na oração;
Aqui estamos firmes ao mandado,
Com fé fazendo a nossa petição!
Oh, vem, Senhor, agora transmitir
Poder e graça, vem-nos assistir! *(bis)*

157 - Vivifica-nos, Senhor — H.M.W.

Manda, oh, manda as ricas chuvas,
Tua bênção, Salvador!
Imploramos, esperamos,
Vivifica-nos, Senhor!

158 - Em Oração — M.A.S.

1. Nosso Deus e Pai bondoso,
   Ouve a nossa petição,
   Que com verdadeiro gozo
   E em humilde adoração
   Te fazemos, neste ansioso
   Suplicar de coração;
   Livra-nos, ó Pai bondoso,
   Em temível tentação.

   Ouve, ó Deus, a nossa prece,
   Feita em nome de Jesus;
   Teu amor nos enaltece,
   Dá-nos fé, vigor e luz.

2. Hoje temos este ensejo
   De pedir a ti, Senhor,
   Que nos guardes no desejo
   De servir ao Salvador,
   Nosso Mestre Benfazejo,
   Que nos livra, com amor,
   Do maligno e vil cortejo
   Do infernal enganador.

3. Livra-nos, Senhor, de tudo
   Que perturba a nossa paz,
   E reveste-nos do escudo
   De uma fé real, veraz,
   Para em todo transe agudo,
   Derrotarmos Satanás;
   Pois da tua lei o estudo
   Forças novas sempre traz.

159 - Minha Oração
J.T.H.

1. Dirijo a ti, Jesus, minha oração,
A ti que tudo vês no coração.
Eu venho te adorar, tua graça suplicar;
Oh, vem me abençoar; vem já meu Deus!

2. Dirijo a ti, Jesus, minha oração;
Do mal que pratiquei, a confissão.
Sê tu, ó meu Senhor, propício ao pecador;
Concede, em teu amor, pleno perdão!

3. Dirijo a ti, Jesus, minha oração,
A ti que amparo és em aflição;
Oh, vem me consolar, minha alma confortar,
Pra nunca me afastar de ti, Senhor!

4. Escuta, meu Jesus, esta oração,
Que humilde faço a ti com gratidão.
Tu és meu Mediador, meu Rei e Salvador;
Possa eu em teu amor sempre viver!

160 - A Fé Contemplada
J.R./R.P.

1. Deus promete grandes coisas conceder
A qualquer que peça, crendo que há de obter
A resposta, sem na fé enfraquecer.
Sua fé Jesus contemplará.

Sua fé Jesus contemplará;
Sim, o que Jesus promete, dá.
Ele vê o coração
E responde à petição;
Sua fé Jesus contemplará.

2. Deus tem prometido a quem não duvidar
   Dar-lhe tudo quanto a Ele suplicar;
   Ele o prometeu e não irá negar!
   Sua fé Jesus contemplará.

3. Deus já grandes maravilhas operou
   Por alguém que, firme, nele confiou,
   E que da promessa em nada duvidou!
   Jesus Cristo a fé contemplará.

4. Sim, creiamos no que Deus nos prometeu,
   Pois jamais desonrará o nome seu;
   Ele cumprirá promessas que nos deu!
   Jesus Cristo a fé contemplará.

161 - Poder Espiritual   J.E./S.L.G.

1. Senhor Jesus, oh, vem me conceder
   A plenitude do Consolador;
   Dos altos céus me outorga teu poder,
   Poder do Espírito renovador.

2. Senhor, aviva minha tênue fé;
   Ateia em mim o ardor celestial;
   O coração meu guia por mercê,
   Extirpa, expulsa tudo o que é carnal.

3. Vem tu fazer em mim habitação,
   Em templo teu transforma-me, Senhor;
   Aqui me entrego em tua santa mão,
   A teu espírito renovador.

4. Outorga força pra testemunhar
   No meu viver, falar e proceder;
   Correta vida, santa, modelar,
   Também repleta de fervor, poder.

162 - Vigiar e Orar A.H.S.

1. Bem de manhã, embora o céu sereno
Pareça um dia calmo anunciar,
Vigia e ora; o coração pequeno
Um temporal pode abrigar.

Bem de manhã, e sem cessar,
Vigiar, sim, e orar!

2. Ao meio-dia, e quando os sons da terra
Abafam mais de Deus a voz de amor,
Recorre à oração, evita a guerra
E goza paz com o Senhor.

3. Do dia ao fim, após os teus lidares,
Relembra as bênçãos do celeste amor,
E conta a Deus prazeres e pesares,
Deixando em suas mãos a dor.

4. E sem cessar, vigia a cada instante,
Que o inimigo ataca sem parar;
Só com Jesus em comunhão constante
É que o fiel vai triunfar.

163 - Desejos S.L.G.

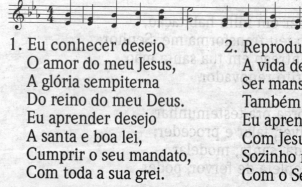

1. Eu conhecer desejo
O amor do meu Jesus,
A glória sempiterna
Do reino do meu Deus.
Eu aprender desejo
A santa e boa lei,
Cumprir o seu mandato,
Com toda a sua grei.

2. Reproduzir almejo
A vida de Jesus;
Ser manso, ser humilde,
Também servir a Deus;
Eu aprender almejo
Com Jesus Cristo orar,
Sozinho na montanha
Com o Senhor falar.

3. Amar eternamente
Desejo a ti, Jesus;
Pois tu por mim sofreste
A maldição da cruz.
Ó Salvador, concede
Que alcance teu amor;
A mim, ovelha tua,
Contempla com favor!

164 - Revivificação　　　　H.M.W.

1. Tu, que sobre a amarga cruz
Revelaste teu amor,
Tu, que vives, ó Jesus!
Vivifica-nos, Senhor!

Coro:
*Vem, oh, vem Jesus, Senhor,
Nossas almas despertar!
Com teu puro e santo amor,
Vem, oh, vem nos inflamar,
Oh, vem! Oh, vem
Nossas almas inflamar!*

2. Eis o mundo tentador
Procurando nos trair!
Sem teu fogo abrasador
Presto estamos a cair.

3. Quantos que corriam bem
Já não mais contigo vão!
Outros seguem, mas também
Frios, sem amor estão.

4. Vem agora consumir
Tudo quanto, ó Salvador,
Quer, altivo, resistir
Ao teu brando e doce amor!

165 - Oração
R.C.P.

1. Pai celeste, Deus bendito,
   Manifesta teu amor!
   A teus pés eis-nos prostrados,
   Implorando teu favor!
   Aos que jazem no pecado,
   Mostra a luz da salvação.
   Vem brilhar em nossas almas,
   Tu, ó Sol da retidão!

2. Nesta vida tão penosa,
   Vem, Senhor, nos consolar;
   Aos aflitos e cansados,
   Mostra teu amor sem par!
   Nas fraquezas dá conforto,
   Aumentando nossa fé,
   E firmando, com bondade,
   Sobre a rocha nosso pé!

3. Nossas culpas e delitos
   Tu nos podes perdoar!
   Vem guiar-nos no caminho
   Que conduz ao santo lar!
   Por Jesus, teu Filho amado,
   Nosso eterno Sumo Bem,
   Tudo nós te suplicamos,
   Glória a ti, Senhor. Amém!

166 - As Promessas de Deus
G.K./W.E.E.

1. Acaso podíamos nós conseguir
   Maior segurança do que possuir
   As lindas promessas do nosso bom Deus,
   Firmadas na Bíblia pra todos os seus?

2. Oh, nunca temais! Ele assim nos falou;
   Sim, todos os dias convosco Eu estou;
   O vosso sustento serei, e deveis
   Em mim confiar; sempre sede fiéis.

3. Por dificuldades tereis de passar,
   Nenhum embaraço vos deve espantar;
   Convosco Eu estou para vos proteger
   E o mal Eu farei para o bem concorrer.

4. Sim, a alma que em Cristo se refugiou,
   Oh, todos os dias com ela Eu estou!
   Por mais que o inferno a procure perder,
   Jamais poderá, pois Eu vou socorrer.

167 - Vem, Inflama!   G.L.S.F.

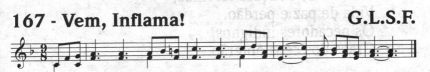

1. Meu pecado resgatado
   Foi na cruz por teu amor,
   E da morte, triste sorte,
   Me livraste, tu, Senhor!

   Vem! inflama viva chama
   Em meu peito, bem sem fim!
   Eu te adoro, sempre imploro:
   Ó Jesus, habita em mim!

2. Se hesitante, vacilante,
   Ouço a voz do tentador,
   Tu me guias, me auxilias
   E me tornas vencedor.

3. Redimida, só tem vida
   A minha alma em teu amor;
   Com apreço reconheço
   Quanto devo a ti, Senhor!

168 - Chuvas de Bênçãos — D.W.W./S.L.G.

1. Chuvas de bênçãos teremos,
   É a promessa de Deus.
   Tempos benditos veremos,
   Chuvas de bênçãos dos céus.

CORO:
Chuvas de bênçãos,
Chuvas de bênçãos dos céus;
Gotas somente nós temos;
Chuvas rogamos a Deus.

2. Chuvas de bênçãos teremos,
   Vida de paz e perdão.
   Os pecadores indignos
   Graça dos céus obterão.

3. Chuvas de bênçãos teremos,
   Manda-nos já, ó Senhor!
   Dá-nos agora o bom fruto
   Desta palavra de amor.

4. Chuvas de bênçãos teremos,
   Chuvas mandadas dos céus;
   Bênçãos a todos os crentes,
   Bênçãos do nosso bom Deus.

169 - Mais de Cristo — E.E.H./H.M.W.

1. Mais de Cristo eu quero ver,
   Mais do seu amor obter,
   Mais da sua compaixão,
   Mais da sua mansidão.

2. Mais de Cristo compreender,
   Quero a Cristo obedecer,
   Sempre perto dele andar,
   Seu amor manifestar.

CORO: *Mais, mais de Cristo!*
Mais, mais de Cristo!
Mais do seu puro e santo amor,
Mais de ti mesmo, ó Salvador!

170 - Oração de Consagração   P.P.B./A.F.C.

1. Oh, mais detestável, sim, seja-me o mal!
   Mais calma em pesares, mais alto ideal,
   Mais fé no meu Mestre, mais consagração,
   Mais gozo em servi-lo, mais grata oração.

2. Mais justo me faze, mais sábio, Senhor,
   Mais firme na causa, com muito fervor,
   Mais reto na vida, mais triste ao pecar,
   Um filho submisso, mais pronto em amar.

3. Mais puro me faze, mais santo em Jesus,
   Mais do teu domínio, mais paz nessa cruz,
   Mais rica esperança, mais obras aqui,
   Do céu mais ansioso, mais vida por ti.

171 - Avivamento   A.M./F.J.C./S.L.G.

1. Aviva-nos, Senhor!
   Oh, dá-nos teu poder!
   De santidade, fé e amor
   Reveste o nosso ser!

   Aviva-nos, Senhor!
   Eis nossa petição!
   Ateia o fogo do alto céu
   Em cada coração!

2. Desperta-nos, Senhor!
   Oh, faze-nos fruir
   As ricas bênçãos divinais,
   Primícias do porvir!

3. Renova-nos, Senhor,
   Inspira mais amor,
   Mais zelo, graça e abnegação,
   A bem do pecador!

172 - Cada Dia
J.C./W.E.E.

1. Cada dia tinham pão,
   Dado pela eterna mão
   Do Sustentador fiel
   Da família de Israel.

2. Tu, Jesus, também assim,
   Paz e gozo dá-me a mim;
   Cada dia, em profusão
   Enche tu meu coração.

3. Sempre tu meu guia sê,
   Cada dia dá-me fé;
   Cada dia, ó bom Senhor,
   Tudo supre com amor.

173 - Mais Amor
F.P.L.

1. Ó meu Deus, te peço: dá-me mais amor,
   Pois no teu serviço quero ter fervor!
   Em teu Filho creio, nele esperarei;
   Cumpre o que te rogo, meu bendito Rei.

2. Em Jesus confio, pois que me salvou;
   Derramou seu sangue, seu amor mostrou.
   E das densas trevas para a sua luz
   Me tirou, e agora sempre me conduz.

3. Sempre hei de segui-lo, sim, de coração,
   Pois que me protege sua forte mão;
   Ele é poderoso para me guiar
   Sempre no caminho em que convém andar.

174 - Faça-se a Luz
J.M./J.G.R.

1. Tu que mandaste, ó Deus,
   Dando ordem com poder:
   "Faça-se a luz!"
   Ouve-nos com favor,
   Onde teu sumo amor
   Não brilha com fulgor,
   Faça-se a luz!

2. Fonte de luz dos céus,
   Temos em nosso Deus,
   Nosso Jesus.
   Cegos, há claridão!
   Ímpios, eis o perdão!
   Dentro do coração,
   Faça-se a luz!

3. Mestre consolador,
   Ânimo abrasador
   Em nós produz.
   Paz, zelo, fé, poder.
   Sempre ansiamos ter!
   Cumpra-se teu prazer:
   Faça-se a luz!

4. Nunca tiveste igual,
   Único és e imortal!
   Dá-nos a luz!
   Pai! santo é teu amor;
   És eternal Senhor,
   Terno Consolador,
   Faça-se a luz!

175 - Minha Aspiração A.A.P./W.E.E.

1. Cristo, bom Mestre, eis meu querer:
   Tua vontade sempre fazer;
   Faze-me forte pra resistir
   Duras fraquezas que possam vir.

2. Cristo, bom Mestre, eis meu querer:
   Mais santidade de vida ter;
   Faze-me firme, Cristo, meu Deus,
   Pra não deixar a senda dos céus.

3. Cristo, bom Mestre, eis meu querer:
   Todas as minhas faltas vencer;
   Faze-me rijo para lutar,
   Para a vitória sempre ganhar.

176 - Tempo de Ser Santo — W.D.L./S.L.G.

1. Tempo de ser *santo* tu deves tomar,
   Viver com teu Mestre, seu livro estudar,
   Andar com seu povo, e aos fracos valer,
   As bênçãos celestes de Deus obter.

2. Tempo de ser *puro* tu deves achar,
   A sós, sempre orando, com Cristo ficar,
   Teus olhos bem fitos em Deus sempre ter,
   Na tua conduta provar seu poder.

3. Tempo de ser *forte* tu deves buscar,
   O Mestre seguindo por onde guiar;
   No gozo ou tristeza sempre obedecer,
   Da fonte divina jamais esquecer.

4. Tempo de ser *útil* tu deves guardar,
   Mui calmo nas lutas, em Deus confiar;
   Socorre os aflitos, repleto de amor,
   Os passos seguindo do teu Salvador.

177 - Alvorada — A.P.S.C.

1. Apenas rompe a aurora,
   Em ti eu penso, ó Deus,
   E a ti levanto logo
   Os lassos olhos meus;
   Minha alma tão sequiosa
   Por seu Deus suspirou;
   Até meu ser inteiro
   Com ânsia O desejou.

2. Em terra mui deserta,
   E cheia de aridez,
   Em que não há estrada
   E em que nem água vês,
   A tua fortaleza
   Desejo ver aqui,
   E teu poder e glória,
   Como eu no templo vi.

3. Tu tens misericórdia
   Que excede a tudo que há;
   Por isso a minha boca
   Teu nome louvará.
   Durante a vida inteira
   Te quero engrandecer,
   E ao céu, para invocar-Te,
   Humildes mãos erguer.

178 - O Culto Findou   S.P.K.

1. O culto sagrado findou,
   No dia bendito por Deus;
   Nosso último canto soou
   E as preces subiram aos céus.

2. Das faltas concede perdão,
   Aceita em Jesus o louvor;
   E, com a divina sanção,
   Despede-nos, grande Senhor!

179 - Fim do Culto   Anônimo

1. Teu culto findo aqui,
   Despede-nos, Senhor;
   Dirige-nos, até o fim,
   Por teu excelso amor.

2. Queremos em amor
   De teu favor viver.
   De teu Espírito gozar,
   E a graça receber.

180 - Despedida — J.F./J.T.H.

1. Grande Deus, em paz agora,
   Vem, despede-nos, Senhor;
   Certos de fruir as bênçãos,
   Que provêm do teu amor.
   Dá-nos forças, neste mundo de amargor!

2. Graças, graças te rendemos
   Pela tua redenção;
   E rogamos, fervorosos,
   Tua firme proteção;
   Teu Espírito domine o coração.

181 - Bênção — J.G.R.

A graça de nosso Senhor,
E o amor de Deus,
E a comunhão do Espírito Santo,
Conosco seja. Amém! Amém!

182 - Despedida do Culto — M.A.M.

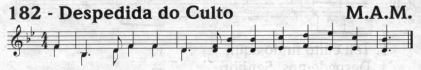

1. Despede-nos, ó bom Jesus,
   No fim do teu serviço aqui;
   Guiar-nos venha a tua luz,
   Pra que sirvamos só a ti.

   Despede-nos, ó Salvador!
   Despede-nos em teu amor;
   Permite que nós outra vez
   Nos ajuntemos, ó Senhor.

2. Protege-nos, ó bom Jesus,
   E não nos largue a tua mão!
   O teu amor só nos induz
   A te louvar de coração.

3. Pai nosso, tu, que estás nos céus,
   Aqui, abençoar-nos vem;
   Ó tu, Espírito de Deus,
   Dá-nos inspiração também.

183 - A Luz do Mundo   P.P.B./A.B.

1. Pra todo perdido nas trevas do mal,
   Jesus é a luz do mundo!
   Do sol no esplendor não encontra rival;
   Jesus é a luz do mundo!

   Vem para a luz, pois brilha por ti;
   Dentro do peito, alegre, a senti;
   Vendo-a, do mal a Deus eu corri;
   Jesus é a luz do mundo!

2. Do reino das trevas nós vimos Jesus;
   Jesus é a luz do mundo!
   Andamos seguros na trilha da cruz;
   Jesus é a luz do mundo!

3. Ó cegos, que a terra do mal habitais,
   Jesus é a luz do mundo!
   Na Bíblia se encontra essa luz que buscais;
   Jesus é a luz do mundo!

4. Do brilho do sol não carecem os céus;
   Jesus é a luz do mundo!
   Pois brilha o Cordeiro no Templo de Deus;
   Jesus é a luz do mundo!

184 - Há Livre Perdão   H.E.B./S.L.G.

1. Glória a Jesus, pois *há livre perdão!*
Vem, pecador, aceitar este dom:
De Deus um livre perdão!
Vem, sim, agora em *Jesus confiar;*
Vida perene vais nele encontrar,
E pleno e livre perdão!

Coro:
Cristo está pronto pra te perdoar!
Ó pecador, porque não aceitar?
Em Deus há livre perdão.

2. Longe de Cristo *só podes sofrer;*
Mas nos seus braços há sumo prazer;
Em Deus há livre perdão!
Trevas te cercam? *Oh! vem para a luz;*
Paz, força e vida terás em Jesus
E pleno e livre perdão!

3. Basta pensar só *no seu grande amor,*
No seu sofrer, e na morte de horror,
Pra ver que há livre perdão!
Arrependido *te entrega a Jesus,*
Que te concede perdão pela cruz;
Sim, pleno e livre perdão!

4. Sim, há perdão para *aquele que crer!*
E mesmo agora tu podes obter
De Deus um livre perdão!
Cristo te espera, *sim, vem como estás;*
Oh, vem agora, pois receberás
Um pleno e livre perdão!

185 - Somente Cristo — S.E.M.

1. Somente Cristo é Salvador,
   Nem outro conhecemos;
   Morreu por nós, em santo amor,
   E vida nele temos.

   Coro:
   Jesus, Jesus é o Salvador,
   E nem há outro Mediador;
   Foi Ele que por nós morreu,
   E vivo está por nós no céu.

2. Os homens santos e fiéis
   Nós sempre respeitamos;
   Mas a Jesus, o Rei dos reis,
   Humildes adoramos.

3. A Deus fazemos oração;
   Só Ele quer e pode
   Valer-nos na tribulação;
   Aos seus, Deus sempre acode.

4. No santo sangue de Jesus
   Confia todo crente;
   O que Ele fez na dura cruz
   Pra sempre é suficiente.

186 - É Jesus Quem Salva   R.L./S.E.M.

1. O chorar não salva!
   Mesmo o lagrimar sem fim,
   Jamais mancha carmesim
   Poderá lavar em mim;
   O chorar não salva!

2. Obras não me salvam!
   Meus esforços sem cessar
   Não me podem transformar,
   Nem meus males expiar;
   Obras não me salvam!

CORO:
Foi Jesus que padeceu,
Sobre a cruz por mim morreu;
Por seu sangue que verteu
Pôde assim salvar-me!

3. Orações não salvam!
   Apesar do seu fervor,
   Petições não têm valor
   Pra salvar o pecador;
   Orações não salvam!

4. É Jesus quem salva!
   Ele a obra consumou,
   Meus pecados expiou,
   Com seu sangue me lavou;
   É Jesus quem salva!

187 - Teus Pecados   F.J.C./W.E.E.

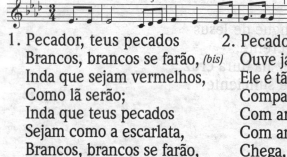

1. Pecador, teus pecados
   Brancos, brancos se farão, (bis)
   Inda que sejam vermelhos,
   Como lã serão;
   Inda que teus pecados
   Sejam como a escarlata,
   Brancos, brancos se farão,
   Como lã se tornarão!

2. Pecador, Deus te chama:
   Ouve já a voz dos céus! (bis)
   Ele é tão bom quão amável,
   Compassível é.
   Com ardor te convida,
   Com amor, sim, te abriga!
   Chega, pois, ao Salvador;
   Ouve já a voz de amor!

3. Desfará tuas culpas;
   Delas não se lembra mais! (bis)
   "Oh, vinde a mim, vós cansados!"
   Diz Jesus, Senhor.

   Mau embora tu sejas,
   Mau embora tu sejas
   Seu descanso te dará
   E feliz te tornará!

188 - O Evangelho   S.W.M./J.J.

1. A nova do evangelho
   Já se fez ouvir aqui;
   Boas novas tão alegres,
   Elas são pra quem ouvir:
   Assim Deus nos amou,
   Sim, a cada pecador,
   Que nos deu seu Filho amado
   Pra sofrer a nossa dor.

   CORO:
   Santa paz e perdão
   São as novas lá dos céus!
   Santa paz e perdão!
   É bendito o nosso Deus!

2. A nova do evangelho
   Dá-nos todos a saber
   Que fartura há para todos,
   Sim, pra quem com fé comer:
   Da vida o pão Eu sou;
   Satisfeito ficarás;
   Teus pecados e tua alma
   Lavarei, e paz terás.

3. A nova do evangelho
   Ora vem nos avisar
   Do perigo grande e grave
   Para quem se descuidar.
   Salvai-vos desde já;
   Não vos demoreis, então,
   Não vireis os vossos olhos,
   Oh, fugi da perdição!

4. A nova do evangelho
   Jubiloso som nos é,
   Pois o amor de Jesus Cristo
   Dá perdão mediante a fé.
   As novas se vos dão
   Que já veio o Salvador,
   Tão bondoso e poderoso,
   Que perdoa ao pecador.

189 - Graça Inefável   A.T.P./S.L.G.

1. A graça do Senhor meu coração venceu,
   Pois, para me salvar, seu Filho amado deu.

   Oh! sim, qualquer que em Cristo crer,
   Perdão eterno vai obter,
   E vida nova receber.

2. Aquele que pecar, a morte sofrerá;
   Quem aceitar Jesus, a vida alcançará.

3. Seu sangue derramou a fim de nos salvar,
   E da condenação nos veio assim livrar.

4. Oh, vinde receber a vida e seu perdão,
   E juntos possuir Jesus e a Salvação!

190 - Para Salvar-te   L.N.M./R.P.

1. Veio Jesus a este mundo vil
   Para buscar-te a ti;
   Foi rejeitado por gente hostil
   Para salvar-te a ti.
   Glórias ali no céu deixou,
   Ingratidão no mundo achou,
   Tudo Ele fez porque te amou,
   Para salvar-te a ti.

   CORO:
   Glória, glória demos ao Salvador!
   Glória, glória, por seu tão grande amor!
   Glória, glória! temos a paz com Deus!
   Glória, glória, vamos cantar nos céus!

2. O teu castigo Jesus levou
   Para salvar-te a ti;
   Tudo na cruz Ele consumou
   Para remir-te a ti;
   Quem dentre os homens compreendeu

Todas as dores que sofreu,
A condição em que morreu
Para salvar-te a ti?

3. Tudo isto Deus fez em teu favor
Para salvar-te a ti;
Chama-te agora com terno amor
Para perdoar-te a ti.
Deves chegar em contrição,
Tendo certeza do perdão;
Cristo te estende a sua mão
Para salvar-te a ti.

4. Oh, que alegria, que gozo e paz
Ter salvação de Deus
E nova vida que satisfaz
A alma que busca os céus!
Livre das culpas do pecar,
Longe da dor e do chorar,
Tendo certeza de gozar
A redenção de Deus!

191 - Eis a Nova — M.A.S.

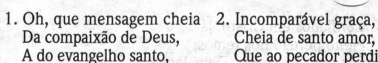

1. Oh, que mensagem cheia
Da compaixão de Deus,
A do evangelho santo,
Que nos conduz aos céus!

2. Incomparável graça,
Cheia de santo amor,
Que ao pecador perdido
Trouxe o bom Salvador!

Coro:
Eis a nova:
Quem em Jesus confia,
Dele há de ter verdadeira luz,
Vida, perdão e alegria!

3. Pois o pecado avilta,
Enche de escuridão
A alma rebelde e errada
Sob sua maldição!

4. Temos na cruz de Cristo
Bênção e salvação;
Porta da vida aberta,
Única redenção!

192 - Só por Jesus   P.P.B./S.E.M.

1. Cristo veio dos santos céus,
   Veio do mal salvar-nos;
   Dado foi, pelo amor de Deus,
   Em nossa redenção.
   Por Jesus somente
   Salvo está o crente.

2. Oh, que graça nos revelou
   Quando Ele veio ao mundo!
   Compaixão sem igual mostrou
   A todo pecador.
   Sim, por sua morte
   Temos vera sorte.

3. Nem as lágrimas, nem a dor
   Podem a paz ganhar-nos.
   Nossas obras são sem valor
   Para o perdão comprar.
   Sem pagarmos nada,
   Vida nos é dada.

4. Confiados em Cristo, já
   Pleno perdão nós temos;
   Fez-nos, nosso Pai, Deus Jeová,
   Filhos por adoção!
   Salvos nele estamos,
   Glória a Deus rendamos!

Coro: *Só por Jesus, só por Jesus.*
É que nós somos, salvos. (bis)

193 - Proclamação   F.R.H./H.M.W.

1. Proclamai a todo o mundo que Jesus é Rei!
   Proclamai! Proclamai!
   Proclamai que suave e santa é sua magna lei!
   Proclamai! Proclamai!
   Proclamai que Ele é nosso Salvador Jesus,
   Pois sofreu por nós, pregado na sangrenta cruz;
   Que Ele ao reino eterno os salvos em amor conduz!
   Proclamai! Proclamai

2. Proclamai que reina sempre nosso Salvador!
   Proclamai! Proclamai!
   Que por cetro de seu reino tem o santo amor!
   Proclamai! Proclamai!
   Proclamai aos infelizes que Ele vive lá,
   E aos cansados e contritos, que descanso dá;
   Proclamai aos pecadores que Ele os salvará!
   Proclamai! Proclamai!

3. Proclamai que em breve sobre as nuvens descerá!
   Proclamai! Proclamai!
   E com todos os seus santos em fulgor virá!
   Proclamai! Proclamai!
   E que sem demora venham todos se render,
   E fiéis e dedicados servos dele ser;
   Sim, estejam prontos quando o Rei dos reis vier!
   Proclamai! Proclamai!

194 - A Mensagem Celeste — P.J.O./S.L.G.

1. A mensagem vem de Deus,
   Que Jesus é Salvador!
   Oh, clamai, vós, filhos seus:
   É Jesus o Salvador!
   Proclamai, com grande ardor,
   Que Deus ama ao pecador,
   Que seu Filho ao mundo deu
   Para ser o Salvador!

2. Ó vós, povos, eis o dom:
   É Jesus o Salvador!
   Por seu sangue dá perdão!
   É Jesus o Salvador!
   Ilhas todas, exultai,
   Seu amor considerai;
   E vós, anjos, proclamai
   Que Jesus é Salvador!

3. Ó vós, santos, já bradai:
   É Jesus o Salvador!
   Vós, nações, oh, jubilai!
   É Jesus o Salvador!
   Salvação de graça dá
   Hoje a todo pecador.
   Glória! Glória a Deus Jeová,
   Pois Jesus é Salvador!

195 - Vida por um Olhar   A.M.H./A.F.C.

1. Terás vida em olhar pra Jesus, Salvador;
Ele diz: Vida eterna Eu te dou;
Pois então, pecador, considera esse amor;
Vê Jesus que na cruz expirou.

Vê, vê, viverás!
Terás vida em olhar pra Jesus, Salvador;
Ele diz: Vida em Mim acharás!

2. Terás vida em olhar pra Jesus, Salvador;
Sangue seu derramado Ele tem;
Paga está nossa falta; não haja temor;
Por olhar, pecador, vida vem.

3. Terás vida em olhar pra Jesus, Salvador;
Não há choro, remorso, nem dor
Que consiga remir a qualquer pecador;
Só o sangue do bom Redentor.

4. Terás vida em olhar pra Jesus, Salvador;
Ele tudo por ti já sofreu.
Deus estende o convite ao maior transgressor;
Vê Jesus, que por ti padeceu!

5. Terás vida em olhar pra Jesus, Salvador;
Ele diz: vida eterna Eu te dou.
Nunca perecerás, crendo em Cristo, o Senhor;
Segurança em Jesus gozarás.

196 - Conta-me F.J.C./S.L.G.

1. Conta-me a história de Cristo,
   Grava-a no meu coração;
   Conta-me a história preciosa,
   Pois Ele dá salvação.
   Conta que os anjos em coro
   Deram louvor a Jeová,
   Oh! Glória a Deus nas alturas
   Pelo perdão que nos dá! *(bis)*

2. Cristo sofreu no deserto,
   Dias amargos passou
   Pelo maligno tentado,
   Mas em poder triunfou.
   Conta dos seus sofrimentos
   Que Ele por nós padeceu
   Quando, em terrível angústia,
   Lá no calvário morreu! *(bis)*

3. Conta do cálix amargo;
   Ele sofreu maldição!
   Conta do triste sepulcro,
   Conta da ressurreição.
   Oh! grande amor indizível!
   Graça e favor divinal!
   Santos louvores cantemos
   Ao Salvador eternal! *(bis)*

197 - Inabalável
H.B./S.L.G.

1. A cruz ainda firme está. *Aleluia! aleluia!*
   E para sempre ficará. *Aleluia! aleluia!*
   Pois o inferno trabalhou,
   Satanás rancor mostrou,
   Mas ninguém a derribou!
   Aleluia pela cruz!

   Aleluia! aleluia!
   Aleluia por Jesus!
   Aleluia! aleluia! (bis)
   Quem triunfa é só Jesus!

2. É sempre vencedora a cruz. *Aleluia! aleluia!*
   Pois testifica de Jesus. *Aleluia! aleluia!*
   Sua graça ali brilhou,
   Seu amor se nos mostrou,
   Plena paz se efetuou!
   Aleluia pela cruz!

3. Ali rendeu o Salvador, *aleluia, aleluia,*
   A vida pelo pecador. *Aleluia! aleluia!*
   Foi ali que triunfou,
   Salvação nos outorgou,
   Sim, o céu nos conquistou!
   Aleluia pela cruz!

198 - Aleluia
W.A.O./S.L.G.

1. A mensagem do Senhor; aleluia!
   É cheia de perdão e amor!
   Cristo salva o pecador; aleluia!
   Salva até por meio de um olhar!

Coro:
   Oh, olhai, pois, e vivei!
   Confiai só em Jesus!
   Ele salva o pecador; aleluia!
   Salva até por meio de um olhar!

2. Vossa culpa já levou; aleluia!
   Jesus a satisfez na cruz;
   Sua vida já entregou, aleluia!
   Para vos apresentar a Deus.

3. Sua graça nos legou; aleluia!
   Eterna vida lá nos céus;
   Confiai só em Jesus; aleluia!
   Convertei-vos hoje mesmo a Deus!

4. Aceitai a salvação; aleluia!
   Segui os passos do Senhor;
   Proclamai o seu perdão; aleluia!
   Exaltai o grande Redentor!

199 - Cordeiro Divino
S.P.K.

1. Sacrifícios imolados
   Sobre o sanguinoso altar
   Não tiraram os pecados;
   Não podiam expiar
   Nossas culpas, nossas culpas,
   Nem remorsos dissipar.

2. Temos sangue mui precioso
   De um divino Remidor;
   Eficaz e tão glorioso
   É o grande Expiador;
   Purifica, purifica
   O mais ímpio pecador.

3. Triste, choro o meu pecado;
De Jesus me vem perdão;
No Cordeiro confiado,
Não há mais condenação!
O Cordeiro, o Cordeiro
Dá completa remissão.

4. Todo o peso do castigo,
Punição que mereci,
Lá na cruz, supremo Amigo,
Foi lançada sobre ti!
Vou cantando, vou cantando:
Minha culpa estava ali.

200 - A Vinda de Jesus A.N./S.L.G.

1. Cristo, meu Salvador, veio a Belém,
Para sofrer zombaria e desdém;
Veio por causa do amor que me tem,
A procurar-me a mim!

2. Cristo, meu Salvador, morto na cruz,
Deu-me a alegria do reino de luz,
E no caminho do céu me conduz;
Tudo Ele faz por mim!

3. Cristo, meu Salvador, chama por ti,
Ele te diz: "Com amor te remi".
Vem, pois Jesus já fez tanto por ti.
Não te demores mais!

4. Cristo, meu Salvador, inda virá
Com os remidos; que glória será!
Eu face a face verei a Jeová,
Quando me vier buscar!

201 - O Novo Nascimento — W.T.S./Anônimo

1. Um rico, de noite, chegou a Jesus,
   A fim de saber o caminho da luz;
   O Mestre bem claro lhe fez entender:
   Importa renascer!

   Importa renascer!
   Importa renascer!
   Com voz infalível o disse Jesus:
   Importa renascer!

2. Vós, filhos do mundo, escutai ao Senhor,
   Que sempre vos chama com mui terno amor;
   Ouvi que o Senhor nunca cessa em dizer:
   Importa renascer!

3. Ó vós, que no santo descanso de Deus
   Quereis ter entrada e viver com os seus,
   Deveis à palavra de Cristo atender:
   Importa renascer!

4. Se amados no céu desejais encontrar,
   Deveis vossas culpas a Deus confessar
   E a ordem de Cristo com fé acolher:
   Importa renascer!

202 - Jesus Tem Poder — R.P.

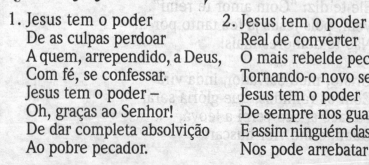

1. Jesus tem o poder
   De as culpas perdoar
   A quem, arrependido, a Deus,
   Com fé, se confessar.
   Jesus tem o poder –
   Oh, graças ao Senhor!
   De dar completa absolvição
   Ao pobre pecador.

2. Jesus tem o poder
   Real de converter
   O mais rebelde pecador,
   Tornando-o novo ser.
   Jesus tem o poder
   De sempre nos guardar,
   E assim ninguém das suas mãos
   Nos pode arrebatar!

3. Jesus tem o poder
   De dar-nos proteção!
   A atribulados corações
   Dará consolação!
   Jesus tem o poder
   De, quando o fim chegar,
   Cercar-nos de alegria e paz
   E à glória nos levar!

   Sim, Cristo tem poder!
   Onipotente é!
   Por esse seu poder
   Merece a nossa fé!
   Sim, Cristo tem poder!
   Só nele confiai!
   Perante o seu poder.
   Humildes adorai!

203 - Olha para Cristo   H.B./L.P.G.S.

1. Olha para Cristo, olha pecador,
   Pois por ti tragou o cálix de amargor;
   Toda a tua culpa Cristo já pagou,
   Todo o teu pecado sobre si tomou.

2. Olha para Cristo que por ti morreu;
   Pelos teus pecador Ele padeceu.
   Ele dor amarga lá na cruz sentiu,
   Por seu sangue puro Cristo te remiu.

3. O poder das trevas Ele conquistou,
   O terror da morte já aniquilou;
   Eis o véu rasgado, eis do céu a luz,
   Tudo está cumprido; olha pra Jesus.

204 - Reconciliai-vos R.P.

1. Eis a ordem dos céus, do nosso Deus e Pai:
Todo pecador venha ao Salvador,
Pois não quer que ninguém se perca! Oh, escutai!
Reconciliai-vos já com Deus.

Eis o mandado que vem dos céus
Aos pecadores perdidos, réus:
Arrependei-vos já!
Reconciliai-vos já
Com o nosso Deus e Pai! (bis)

2. Vinde a Deus sem receio! Cristo já remiu
Todo pecador por seu grande amor!
Dá perdão aos que crêem; pois Ele o garantiu!
Reconciliai-vos já com Deus!

3. Deus não dá salvação àqueles que não crêem!
Todo pecador tem o seu favor
Quando humilde e contrito a Jesus Cristo vem!
Reconciliai-vos já com Deus!

205 - Jesus Crucificado H.M.W.

1. Ó minha alma,
[sem demora
Ergue-te para entoar
Os louvores do teu Cristo
E seu nome celebrar!
Pra remir-te
Sua vida te quis dar! *(bis)*

2. Minha condição tão triste
Conheceu meu Salvador,
E dos céus desceu à terra
Para ser meu Redentor.
Oh, quão grande
É o amor do meu Senhor! *(bis)*

3. Condenado justamente,
Que podia eu fazer
Pra livrar-me dessa pena,
O perdão pra merecer?
O seu sangue
Quis Jesus por mim verter! *(bis)*

4. De meus crimes carregado,
Lá na cruz, em meu lugar,
Foi Jesus crucificado
A minha alma pra salvar!
Vinde todos
Já comigo adorar! *(bis)*

206 - Promessa Gloriosa   M.A.S.

1. Vitória como a de Jesus
Ninguém jamais ouviu;
Morrendo numa ignóbil cruz
A paz nos conseguiu!

2. Que bênção para o pecador
Poder achar perdão,
Gozar o dom consolador
Da eterna salvação!

3. Ó Deus, precioso é teu favor
Que por Jesus tu dás
Ao mais indigno pecador
Que em ti procura paz!

4. Ó tu que estás na escuridão,
Sem Deus, sem fé, sem luz,
Escuta a voz da salvação,
E rende-te a Jesus!

Coro:
Oh, vinde todos de graça obter
Salvação e paz, trazidas por Jesus;
Oh, vinde já dele receber
O dom que pela fé nos vem da cruz!

207 - Mensagem Real   E.T.C./R.P.

1. Sou forasteiro aqui, em terra estranha estou;
   Do reino lá do céu embaixador eu sou.
   Meu Rei e Salvador vos manda em seu amor
   As boas novas de perdão.

   Eis a mensagem que me deu
   Aquele que por nós morreu:
   "Reconciliai-vos já", é ordem que Ele dá;
   "Reconciliai-vos já com Deus!".

2. É ordem do meu Rei que todo pecador
   Arrependido já confesse ao Salvador
   Todo pecado seu; pois Ele prometeu
   Dar o perdão por seu amor.

3. No meu eterno lar não há perturbação;
   Eterno gozo e paz os salvos fruirão!
   E quem obedecer a Cristo vai viver
   No reino eterno do meu Rei.

208 - Justificação   P.P.B./S.E.M.

1. Das águas da vida quem queira beber,
   Bem arrependido no Salvador crer,
   Da pena da morte liberto será,
   Pois Cristo a seu povo do mal salvará.

   O dom é de graça, e Cristo é capaz
   De satisfazer, com dulcíssima paz
   Ao homem que aceite seu pleno perdão,
   Sem outra esperança de obter salvação.

2. Por meio do sangue que Cristo verteu
Ficou consumado o resgate do réu;
E o Pai lhe oferece, por seu terno amor,
Lugar em seu lar, com o bom Salvador.

3. É Deus quem afirma que dá salvação;
De todo pecado concede perdão;
E então vos convida que, assim como estais,
Vós sem mais receios a Cristo venhais.

209 - Venham escutar S.E.M.

1. Desprezado foi o Verbo
Por aqueles que criou;
Não obstante, as nossas dores
Ele foi que as levou;
Foi por esses sofrimentos
Que alcançamos nós a paz;
Sua morte no Calvário
Para nós a vida traz.

2. Ele foi desamparado
Para termos proteção,
E por nós se fez pecado
Para dar-nos retidão;
Sim, do seu querido Filho
Deus o rosto desviou,
Nessa ocasião solene
Quando Cristo nos salvou.

Coro:
Venham todos escutar:
Salvação Deus quer-vos dar,
Entregando o Filho amado,
Deus mostrou-nos seu amor,
Seu propósito benigno
De salvar o pecador.

3. Para nós tem começado
Novo, refulgente dia;
Em lugar de triste choro,
Desfrutamos alegria;
E provamos hoje as bênçãos
Desse lar além, nos céus,
Onde moraremos juntos
Com Jesus e nosso Deus.

4. Provações de toda sorte
Não nos devem assustar.
Nem apertos, nem perigos
Nossa fé prejudicar;
Pois que Deus tem prometido
O seu povo proteger;
Por aquele que nos ama
Sempre havemos de vencer.

210 - Cristo Te Chama —— F.J.C./W.E.E.

1. Cristo te chama com mui terno amor;
   Ó pecador, vem atender!
   Dele não fujas com fútil temor;
   Vem a Jesus te render!

Coro: *Ó pecador, eis o Senhor!*
Vem, atende com fé a chamada de amor!

2. Cristo te chama pra vir descansar;
   Ó pecador, vem atender!
   Teu grande peso te quer minorar;
   Vem a Jesus te render!

3. Cristo deseja, pois, te perdoar;
   Ó pecador, vem atender!
   Tudo Ele fez para te resgatar;
   Vem a Jesus te render!

4. Cristo de novo se põe a chamar;
   Ó pecador, vem atender!
   Corre depressa, sim, vem te entregar;
   Nada te deve deter!

211 - Vem, Pecador —— W.E.W./W.E.E.

1. Eis, Cristo te convida: Vem, pecador!
   Pois dá eterna vida; vem, pecador!
   Tudo é tão favorável; vem, pecador!
   Cristo é tão admirável; vem, pecador!

2. Pois hoje tens o ensejo; vem, pecador!
   E tu não tens desejo? Vem, pecador!
   Se tu não mais duvidas, vem, pecador!
   Sim, urge que decidas! Vem, pecador!

212 - Oh, Vinde Já   F.J.C./S.L.G.

1. Jesus vos diz: Oh! vinde já
A Mim e descansai!
Eu amo-vos, Eu sou Jesus;
No Mestre confiai! *(3 vezes)*

2. Quem ouve, diga: Vinde já
A Cristo confessar!
Ouvi a voz da salvação
E vinde já gozar! *(3 vezes)*

3. Ó pecadores, vinde já
À fonte de dulçor!
Oh, vinde já pra desfrutar
O dom do Redentor! *(3 vezes)*

4. O que quiser já pode vir
A Deus, o Salvador;
Pois Ele abriu caminho ao céu,
Perdão ao pecador! *(3 vezes)*

213 - Quem Quiser   P.P.B./M.A.M.

1. Quem ouvir as novas, vá proclamar:
Salvação de graça, vinde desfrutar!
Oh, que o mundo inteiro ouça anunciar:
Todo que quiser, é vir!

Todo que quiser, venha receber!
Possam todos essa boa nova ouvir!
É o Pai celeste que convida assim:
Todo que quiser, é vir!

2. Quem quiser agora, venha aceitar;
Eis a porta aberta, já podeis entrar;
É Jesus caminho para ao céu chegar;
Todo que quiser, é vir!

3. Que fiel promessa tens, pecador!
Queres tua vida? Vem ao Salvador!
Ele a todos fala com mui terno amor:
Todo quiser, é vir!

214 - Cristo Chama por Ti — M.A.S.

1. Cristo Jesus, com amor divinal,
   Chama por ti; que amor sem igual!
   Ele te dá salvação eternal;
   Vem, pecador, agora!

   Vem a Jesus, o bom Salvador!
   Ele por ti já sofreu grande dor;
   Sangue verteu no Calvário;
   Dá-te perdão plenário!

2. Oh, não desprezes tal prova de amor!
   Vem, oh, vem já, a Cristo, o Senhor;
   Ele te chama, vem já, pecador!
   Como é propícia a hora!

3. Vem, meu amigo, que a morte a ninguém
   Mostra-se compassiva, e convém
   Que te despertes, que o mal aí vem.
   Vem, oh, vem sem demora!

4. Hoje tu tens a melhor ocasião
   De te entregares de coração;
   Vem a Jesus, que te dá salvação.
   Vai-se o bom tempo embora!

215 - Fonte Bendita — F.J.C./S.L.G.

1. Oh, vinde à fonte de sangue;
   Vinde, sim, vinde a Jesus!
   Paz e perdão vos outorga;
   Vinde alcançá-los na cruz.

   Coro:
   Vinde a Jesus! Vinde a Jesus!
   Não demoreis; vinde já, vinde já!
   Paz e perdão vos outorga;
   Vinde alcançá-los na cruz.

2. Vinde, pois, vinde depressa!
   Cristo vos quer receber!
   Oh, vinde à fonte de sangue,
   Vinde vos satisfazer!

3. Tais como sois vinde à fonte;
   Ele vos receberá;
   Todos os vossos pecados
   Cristo Jesus limpará.

4. Eis a promessa do Mestre,
   Feita ao que queira aceitar;
   Vida na glória celeste,
   Junto de Deus vais gozar.

216 - Descanso em Jesus   S.E.M.

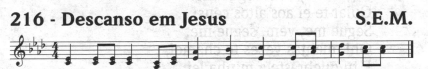

1. "Vem, vem a mim, se cansado estás",
   Diz o Filho do santo Deus;
   "Com fé vem a mim e desfrutarás.
   O descanso que dou aos meus".

   Deus o proclama; Cristo te chama:
   "Vem, pecador, vem a mim!"
   A voz te fala com terno amor:
   "Com fé hoje vem a mim!"

2. "Vem, vem a mim", diz o Salvador
   Ao pior que no mundo houver;
   A graça de Deus chama o pecador
   Para pleno perdão obter.

3. Não nos podemos jamais gabar
   De fazer nossa paz com Deus;
   Jesus essa paz veio consumar
   Sobre a cruz a favor dos seus.

217 - Segue-me　　　　　　　　　S.L.G.

1. Escuta a voz do bom Jesus:
   "Segue-me, vem, segue-me.
   Guiar-te-ei à eterna luz;
   Segue-me, vem, segue-me.
   Por ti Eu toda a lei cumpri;
   Por ti o amargo fel bebi;
   Por ti a morte já sofri;
   Segue-me, vem, segue-me".

2. "Liberto dos pecados teus,
   Segue-me, vem segue-me.
   Guiar-te-ei aos altos céus;
   Segue-me, vem, segue-me.
   Oh! quantas vezes te chamei,
   E tu quebraste a minha lei;
   Mas fiador teu Eu fiquei;
   Segue-me, vem, segue-me".

3. "Em mim tu podes descansar;
   Segue-me, vem, segue-me.
   Vem teus cuidados me entregar;
   Segue-me, vem, segue-me.
   Eu sou teu Deus, teu Salvador;
   Eu te amo muito, ó pecador;
   Oh, deixa todo o teu temor;
   Segue-me, vem, segue-me".

4. "Sim, meu Jesus, te seguirei;
   Seguirei, sim, seguirei;
   Por ti eu tudo deixarei;
   Deixarei, sim, deixarei.

Mui débil sou, e sem valor;
Sem ti não posso andar, Senhor;
Mas, enche-me do teu vigor!
Seguirei, sim, seguirei".

218 - Vinde a Mim   N.N./S.L.G.

1. Oh, vinde a mim, o vosso Salvador,
   Vosso Advogado, vosso Redentor,
   O bom Pastor, e vosso eterno Rei!
   Oh, vinde a mim! Descanso vos darei!

CORO: *Oh, vinde a mim! (3 vezes)*
Descanso vos darei! (3 vezes)

2. Gozo eternal eu vos farei fruir.
   Vinde! Por que razão deixais de vir?
   Vinde, fugi do enganador sagaz!
   Oh, vinde a mim! Eu vos darei a paz!

3. Oh, vinde a mim, gentios e judeus!
   Não há limite à salvação de Deus.
   Oh, vinde a mim! Eu vos darei perdão.
   Pois só por mim tereis a salvação!

4. Vida de paz, descanso e gozo, além,
   Concederei a todos os que crêem.
   Sois convidados ao festim real!
   Oh, vinde ao lar, à casa paternal!

219 - Vem Já　　　　　　　　　G.F.R./R.E.N.

1. Não te demores, amigo!
   Por que te delongas assim?
   Jesus está pronto a salvar-te.
   Não ouves o seu "vinde a mim"?

2. Que lucrarás, meu amigo,
   Deixando isto para amanhã?
   As coisas do mundo perecem;
   Sem Cristo terás vida vã.

CORO:
*Vem já, vem já,
Vem, perdido a Jesus! (bis)*

3. Não te demores, amigo!
   O dia da morte já vem!
   Depois que deixares o mundo
   Terás de prestar conta além.

4. Ó meu amigo, decide:
   Vem logo a Jesus aceitar!
   Despreza teus muitos pecados;
   Jesus dá-te graça sem par.

220 - Perdão e Salvação　　　　　　S.E.M.

1. "Vem, vem a mim!" – o Salvador terno
   Diz ao que sede tem.
   Que venha, e dessa célica fonte
   Desfrutará o bem.

CORO:
*Jesus, o Mestre, vos chama.
Quereis a Cristo vir?
O seu perdão e salvação
Podeis já possuir.*

2. "Oh, vinde a mim! Se andais em trabalhos
   Tereis descanso assim;
   Tomai, pois sobre vós o meu jugo;
   Sim, aprendei de mim."

3. Jesus o coração quebrantado
   Jamais rejeitará;
   Mas, ai de quem não queira aceitá-lo,
   Perdido ficará.

4. Encher-vos quer de bênçãos celestes,
   O grande Salvador.
   Podeis ouvir com indiferença
   Contar tão grande amor?

221 - Convite   A.S.

1. "Vinde todos sem demora" –
   Diz o amado Redentor;
   Ele salva, e mesmo agora,
   Vos convida com amor.

   Seu convite é admirável,
   Vinde a Cristo, o bom Senhor!
   Seu convite é aceitável,
   Vinde ao vosso Salvador!

2. Ele está vos convidando
   Para o divinal festim;
   Voz eterna vos chamando:
   "Pecadores, vinde a mim!"

3. Aos contritos pecadores
   Vestes brancas Ele dá;
   Aflições, tristezas, dores,
   Lá no céu não haverá.

222 - Manso e Suave — W.L.T./F.C.B.S.

1. Manso e suave Jesus, convidando,
   Chama por ti e por mim.
   Eis que Ele à porta te espera, velando;
   Vela por ti e por mim.

   "Vem já, vem já! Alma cansada, vem já!"
   Manso e suave Jesus, convidando,
   Chama: "Ó pecador, vem!"

2. Pois que esperamos? Jesus, convidando,
   Convida a ti, sim, e a mim.
   Oh, não desprezes mercê que está dando,
   Sim, dando a ti, dando a mim!

3. Correm os dias, as horas se passam,
   Passam por ti e por mim;
   Transes de morte por fim nos esperam,
   Vêm tanto a ti quanto a mim.

4. Oh, grande amor que Jesus nos tem dado,
   Tem dado a ti, dado a mim!
   Veio salvar-nos do tão vil pecado,
   Veio por ti e por mim.

223 - Abrigo — J.H.S./S.L.G.

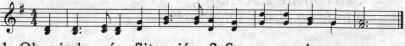

1. Oh, vinde, vós aflitos, já,
   A Cristo o Redentor!
   Abrigo certo vós dará,
   Refúgio em seu amor.

2. Seu sangue derramou por nós,
   E assim nos veio abrir
   Estrada reta, que conduz
   Ao céu, o bom porvir.

Coro: *Cristo salva, Cristo salva,*
Salva o pecador. (bis)

3. Em Cristo há vida,
        [paz e luz,
Só nele existe amor;
Dá tudo, enfim, o bom Jesus
Ao pobre pecador.

4. Oh, vinde, pois,
        [e vinde já
A Cristo vos unir!
Perdão Jesus concederá
Àquele que o seguir.

224 - Um Passo Só   F.J.C./A.S.

1. Um passo só pra Cristo!
Por que mais demorar?
Ele oferece, agora,
A paz e bem-estar.

2. Um passo só pra Cristo!
Das trevas para a luz;
Para inefável gozo,
Ao lado de Jesus.

3. Um passo só pra Cristo!
Ó vem, decide já!
Com terno amor te espera,
Perdão te outorgará.

Um passo só! Um passo só!
Vem, ó pecador,
Com arrependimento,
Tudo lhe confessando!
Um passo só pra Cristo!
Oh, vem sem demorar!

4. Um passo só pra Cristo!
Oh, deixa todo o mal,
As seduções do mundo,
E aceita a paz real!

5. Um passo só pra Cristo!
Não queiras hesitar;
Pois corre grande risco
Quem mais se demorar.

6. Um passo só pra Cristo!
Mui breve a morte vem;
Como viver sem Ele
Na eternidade, além?

7. Um passo só pra Cristo!
Oh, clama, pecador:
"Salva-me, que eu pereço,
Socorre-me, Senhor!"

Um passo dou, para o Senhor,
Para o Salvador,
Com arrependimento
E nele confiando!
O passo dou pra Cristo
Sem mais me demorar!

225 - Voz de Ternura
W.H./Anônimo

1. A terna voz do Salvador
A todos nos convida,
Chamando-nos por seu amor,
Querendo dar-nos vida.

2. O cálix cheio de amargor
Jesus tem esgotado,
A fim de dar ao pecador
Perdão do seu pecado.

3. Por essa grande salvação
Dê graças todo crente;
É digna de celebração
Agora e eternamente.

Quer no presente ou no porvir,
Nunca na terra ou céu de luz
Mais doce nota se há de ouvir
Que o nome de Jesus.

226 - Dá teu Coração
L.N.M./S.L.G.

1. Queres o teu vil pecado vencer?
Dá teu coração a Jesus.
Queres também seu favor receber?
Dá teu coração a Jesus.

2. Em santidade desejas viver?
Dá teu coração a Jesus.
Queres do Espírito Santo o poder?
Dá teu coração a Jesus.

3. A tempestade não quer acalmar?
Dá teu coração a Jesus.
Queres as tuas paixões refrear?
Dá teu coração a Jesus.

4. Dos teus amigos alguém te traiu?
Dá teu coração a Jesus.
Busca a amizade de quem te remiu,
Dá teu coração a Jesus.

5. Queres no céu a teu Deus exaltar?
   Dá teu coração a Jesus.
   Queres a glória divina alcançar?
   Dá teu coração a Jesus.

   Já chega de hesitação!
   Já chega de oposição!
   Oh, busca em Cristo o perdão,
   E dá-lhe teu coração!

227 - Despertado Coração   D.W.W./S.L.G.

1. Despertado coração,
   Em Jesus há salvação;
   Eis-nos todos a rogar
   Para Cristo te salvar.

2. Basta já de rebelião,
   Do vexame e perdição;
   Com paciência, com amor,
   Já te espera o Redentor.

3. O que o mundo prometeu
   Sabes que não concedeu;
   Em Jesus tu acharás
   Salvação, amor e paz.

4. Sem demora, amigo, vem;
   De Jesus aceita o bem,
   Nele sempre encontrarás
   Vida infinda, gozo e paz.

CORO:
Vem amigo, oh, vem já,
A Jesus te dedicar!
Vem amigo, oh, vem já!
Ele, pois, te quer salvar!

228 - Ouvi a Chamada — F.F.

1. Oh, escutai! Jesus vos chama;
   Sim, escutai a quem vos ama!
   Vinde sem hesitar,
   Vinde, pois, aceitar.
   Eis que está perto a salvação;
   Cristo concede-vos perdão.

   Cristo vos chama;
   Oh, vinde sem mais hesitar!
   Sim, vinde agora;
   Deixai de tanto demorar!

2. Eis que Jesus vos chama: Vinde!
   Antes que o tempo próprio finde!
   Oh, não fiqueis no mal,
   Tendo um convite tal!
   Oh, não temeis a perdição?
   Cristo vos dá a salvação!

3. Cristo Jesus é o pão da vida;
   Para aceitá-lo vos convida
   Não desejais gozar
   Vida no eterno lar?
   Vinde e aceitai a salvação,
   Não obdureis o coração!

229 - Régio Hóspede — D.W.W./Anônimo

1. Tendes vós lugar vazio
   Para Cristo, o Salvador?
   Ele bate e quer entrada,
   Quer salvar-vos em amor.

2. Vós quereis divertimentos,
   Amizades e prazer,
   Menos esse amigo vero
   Que por nós ousou morrer?

3. Tendes tempo para Cristo?
Logo o buscareis em vão!
Hoje é tempo favorável
De aceitar a salvação!

Dai lugar a Jesus Cristo!
Ide já o convidar!
Para que ache em vós morada
E onde sempre possa estar!

230 - Deus Chamando   G.T./J.B./W.E.E.

1. Deus sempre insiste em me chamar,
Eu inda estou a demorar;
O aviso devo eu atender
E para o Salvador correr.

2. Deus sempre insiste em me advertir,
E eu sempre recusando ouvir;
Assim não devo proceder,
Mas, sim, ao Salvador correr.

3. Deus inda continua a instar,
E eu é que não o deixo entrar;
Porém não cessa de bater,
Deseja tanto me valer.

4. Eu vou, enfim, me decidir;
Quero a Jesus a porta abrir,
Eu quero ouvir o seu chamar
E sem demora me entregar.

Ei-lo a convidar-me!
Ele quer salvar-me!
E, com persistência, Deus me chama sempre;
Com ternura chama,
Com amor me chama,
O Senhor insiste sempre em me chamar.

231 - Vem, Filho, Vem!   H.B./S.E.M.

1. Do país distante, onde tu não tens
Pai, nem pão, nem casa, vem, filho, vem!

Tu serás bem-vindo no celeste lar;
Deus o beijo de perdão te espera dar.

2. Oh, se tal convite tratas com desdém,
Triste a tua sorte! vem filho, vem!

3. Eis a porta aberta, sabes para quem?
Para os pecadores! vem, filho, vem!

4. Oh, contempla a mesa, que fartura tem!
Tu estás faminto; vem filho, vem!

232 - Cristo à Porta   F.J.C./R.H.M.

1. À porta chamo-te, alma triste,
Ansioso por te consolar;
Se minha voz enfim ouviste,
Posso Eu entrar? *(bis)*

Coro:
À porta por amor levado,
Teu mal procuro debelar
Ó pecador desalentado,
Posso Eu entrar? (bis)

2. Por ti foi grande meu castigo.
Sofri sem nunca murmurar.
Perfeita paz terás comigo –
Posso Eu entrar? *(bis)*

3. A minha graça poderosa
   O teu pecado vem lavar;
   Ó alma impura, pesarosa,
   Posso Eu entrar? *(bis)*

4. Eu vim pra dar-te vida e gozo,
   Que podes hoje desfrutar;
   Com isso te farei ditoso –
   Posso eu entrar? *(bis)*

233 - Por Que Não Já?   E.R./S.L.G.

1. Ó corações, considerai
   A voz de amor do vosso Deus!
   As vossas culpas, oh, chorai!
   Quereis perdão? Por que não já?

   Por que não já? Por que não já?
   Quereis perdão? Por que não já? (bis)

2. Pois o amanhã não sei se vem,
   Também não sei o que trará;
   A vida é incerta a vós também.
   Quereis perdão? Por que não já?

3. O bom Senhor ao pecador
   A graça não recusará;
   Uni-vos, pois, ao Salvador.
   Quereis perdão? Por que não já?

234 - Cristo Salva   E.N./S.L.G.

1. Cristo salva o pecador,
   Lava o negro coração;
   Ao contrito, com amor,
   Oferece salvação.

2. Cristo salva o pecador
   E concede-lhe perdão.
   Aceitai o bom Senhor;
   Aceitai de coração.

3. Vinde todos, e achareis
   Paz e luz no Redentor;
   Vinde, e então recebereis
   Vida eterna do Senhor.

   Confiai em seu poder;
   Confiai em seu amor;
   Crede, pois, que Cristo quer
   Libertar o pecador.

235 - Chamada
F.J.C./J.J.

1. Cristo te chama, chama, chama
   Das densas trevas, ó pecador!
   Ele te salva, salva, salva;
   Vem sem demora a Jesus, Redentor.

   Cristo te salva! Cristo te salva!
   Já, sem demora, vem, vem, pecador!
   Chega-te agora, dize a teu Mestre:
   Tu me salvaste, meu Redentor!

2. Inda te espera, espera, espera –
   Tão compassível é o Salvador!
   É Cristo mesmo, mesmo, mesmo,
   Quem te convida com tão grande amor.

3. Com amor grande, grande, grande,
   Já veio ao mundo teu Salvador!
   Vem tu a Cristo, Cristo, Cristo;
   Há salvação para o vil pecador!

236 - Atribulado Coração
W.H.B./R.P.

1. Atribulado coração,
   Em Cristo alívio encontrarás;
   Consolo, paz e seu perdão,
   Sim, dele tu receberás.

2. Dilacerado pela dor
   Das tuas culpas, do pecar,
   Vem sem demora ao Salvador,
   E vida nova hás de gozar.

3. Se, para vir ao Salvador,
   Tu tens fraquezas a vencer,
   Oh, vem, pois Ele em seu amor
   E em graça, te dará poder!

4. A Cristo sem demora vem,
   Pois Ele almeja te valer;
   E sempre quer buscar teu bem;
   Confia nele em teu viver!

   Oh, vem sem demora ao Salvador!
   Por que vacilar e ter temor?
   Oh, vem! vem já!
   Descanso te dará!

237 - Tão Perto   F.J.C./R.P.

1. Tão perto do reino, mas sem salvação!
   Tão perto, porém sem Jesus, sem perdão!
   Deixai os pecados e o vosso temor!
   Chegai-vos agora a Jesus, Salvador!

   Oh, vinde a Jesus! Chegai-vos,
   Chegai-vos ao bom Salvador!

2. Tão perto que ouvis os remidos cantar
   Da graça de Cristo, que os veio salvar!
   E ainda quereis no pecado viver,
   Enquanto o perdão Deus vos quer conceder?

3. Morrer sem ser salvo, sem paz, sem Jesus,
   Perdidos pra sempre, em tormentos, sem luz!
   Oh, considerai! Ao convite atendei,
   E sem mais demora a Jesus vos rendei!

238 - A Água da Vida — F.J.C./J.G.R.

1. A água da vida Jesus nos dá
Franca e livremente!
Quem beber dela não morrerá,
Nunca, nunca, nunca!
Ó pecadores, sem exceção,
Vinde, vinde, vinde!
Cristo oferece-vos salvação,
Grátis, a todos que a buscam!

O Espírito e a Esposa dizem: "Vem!
Vem, bebe dessa água da vida!"
Responda, pois, quem sede tem:
"À fonte de Cristo já vou".
Sim, a água da vida corre
Sempre, sempre, sempre!
Sim, a água da vida corre,
Oh, sim, corre ao nosso dispor!

2. Cristo prepara a mansão nos céus
Franca e livremente,
Onde estaremos com nosso Deus
Sempre, sempre, sempre!
Lá não há morte, pecado ou dor –
Nunca, nunca, nunca!
Só há riquezas de real valor:
Cristo as promete aos que o amam.

3. Cristo vos dá veste nupcial
Franca e livremente!
Ele vos chama ao festim real,
Cedo, cedo, cedo!
É para aqueles que nele crêem
Hoje, hoje, hoje!
Todas as glórias do mundo além,
Cristo as revela aos que o amam.

239 - A Luz do Céu   A.B./R.P.

1. Tu anseias hoje mesmo a salvação?
Tens desejo de banir a escuridão?
Abre, então, de par em par teu coração!
Deixa a luz do céu entrar!

Deixa a luz do céu entrar!   *(bis)*
Abre bem a porta do teu coração!
Deixa a luz do céu entrar!

2. Cristo, a luz do céu, em ti quer habitar,
Para as trevas do pecado dissipar,
Teu caminho e coração iluminar!
Deixa a luz do céu entrar!

3. Que alegria andar ao brilho dessa luz!
Vida eterna e paz no coração produz!
Oh, aceita agora o Salvador Jesus!
Deixa a luz do céu entrar!

240 - Vem a Cristo   A.J.M.

1. Jesus, lá na glória, de retidão vestido,
Por meu advogado se constituiu;
E sempre sustenta e defende o redimido.
Oh, podes dizer que também te remiu?

2. Minha alma tem paz, tudo é calmo como um rio;
É a paz que no céu tem o seu manancial;
É Deus quem a deu por Jesus, em quem confio.
E tu inda não tens a paz divinal?

3. Vestidos tão alvos eu tenho, já lavados
No sangue tão puro do meu Redentor;
Os crentes em Cristo por Deus são perdoados;
Também tu serás, crendo já no Senhor!

4. Morada já tenho com todos os remidos,
Por Cristo aprontada na casa de Deus;
Ali não há morte, nem mágoa, nem gemidos;
Também tu terás um lugar lá nos céus.

Oh, vem a Jesus! Oh, vem a Jesus!
Eterna ventura terás pela cruz!

241 - Palavra Abençoada   J.G.J./R.H.M.

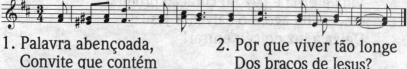

1. Palavra abençoada,
Convite que contém
Promessa e cumprimento,
Com infinito bem.
Eis, cheio de ternura,
Jesus vos chama a si,
Escravos do pecado,
E diz-vos: "Vinde a mim!"

2. Por que viver tão longe
Dos braços de Jesus?
Por que vagar nas trevas,
Podendo andar na luz?
Da vida sem proveito,
Da culpa e da aflição,
Corramos para a senda
Da eterna salvação.

3. Em tempo de amargura,
   De desalento e dor,
   Ou quando nos persegue
   Doloso tentador,
   Jesus, com voz maviosa,
   Nos dá abrigo em si,
   E dissipando o medo,
   Segreda: "Vinde a mim!"

4. Em tudo e para sempre
   Ouçamos ao Senhor,
   Achando doce alívio
   No seu profundo amor.
   Assim conheceremos
   O gozo que produz,
   No coração submisso,
   O "vinde" de Jesus.

CORO:
Vinde, vinde a mim! (bis)
Tristes, carregados,
Vinde, vinde a mim! (bis)
Vinde, vinde a mim!
Fracos e cansados,
Vinde, vinde a mim,

242 - Vinde Já   A.B.C.

1. Vinde já, vinde já,
   Ao bendito Salvador;
   Confiai, pois Ele vos salvará,
   E a todo pecador.

2. Oh, não crês? Oh, não crês
   Neste grande, imenso bem?
   O Senhor Jesus te dará perdão;
   Aceita, pois, e vem!

3. Meu Jesus, meu Jesus,
   Quero em ti só confiar;
   Eu te peço só teu amor e luz;
   Desejo me salvar!

4. Creio em ti, creio em ti,
   Pois tu és meu Redentor!
   Eu a minha grande miséria vi,
   Oh, vale-me, Senhor!

5. Meu Senhor, meu Senhor,
   Já conheço o teu amor;
   Graças eu te dou, ó meu Benfeitor,
   Por todo o teu favor!

243 - Vida Eterna J.M. S.L.G.

1. Oh, vinde ver Jesus, o Salvador!
   Da morte eterna salva o pecador;
   A todo o que confia em seu amor,
   Sim, vida eterna dá!

   Coro:
   Gozo, paz, salvação, vida eterna dá!
   Luz, amor e perdão, vida eterna dá!
   A todo que confia em seu amor,
   Sim, vida eterna dá!

2. Necessitado fui ter com Jesus,
   Minhas fraquezas todas eu lhe expus;
   Ele apontou-me para os altos céus,
   Pois vida eterna dá.

3. Das minhas culpas Ele me livrou,
   Pois que na cruz resgate consumou;
   Todo o pecado meu me perdoou,
   E vida eterna dá.

4. Bem sei que nada posso merecer;
   Cumpri tão poucas vezes meu dever;
   A Cristo, pois, eu vou me submeter,
   Pois vida eterna dá.

244 - Graça Admirável — Anônimo

1. Vinde, aflitos pecadores,
   Cheios de tristeza e dor,
   A Jesus, que vos convida
   Com instante e terno amor.
   Ele é forte, Ele é forte, *(bis)*
   Confiai em seu favor

2. Vinde, pobres e famintos,
   E o favor de Deus buscai;
   Fé bendita, toda a graça,
   Só em Cristo procurai.
   Sem dinheiro, sem dinheiro, *(bis)*
   Vinde a Cristo e já comprai.

3. A consciência diz bem claro:
   És indigno de favor.
   Diz Jesus: Eu pelo indigno
   Já morri, sou fiador.
   Vinde logo; vinde logo; *(bis)*
   Aceitai seu rico amor.

4. Eis Jesus, Deus humanado,
   Sobre o trono de esplendor;
   Eis ferida a fronte e o lado,
   Mostra o sangue redentor.
   Isso basta, isso basta, *(bis)*
   Vinde, vinde sem temor.

245 - Cristo Vai Passar   E.A.H./J.D.

1. Há hoje alguém esperando
   Para Jesus encontrar?
   Venha, sem mais demorar-se,
   Cristo vai hoje passar!
   Ei-lo de mãos estendidas,
   Cheio de graça sem par;
   Oh, que ventura inaudita –
   Cristo vai hoje passar!

2. Há inda alguém duvidando
   Do seu poder de salvar?
   Pois venha experimentá-lo,
   Cristo vai hoje passar!
   O seu poder é divino,
   O seu amor é sem par.
   Ó coração quebrantado!
   Cristo vai hoje passar!

3. Há inda alguém demorando
   Para Jesus aceitar?
   Eis que o Senhor está perto,
   Ele vai hoje passar!
   Ó pecador desditoso,
   Não cesses, pois, de clamar!
   Vem tuas culpas chorando;
   Cristo vai hoje passar!

Cristo vai hoje passar,
               [passar, passar!
Passa de amor
               [transbordando,
Todos a si convidando,
O Mestre vai hoje passar.
Sim, hoje Ele vai passar.

246 - Vem Agora   P.C.

1. Vem a Cristo, vem agora.
2. Crendo nele ficas salvo.
3. Deus não quer que tu te percas.

Vem, oh, vem, pecador!
Vem, vem confiadamente,
A Jesus, o Senhor!

4. Cristo pode, sim, salvar-te.
5. O Senhor não te rejeita.
6. Ele almeja perdoar-te.

247 - Vem, Filho Perdido   E.H.G./S.P.K.

1. Vem, filho perdido,
   Ó pródigo, vem!
   Ruína te espera
   Nas trevas além.
   Tu, de medo tremendo,
   E de fome gemendo.

2. Vem, filho perdido,
   Ó pródigo, vem!
   Teu pai te convida,
   Querendo-te bem!
   Vestes há para ornar-te,
   Ricos dons, vem fartar-te!

Ó filho perdido,
Vem, pródigo, vem!
Vem! Vem! Pródigo, vem!

3. Vem, filho perdido,
   Sim, volta a Jesus!
   Bondade infinita
   Se avista na cruz.
   Em miséria vagando,
   Tuas culpas chorando!

4. Ó pródigo, escuta
   As vozes de amor!
   Oh, rompe as ciladas
   Do vil tentador,
   Pois em casa há bastante,
   E tu andas errante!

248 - O Filho Pródigo   R.L./W.E.E.

1. Ide meu filho procurar,
   Já prestes a perecer
   No meio dos males, no pecar,
   Sua alma a se corromper.

2. Oh, quem me dera contemplar
   Agora esse filho meu!
   Oh, como desejo vê-lo entrar
   Na senda que vai ao céu!

3. Ide buscar meu filho já,
   Tão vil é o seu viver;
   Trazei-me meu filho como está,
   Pois tanto o desejo ter!

Oh, ide buscá-lo já! (bis)
Oh, com amor,
      [com intenso fervor,
Oh, ide buscá-lo já!

249 Banquete de Belsazar — K.S./J.D.

1. Numa orgia nefanda,
   O rebelde Belsazar,
   Com os grandes do seu reino,
   Todos eles a folgar;
   Com espanto pararam
   Quando o rei estremeceu:
   Na parede a mão divina,
   Escrevendo apareceu.

2. No palácio, os festivos
   Nobres não souberam ler
   Tal escrita na parede;
   Logo o rei, todo a tremer,
   Vir mandou bem depressa
   O cativo Daniel,
   Que, do escrito na parede,
   Deu a tradução fiel.

CORO: *Lá no céu, a mão de Deus!*
Lá no céu, a mão de Deus!
Vê qual seja a tua sorte,
A tua vida ou morte;
Lá no céu, escreve a mão de Deus.

3. A sentença foi grave
   Ao monarca dos caldeus,
   Que vivia no pecado,
   Sem temor nenhum de Deus:
   "O teu reino passou-se;
   Na parede escrito está;
   Na balança da justiça
   A tua alma em falta está".

4. Tua vida, ó amigo,
   Nesta hora escrita está;
   O registro dos teus atos
   Deus, no céu, escreve já;
   Que Jesus, pois te faça
   Tal escrita compreender,
   Que, em havendo tempo, possas
   Sua graça receber.

250 - Quase induzido   P.P.B./S.P.K.

1. "Quase induzido" a crer em Jesus,
   "Quase induzido" a andar na luz!
   Não queiras replicar:
   "Quando tiver vagar,
   Espero então chegar para Jesus!"

2. Quase induzido! Ó coração!
   Quase induzido! Faz decisão!
   Hoje, o bom Salvador,
   Com voz de terno amor,
   Convida o pecador: Escuta e vem!

3. "Quase induzido!" Decide já!
   "Quase induzido!" Tarde será!
   "Quase" te enganará,
   "Quase" não servirá,
   "Quase" te lançará na perdição!

251 - Quase Achegado   P.P.B./W.E.E.

1. Quase achegado ao bom Salvador?
   Chega mais perto, sim, pecador!
   Não penses em dizer:
   "Hoje, não pode ser;
   Vou amanhã fazer a decisão".

2. Se resolveste a Cristo seguir,
   Hoje é o tempo de decidir.
   Ouve essa voz de amor
   Que diz, ó pecador:
   "Tempo não há melhor pra salvação".

3. "Quase" não basta; faz perigar
   Tua esperança de ao céu chegar.
   "Quase" não valerá,
   Nunca te salvará,
   Mas, sim, te levará à perdição.

252 - A Porta Franca
L.B./Anônimo

1. Franqueada a porta a nós está
Da perenal morada,
E Cristo nos concederá
A triunfal entrada.

Oh, quanto amor Jesus sentiu,
Pois Ele a porta já me abriu!
A mim, a mim;
A porta já me abriu.

2. Se queres, pecador, entrar,
A porta está aberta!
Ali no céu terás lugar
Que Cristo a ti oferta.

3. Oh, vinde pecadores, já;
Sim, vinde sem demora!
O tempo próprio passará,
Oh, vinde entrar agora!

253 - Não Havia Lugar
A.L.S./R.P.

1. Não teve um palácio no mundo o Senhor,
Nem honras lhe deram de Rei Salvador;
Mas a manjedoura só pôde encontrar,
Porque não havia mais outro lugar.

Não há lugar pra Cristo
Em tua vida e lar?
Terás, então, de ouvir dizer:
"No céu não tens lugar".

2. Aqui, nos prazeres, tu queres viver,
   Gastando os talentos e todo o teu ser?
   Por que continuas no triste pecar?
   Por que não concedes a Cristo lugar?

3. Oh, quão infelizes as almas sem luz,
   Ingratas, perdidas, sem paz, sem Jesus!
   Sim, Cristo hoje mesmo deseja habitar
   Em ti, meu amigo. Oh, dá-lhe lugar!

254 - Não Venhas Tarde   R.P.

1. Depressa vem, amigo,
   Pois é bem tarde já;
   Nas bodas preparadas
   Lugar pra todos há.
   Talvez tu, demorando,
   O Esposo vá chegar,
   E quando então bateres
   Não poderás entrar.

2. Se só te despertares
   Na vinda de Jesus,
   Tu não terás entrada
   Por te faltar a luz.
   Oh, considera a mágoa
   Que tu terás então!
   A porta já fechada
   E tu batendo em vão!

3. Prepara-te, ó amigo,
   Pra a vinda do Senhor,
   Se crente, pois, tu fores,
   Terás o seu favor;
   No céu, então cantando,
   Irás decerto entrar;
   Mas se te descuidares
   Não hás de ali chegar.

CORO:
Então com que tristeza,
Ó alma, hás de chorar,
Ouvindo a voz de Cristo:
"É tarde para entrar".

255 - Qual É Teu Refúgio? F.J.C./S.L.G.

1. Amigo, qual é teu refúgio,
   E qual teu destino real?
   Por que trabalhar por tesouros
   Que tens de deixar afinal?
   Oh, cuida do bem da tua alma
   Que eterna permanecerá,
   E tem mais valor que este mundo,
   Só Cristo a salvar poderá.

   Coro:
   De nada aproveita este mundo ganhar,
   Se em troca tua alma tu tens de entregar.
   Se em troca tua alma tu tens de entregar.

2. Amigo, teu Mestre te chama.
   Com grande paciência e amor;
   Oh, vem aceitar sua graça,
   Oferta do teu Benfeitor!
   Medita na cruz do Calvário;
   Oh, pensa no que Ele sofreu!
   Sim, vem com arrependimento,
   E aceita essa oferta do céu!

3. Amigo, eis que o tempo se passa;
   Aceita de Deus o perdão;
   A graça da misericórdia
   Opera real salvação.
   Depressa, depressa decide,
   Despreza este mundo falaz,
   Contente, submisso, te entrega
   A quem te dá vida de paz!

256 - Inda Há Lugar
H.B./S.P.K.

1. Inda há lugar; o régio Salvador
   Chama ao banquete o pobre pecador.

2. Eis o convite, escuta a voz de Deus!
   Oh, vinde a Cristo, vinde para os céus!

3. Ávido vem, e cheio de fervor
   Ouve o bem-vindo de celeste amor.

4. Hoje há lugar; desperta, meu irmão,
   Pois quem demora arrisca a salvação.

5. Bem cedo a porta tem de se fechar,
   E se dirá então: "Não há lugar".

Vem, vem; oh, vem!
No céu inda há lugar!

257 - Quem É Que Vai   J.M./S.E.M.

1. Quem é que vai com Jesus estar
   Lá no céu? Lá no céu?
   Quem dessa graça vai desfrutar?
   Vais tu? Vou eu? Vais tu? Vou eu?
   Quem vai provar esse santo amor,
   Longe de toda a tristeza e dor,
   Junto com Cristo, seu Salvador?
   Vais tu? Vou eu? Vais tu? Vou eu?

2. Logo o cristão vai deixar a cruz
   Lá no céu, lá no céu,
   Ter a coroa de glória e luz –
   Vais tu? Vou eu? Vais tu? Vou eu?
   Vai, sim, de Cristo o semblante ver,
   Suas palavras ouvir, e ter
   Gozo de celestial prazer?
   Vais tu? Vou eu? Vais tu? Vou eu?

3. Quem vai ainda querer entrar
   Lá no céu? Lá no céu?
   Pois se dirá: "Não há mais lugar".
   Vais tu? Vou eu? Vais tu? Vou eu?
   Quem vai parar na miséria atroz,
   Sem mais ouvir a celeste voz?
   Vai, por desgraça, qualquer de nós?
   Vais tu? Vou eu? Vais tu? Vou eu?

4. Quem vai ter parte na adoração,
   Lá no céu? Lá no céu?
   Que os redimidos a Deus darão?
   Vais tu? Vou eu? Vais tu? Vou eu?
   Quem, com o coro celestial,
   Parte terá no louvor real,
   Livre de todo o poder do mal?
   Vais tu? Vou eu? Vais tu? Vou eu?

258 - Chora Agora — Anônimo

1. Pecador, confessa e chora
   Teus pecados sem tardar;
   Olha bem que o tempo foge,
   É perigo demorar.
   Louco estás se não te emendas,
   Sabes que te há de julgar
   Um Deus reto e justiceiro,
   Que te pode condenar.

2. Chora agora as tuas culpas,
   Vai a Deus as confessar;
   E se não, sem mais remédio,
   Tarde, então hás de chorar.
   Ah, se a dor aqui te aflige,
   Como então hás de sofrer
   No tormento, sem alívio,
   Para sempre a padecer?

3. Com remorso e pranto tarde
   Tu dirás: "Eu infeliz!
   Eu perverso e desgraçado!
   Deus chamou-me eu não quis".
   Ouve a Deus, escuta agora,
   Sim, enquanto a vida der;
   Pois naquele grande dia
   Justiceiro Ele há de ser.

259 - A Última Hora   J.D.

1. Ao findar o labor desta vida,
   Quando a morte ao teu lado chegar,
   Que destino há de ter a tua alma?
   Qual será no futuro o teu lar?

2. Tu procuras a paz neste mundo,
   Em prazeres que passam em vão,
   Mas na última hora da vida
   Eles já não te satisfarão.

3. Por acaso tu riste, ó amigo,
   Quando ouvistes falar em Jesus?
   Mas é só Ele o único meio
   De salvar pela morte na cruz.

4. Tens manchada tua alma e não podes,
   Nunca, ver o semblante de Deus;
   Só os crentes com corações limpos
   Poderão ter o gozo nos céus.

5. Se decides deixar teus pecados,
   E entregar tua vida a Jesus,
   Trilharás, sim, na última hora,
   Um caminho brilhante de luz.

   Meu amigo, hoje tu tens a escolha:
   Vida ou morte, qual vais aceitar?
   Amanhã pode ser muito tarde,
   Hoje Cristo te quer libertar.

260 - Agora — Anônimo

1. Oh, quantos enganados,
   Fiados no porvir!
   E quantos condenados,
   Por sempre repelir
   A salvação de graça
   Que Deus tem para dar!
   À noite eterna descem,
   Em trevas vão penar!

2. Deixai entrar a graça
   Em vossos corações;
   Deixai que Deus desfaça
   Os vossos vis grilhões.
   Com vossa resistência
   Mais duros vos tornais;
   Tomai, pois, consciência,
   Do quanto perigais.

3. Ainda que tivésseis
   O mundo e seu favor,
   Que galardão teríeis
   Sem ter o Salvador?
   Pois cedo chega a hora
   De contas dar a Deus;
   Tornai-vos desde agora
   Amados filhos seus!

261 - Alma Ansiosa — T.R.T.

1. Só vejo trevas e furor,
   Da tempestade o furacão;
   Só vejo, cheio de pavor,
   Perigo, morte, assolação.

2. Aflito, estou a procurar,
   Para minha alma um salvador;
   Corrido tenho terra e mar,
   Nenhum achei eu de valor.

3. Meus olhos elevei ao céu,
   Clamei aos anjos com ardor;
   Da lei eu, um maldito réu,
   Pedi perdão pra o pecador.

4. Resposta em coro pude ouvir:
   "Perdão pra ti aqui não há;
   Só Cristo pode te remir,
   E salvação só Ele dá".

5. Ao pé da cruz estou, Senhor!
   Contrito, rogo a ti perdão;
   E, por teu sangue remidor,
   Eu peço minha salvação.

262 - Contrição — H.M.W.

A teus pés prostrados,
Eis-nos, Salvador!
Vem agora mesmo encher-nos
Do teu grande amor!

263 - Luz Divina
S.L.G.

1. Oh, vem, divina Luz,
   As trevas dissipar!
   Oh, vem me alumiar!
   Oh, vem, divina Luz!

2. Oh, vem, divina Luz,
   Converte o coração,
   E dá me a salvação!
   Oh, vem, divina Luz!

Sem luz, nas trevas vivo;
Na alma que se humilha,
Ó Luz divina, brilha;
Brilhar agora vem!

3. Amor celeste, vem,
   Vem inundar meu ser,
   E o ódio desfazer.
   Amor celeste, vem!

4. Oh, vem tu, meu Senhor,
   Habita no meu lar!
   Erige o teu altar
   Em mim, ó Salvador!

264 - Das Trevas
W.O.L./S.L.G.

1. Envolvido em densas trevas,
   Almejava a luz do céu,
   Bem sentindo meus pecados,
   Minha condição de réu.

Ó meu Mestre poderoso,
Forte e terno Salvador,
Rompe os laços que arruínam
Minha vida, ó meu Senhor!

2. Meus talentos tenho gasto,
   Tuas leis eu desprezei;
   Mas se tu comigo fores,
   Teu prazer eu cumprirei.

3. Nos teus braços, bem seguro,
   Guarda-me, meu bom Jesus,
   Na vereda justa e santa
   Que me leva ao céu de luz.

265 - Resgate — A.J.S.N.

1. Pendurado no madeiro,
Ó Jesus, quiseste assim
Abolir meu cativeiro
Pelo teu amor sem fim!
O teu sangue foi vertido;
Expiraste, ó meu Jesus,
E ficou por ti cumprido
Meu resgate sobre a cruz.

2. Neste sangue que verteste
Purifica-me, Senhor;
Foi por mim que tu morreste.
Sê propício ao pecador!
Sê propício ao desgraçado,
Sob a dor da maldição;
Desse abismo do pecado
Salva-me com tua mão.

3. "Vinde a mim", Jesus convida,
Com seu manso coração;
Já da fé na chama brilha
O penhor da salvação.
Ei-lo ali na cruz pregado;
Chama a todo pecador
A limpar o seu pecado,
Nesse sangue expiador.

266 - Tal Qual Estou — C.E./W.E.E.

1. Tal qual estou, eis-me, Senhor,
Pois o teu sangue remidor
Verteste pelo pecador;
Ó Salvador, me achego a ti!

2. Tal qual estou sem esperar
Que possa a vida melhorar;
Em ti só quero confiar;
Ó Salvador, me achego a ti!

3. Tal qual estou, e sem poder,
As faltas podes preencher

E tudo quanto me é mister;
Ó Salvador, me achego a ti!

4. Tal qual estou me aceitarás,
E tu minha alma limparás,
Com teu amor me cobrirás;
Ó Salvador, me achego a ti!

267 - Salvação pela Fé   H.M.W.

Qualquer que crer, Jesus o diz,
Certo, tem a salvação,
Eu creio em ti, ó meu Senhor,
E, crendo, tenho a salvação!

268 - Como Estou   E.M.H./J.T.H.

1. Ouço meu Senhor dizer:
"Teus esforços são em vão,
Nada podes merecer,
Eu te dou a salvação".

A ti, Jesus, Senhor,
Venho como sou;
Bem nenhum mereço eu,
Teu sangue me salvou.

4. Pela fé em ti, Senhor,
Recebi o teu perdão;
De pecado e de temor
Livre está meu coração.

2. Sim, eu venho a ti, Jesus,
Tua graça receber;
Infinito é teu amor,
Sem limites teu poder.

3. Ai, me falta a retidão,
Sou indigno pecador,
Mas pureza alcançarei
No Teu sangue redentor.

5. Lá no céu eu cantarei
Tua eterna redenção;
Sempre ali te renderei
Meu louvor e gratidão.

269 - Confissão
F.J.C./S.L.G.

1. Eu aos teus pés, Jesus,
   Com contrição,
   Procuro a tua luz;
   Dá-me perdão!
   Sim, vem me perdoar,
   Vem teu favor mostrar!
   Oh, queiras me escutar
   Em oração!

2. Cansado e triste estou,
   Meu Redentor.
   Um pecador eu sou,
   Cristo, Senhor!
   Portanto, venho a ti;
   Oh, dá-me alívio aqui,
   Pois já me arrependi,
   Meu Salvador!

3. Eis do meu Deus a voz,
   Vem me chamar;
   Jesus comigo a sós
   Quer me falar!
   Já creio, Salvador,
   No teu perdão e amor,
   E quero a ti, Senhor,
   Me consagrar!

4. Estou inda aos teus pés
   Com gratidão!
   Meu Salvador tu és!
   Deste o perdão!
   Eu creio em ti, meu Deus,
   Sou um dos servos teus,
   Conduze os passos meus,
   Ó tu, Jeová!

270 - Resolução
E.H.H./S.P.K.

1. Jesus, Senhor, me chego a ti;
   Oh, dá-me alívio mesmo aqui!
   O teu favor estende a mim;
   Aceita um pecador!

2. As minhas culpas grandes são;
   Mas tu, que não morreste em vão,
   Me podes conceder perdão;
   Aceita um pecador!

3. Eu nada posso merecer,
   Tu vês-me prestes a morrer;

Jesus, a ti me vou render;
Aceita um pecador!

4. Sim, venho agora, Redentor;
Só tu, Jesus, és meu Senhor;
Oh, vem salvar-me em teu amor;
Aceita um pecador!

CORO:
Eu venho como estou;
Eu venho como estou;
Porque Jesus por mim morreu,
Eu venho como estou.

271 - Substituição   W.H.H.

1. Todo o meu tão vil pecado
Lanço, Cristo, sobre ti;
Ó Cordeiro imaculado,
Padeceste tu por mim!

2. Sou indigno, estou manchado,
Venho, pois, Jesus a ti;
O teu sangue derramado
Pode bem lavar-me a mim.

3. Pobre e já desesperado,
Ó Jesus, confio em ti;
Só por ti abençoado,
Tudo encontro para mim.

4. Triste estou, mui carregado,
Quero descansar em ti;
Deste modo aliviado
Me consolas tu a mim.

272 - Só um Passo — E.K.B./S.L.G.

1. Mui terna e mui doce do Mestre é a voz,
   Chamando-me com amor:
   De braços abertos te espero, vem já;
   Oh, vem ao teu Redentor!

   Cristo me chama, me quer salvar;
   É só um passo que tenho de dar;
   Quero achegar-me, Senhor, a ti,
   Para nunca te abandonar.

2. "Tens muitos pecados e vives sem fé",
   Sugere-me o tentador.
   "Eu tudo já fiz", me segreda outra voz,
   "Confia em teu Salvador".

3. "Mui frágil me sinto, receio cair!"
   Com medo ainda aleguei:
   "Ó alma, não temas, pois Cristo te diz:
   Eu não te abandonarei".

4. O mundo perdido nas trevas está,
   Seu gozo é só ilusão,
   Amor, vida e paz me concede Jesus,
   Sou dele de coração.

273 - Salvador Benigno — F.J.C./E.E.J.

1. Salvador benigno, atende,
   Pois me queres bem!
   Vais abençoando a outros,
   Salva-me também.

CORO: *Cristo! Cristo!*
Que me queres bem!
Vais abençoando a outros,
Salva-me também!

2. A teus pés estou prostrado,
Sim, em contrição;
Peço-te que me consoles
Este coração.

3. Já confio no teu sangue,
Busco teu favor;
Que minha alma atribulada
Goze teu amor.

4. És a fonte de conforto,
Der onde a vida vem;
Dá-me alívio mesmo agora,
E perdão também.

274 - Coro Santo W.O.C./M.A.M.

1. Oh, que belos hinos cantam lá nos céus,
Pois do mundo o filho mau voltou!
Vede no caminho o bom Pai a abraçar,
Esse filho que Ele tanto amou.

Glória, glória os anjos cantam lá!
Glória, glória as harpas tocam já!
É o santo coro, dando glória a Deus,
Por mais um remido entrar nos céus.

2. Oh, que belos hinos cantam lá nos céus!
É que já se reconciliou
A alma revoltosa, que, submissa a Deus,
Convertida, o mundo abandonou!

3. Ó arrependidos, hoje festejai,
Como os anjos fazem com fervor!
Ide, pressurosos, vós, e anunciai
Que se resgatou um pecador!

275 - Contentamento　　　　J.C.B./R.H.

1. Eu já contente estou; tenho Jesus!
   Com alegria vou; tenho Jesus!
   Gozo que o mundo traz
   Bem cedo se desfaz;
   Tenho perfeita paz, paz em Jesus.

2. Eu posso envelhecer, nunca Jesus!
   Eu posso empobrecer, nunca Jesus!
   Tudo me suprirá,
   Sempre me valerá,
   Nada me faltará, tendo Jesus.

3. Vai tudo aqui findar, menos Jesus!
   Quando o Juiz chegar, é meu Jesus!
   Bem grato me há de ser
   Quando meu Rei descer;
   Certo, Ele irá dizer: "Sou teu, Jesus".

276 - Coro Celeste　　　　E.E.R./A.B.

1. Celeste, estranho coro,
   Jamais ouvido aqui,
   Com seu poder excelso,
   Agora, alegre, ouvi;
   É o canto dos arcanjos,
   Louvando o Salvador,
   Dizendo que na terra
   Foi salvo um pecador.

2. Tão lenta e branda soa,
   Ao peito dando paz,
   A voz de Deus, aquela
   Que as ânsias vãs desfaz!
   Escuta, irmão, escuta,
   O doce canto seu,
   Que vibra pelo espaço,
   E ecoa lá nos céus.

Coro: *Sublime e doce canto*
Da nossa pátria além
Só ouve o que, contrito,
A Deus por Cristo vem.

3. Da vaga o som bravio,
   Da brisa o ciciar,
   Na mata o passaredo,
   Cantando ao despertar,
   A mãe em doce canto,
   Ao pé do filho seu,
   Não tem aquele encanto
   Da linda voz do céu.

4. Ao meu ouvido chega
   O canto sem igual;
   Tão belo em sonho ouvira
   Jamais qualquer mortal.
   Meu canto extasiado,
   Espera, sem cessar,
   Unir-se à voz dos anjos
   Ali no eterno lar.

277 - Convencido   G.L.S.F.

1. Já convencido, eis-me, Senhor,
   Que fui remido por teu amor;
   Eu quero obedecer e graças tributar
   A quem na cruz sofreu pra me salvar.

2. Já convencido do meu perdão,
   Que fui remido da escravidão,
   Corro, Senhor, a ti, cheio de ardente amor,
   Vem habitar em mim, meu Salvador.

3. Já convencido que livre estou,
   Já persuadido que ao céu eu vou,
   Guiado por Jesus, com Ele habitarei,
   Repouso lá no céu encontrarei.

4. Já convencido que Cristo é meu,
   Já persuadido de que sou seu,
   Amar eu quero, sim, o grande Salvador,
   Porque primeiro amou o pecador.

278 - Cantai   M.E.S. A.B.

1. O meu coração sofredor
   Descanso seguro encontrou,
   Seguindo os conselhos de amor
   Do Pai que do mal me chamou.

2. Nos astros esparsos nos céus,
   Da lua no brando clarão,
   Eu leio poemas de Deus
   Que outorga aos contritos perdão.

3. No Livro bendito encontrei
   Palavras de amor e de luz;
   E canto celeste escutei
   Dos anjos, saudando Jesus.

4. Os males do mundo olvidei,
   Por isso me pus a cantar;
   Com Deus para sempre estarei,
   Irei com Jesus ao seu lar.

Coro:
Cantai, cantai
No templo de nosso Senhor!
Cantai, cantai!
Ao mundo mostrai seu amor!

279 - A Doce Luz   J.S.F.

1. Eu nas trevas vagueava
   Sem a luz da retidão;
   A minha alma estava morta,
   E, eu, sem fé no coração.

2. Mas um dia a sua graça
   Deus mandou, e a doce luz;
   Vi então caminho claro,
   Sim, ouvi o meu Jesus.

3. Dentro em mim meu "homem velho"
   Contra a retidão lutou;
   Mas Jesus comigo estava,
   Santamente me guiou.

4. Foi um novo nascimento,
   Honra e glória ao Redentor!
   Ele deu-me luz e vida,
   Santidade e seu amor.

Como é triste andar em trevas,
Sem perdão do Salvador!
Coro: *Bela é a vida, mas a vida*
Dominada pelo amor.

280 - Fiquei Curado   H.M.W.

1. Para Jesus, Senhor, olhando pela fé,
   Curado já fiquei, e foi real mercê,
   Pois Deus assim o mundo amou,
   Que o próprio Filho lhe mandou.

2. Oh, de Jesus as chagas comoventes são!
   Afirmam que na cruz existe o meu perdão;
   O meu resgate vejo assim,
   Pois que Jesus morreu por mim.

3. Reconciliado estou, a voz de Deus ouvi;
   Seu filho me tornou, salvou-me para si;
   Seu Santo Espírito me deu,
   Penhor e guia para o céu.

281 - Achei a Fonte Carmesim   W.C./M.G.L.A.

1. Achei a fonte carmesim
   Que meu Jesus abriu.
   Na cruz, morrendo ali por mim,
   Minha alma redimiu.

   Eu creio, sim, eu creio sim,
   Jesus por mim morreu;
   E sobre a cruz, pra me salvar,
   Castigo padeceu.

2. Na cruz meu Cristo já pagou
   O mal que cometi;
   E pela morte que passou
   A vida eu consegui.

3. Assim, pois, fez-me, com amor,
   Andar no trilho seu;
   Confio sempre com fervor
   Em quem por mim morreu.

282 - Maravilha   E.A.H./H.M.W.

1. Chegado à cruz do meu Salvador,
   Prostrado aos pés do meu Redentor,
   Ele atendeu logo a meu clamor;
   Glória ao Salvador!

   Glória ao Salvador! (bis)
   CORO: *Agora sei que Ele me salvou.*
   Glória ao Salvador!

2. Que maravilha, Jesus me amou!
   Tudo de graça me perdoou!
   Quebrou meus laços e me livrou!
   Glória ao Salvador!

283 - Mais Perto   S.F.A./J.G.R.

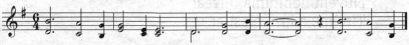

1. Mais perto quero estar, meu Deus, de ti,
   Inda que seja a dor que me una a ti!
   Sempre hei de suplicar:
   Mais perto quero estar, *(bis)*
   Meu Deus, de ti!

2. Andando triste aqui, na solidão,
   Paz e descanso a mim, teus braços dão.
   Sempre hei de suplicar:
   Mais perto quero estar, *(bis)*
   Meu Deus, de ti!

3. Minha alma cantará a ti, Senhor,
   Cheia de gratidão por teu amor.
   Sempre hei de suplicar:
   Mais perto quero estar, *(bis)*
   Meu Deus, de ti!

4. E quando a morte, enfim, me vier chamar,
   Com serafins nos céus irei morar.
   Então me alegrarei
   Perto de ti, meu Rei, *(bis)*
   Meu Deus, de ti!

284 - Companhia Divina   J.K./J.H.N.

1. Ó meu querido Salvador,
   Vem conceder-me teu favor;
   Nuvem nenhuma terreal
   Tire-me a luz celestial.

2. Quando eu do leito despertar
   Tua presença quero achar;
   Ao dar começo ao meu labor,
   Sê tu meu Guia e Protetor.

3. Vem conceder-me teu poder;
   Só poderei assim vencer
   As seduções do tentador;
   Fica comigo, Salvador.

285 - O Alvo Supremo   J.O.Jr./A.B.D.

1. O mundo vil já desprezei,
   E seu caminho abominei;
   Mas te suplico, ó Salvador:
   A ti me eleva, Redentor!

Coro:
Mais perto, sim, mais perto, sim,
Oh, junto a ti me eleva a mim,
Ao céu em que, meu Salvador,
Contigo esteja sem temor!

2. No mundo não encontro paz,
   Pois ele não me satisfaz;
   Aqui só tenho que sofrer;
   Contigo quero, pois, viver.

3. Desejo, sim, aqui viver,
   Por tua causa me bater;
   Já pela fé eu avistei
   O lar em que descansarei.

4. À tua glória, já no fim,
   Ó meu Jesus, me leva, sim,
   E me sustenta até chegar
   Às portas do celeste lar!

286 - Junto a Ti F.J.C./L.P.G.S.

1. Minha possessão eterna,
   És o meu maior amor;
   Bem maior que o bem da vida,
   És, meu Deus, meu Salvador.

2. O prazer ou o descanso
   Não te venho suplicar;
   Quero trabalhar sofrendo,
   Mas contigo sempre andar.

3. Pelo vale tão sombrio
   E também terrível mar
   Queira tua mão divina
   Sempre, sempre me guiar.

4. Quando pelas santas portas
   Da feliz Jerusalém
   Eu puder entrar na glória,
   Gozarei o eterno bem.

CORO: *Junto a ti, junto a ti, (bis)*
Quero andar contigo sempre
Na jornada minha aqui.

287 - Com Jesus
W.T.S./S.L.G.

1. Triste e sombrio foi meu viver,
   Longe de ti, meu Salvador;
   Paz e perdão de ti venho obter,
   Junto de ti, Senhor.
   Foi grande a luta da provação,
   Tenho sofrido muita aflição;
   Pra confortar o meu coração,
   Eu venho a ti, Senhor!

2. Minhas vaidades atirarei
   Longe de mim, ó Salvador;
   Pois teu querer será minha lei,
   Servir-te-ei, Senhor.
   O teu amor desejo provar,
   A tua graça quero gozar.
   Sempre contigo almejo ficar;
   Teu sempre quero ser.

3. Medo da morte nunca terei;
   Perto de mim tu sempre estás;
   Pois ao teu lar decerto eu irei,
   Tu me receberás.
   Junto de ti, pois, quero viver,
   Junto de ti, eu vou combater,
   Junto de ti, vencer ou morrer,
   Cristo, meu Salvador.

288 - Perto do Senhor   F.J.C./S.L.G.

1. Perto de ti almejo estar,
   Perto, sim, bem perto;
   Tua presença desfrutar,
   Perto, sim, bem perto.
   Perto de ti pra compreender
   Teu grande amor e teu querer,
   Como contigo andar, viver,
   Perto, sim, bem perto. *(bis)*

2. Perto de ti em oração,
   Perto, sim, bem perto,
   Se revigora o coração,
   Perto, sim, bem perto.
   Gozo perfeito a transbordar;
   Vistas de glória a extasiar,
   Dita feliz contigo estar,
   Perto, sim, bem perto. *(bis)*

3. Em comunhão contigo estar,
   Perto, sim, bem perto;
   Sempre contigo conversar,
   Perto, sim, bem perto.
   Tua vontade discernir,
   Teus bons ensinos quero ouvir,
   Para melhor te amar, servir,
   Perto, sim, bem perto. *(bis)*

4. Quero na santa guerra estar,
   Perto, sim, bem perto,
   Tua divisa sustentar,
   Perto, sim, bem perto;
   Manifestar o teu amor,
   O teu poder e teu favor,
   Graça, perdão ao pecador,
   Perto, sim, bem perto. *(bis)*

289 - Ao Pé da Cruz — F.J.C./J.C.R.

1. Quero estar ao pé da cruz,
   De onde rica fonte
   Corre franca, salutar,
   Do Calvário monte.

   Coro:
   Sim, na cruz, sim, na cruz,
   Sempre me glorio,
   E enfim vou descansar,
   Salvo, além do rio.

2. A tremer ao pé da cruz,
   Graça eterna achou-me;
   Matutina Estrela ali
   Raios seus mandou-me.

3. Sempre a cruz, Jesus, meu Deus,
   Queiras recordar-me;
   Dela à sombra, Salvador,
   Queiras abrigar-me.

4. Junto à cruz, ardendo em fé.
   Sem temor vigio,
   Pois à terra santa irei,
   Salvo, além do rio.

290 - Cristo, Meu Mestre — F.J.C./W.E.E.

1. Cristo, meu Mestre, meu amigo sem igual,
   Tu dás descanso, salvação real.
   Quando sou provado, e já vou desfalecer,
   Tu, meu Cristo amado, vens-me socorrer.

Perto, mui perto, eu chegar-me vou a ti;
Perto, mui perto, vem Senhor a mim.

2. Só tu me amparas: quando perseguido sou,
   Em ti, ó Cristo, socorrer-me vou.
   Pois em ti eu posso resistir à tentação,
   Sim, em ti obtenho força, paz, perdão.

3. Cristo, meu Mestre, que mais gozo posso ter,
   Que no teu reino tua glória ver?
   Em teu seio quero minha fronte reclinar,
   Para ter descanso desse labutar.

291 - Comunhão Celeste   H.F.L./J.G.R.

1. Comigo assiste, ó Deus! A noite vem,
   As trevas crescem, eis Senhor, convém
   Que me socorra a tua proteção;
   Oh, vem fazer comigo habitação!

2. Depressa encontrarei o fim mortal;
   Desaparece o gozo terreal;
   Mudança vejo em tudo, e corrupção;
   Comigo faze eterna habitação!

3. Vem revelar-me teu querer, Senhor!
   Divino Mestre, Rei, Consolador!
   Meu Guia forte, Amparo em tentação!
   Vem, vem fazer comigo habitação!

4. Presente estás nas trevas e na luz;
   Não há perigo, andando com Jesus;
   A morte e a tumba não aterrarão
   Àquele em quem fizer habitação!

5. Ó morte, em Cristo gozo a redenção!
   Sepulcro, o pó verá ressurreição!
   No reino além não há perturbação.
   Com Deus eu herdo eterna habitação.

292 - Perto de Jesus   F.J.C./H.M.W.

1. Meu Senhor, sou teu, tua voz ouvi
   A chamar-me com amor;
   Mas de ti mais perto eu almejo estar,
   Ó bendito Salvador!

   Mais perto da tua cruz
   Quero estar, ó Salvador!
   Mais perto, para a Tua cruz
   Leva-me, ó meu Senhor!

2. A Seguir-te só me consagro já,
   Constrangido pelo amor;
   E meu coração bem contente está
   Em servir-te a ti, Senhor!

3. Oh, que pura e santa delícia é
   Aos teus santos pés me achar,
   E com viva e mui reverente fé
   Com o Salvador falar.

293 - Desejos Espirituais   J.C.C.

1. Em mim vem habitar, oh, vem, Jesus,
   Em mim fazer brilhar a tua luz!
   Eis a minha ambição: ter e sentir, Senhor,
   Mais gratidão e mais amor.

2. Os passos teus seguir eu quero, sim;
   Servir e bendizer até o fim;
   Eis o meu anelar, meu ideal maior:
   Contigo andar, ó Salvador!

3. Em meu interior, vem tu brilhar;
   Faz-me, com mais ardor, da cruz falar.
   Reveste o coração de teu excelso amor,
   De retidão e de fervor!

4. Oh, que consolação a Cristo amar,
   Pois que com tanto amor me quis salvar!
   Nada me alegra mais, gozo não há maior
   Que tua paz, ó Salvador!

294 - Necessitado   A.S.H./A.L.B.

1. De ti, Jesus, Senhor,
   Eu tenho precisão;
   Só teu divino amor
   Dá paz ao coração.

   Ó meu Jesus, comigo
   Vem estar agora,
   'Té que no céu contigo
   Eu vá morar

2. Oh, dá-me, meu Jesus
   Fruir teu rico amor,
   E andar em tua luz,
   Submisso a ti, Senhor!

3. Vencendo a tentação,
   Contente viverei
   Sob tua proteção,
   Ó meu bendito Rei!

295 - Tudo Entregarei
J.W.V.V./S.L.G.

1. Tudo, ó Cristo, a ti entrego;
   Tudo, sim por ti darei!
   Resoluto, mas submisso,
   Sempre, sempre, seguirei!

2. Tudo, ó Cristo, a ti entrego,
   Corpo e alma, eis aqui!
   Este mundo mau renego,
   Ó Jesus, me aceita a mim

3. Tudo, ó Cristo, a ti entrego,
   Quero ser somente teu!
   Tão submisso à tua vontade,
   Como os anjos lá no céu!

4. Tudo, ó Cristo, a ti entrego;
   Oh, eu sinto teu amor
   Transformar a minha vida
   E meu coração, Senhor!

5. Tudo, ó Cristo, a ti entrego;
   Oh, que gozo, meu Senhor!
   Paz perfeita, paz completa!
   Glória, glória ao Salvador!

Tudo entregarei!
Tudo entregarei!
Sim, por ti, Jesus bendito,
Tudo deixarei!

296 - Consagração
F.R.H./L.P.G.S.

1. A ti seja consagrada
   Minha vida, ó meu Senhor;
   Meus momentos e meus dias
   Sejam só em teu louvor.

2. Sempre minhas mãos se movam
   Com presteza e com amor,
   E meus pés velozes corram
   Ao serviço do Senhor.

3. Minha voz pra sempre toma,
   Para o teu louvor cantar;
   Toma os lábios meus, fazendo-os
   A mensagem proclamar.

4. Minha prata e ouro toma;
   Nada quero te esconder;
   Minha inteligência guia
   Só e só por teu saber.

5. A vontade minha toma;
   Sujeitando-a a ti, Senhor,
   Do meu coração fazendo
   O teu trono, ó Salvador.

6. Meu amor e meu desejo
   Sejam só teu nome honrar;
   Faze que meu corpo inteiro,
   Eu te possa consagrar.

297 - Súplica   S.L.G.

1. Prometo agora, meu Jesus,
   Servir-te com sincero amor;
   Concede, pois, que tua luz
   Habite em mim, ó Salvador,
   E assim os males vencerei;
   Não temerei a luta atroz;
   A estrada reta trilharei,
   Atento sempre à tua voz.

2. O mundo mau ao meu redor
   Afoga-se em profanações;
   É mui sutil o tentador,
   Terríveis surgem vis paixões;
   Sê Tu, Jesus, refúgio meu,
   Amparo e forte defensor;
   Protege e livra o servo teu
   Da corrupção do enganador.

3. E se eu me enfraquecer na fé,
   Ou me afastar de ti, meu Deus,
   Concede-me a real mercê
   Do teu amparo lá dos céus.
   Desperta-me, se adormecer,
   E se fugir, deter-me vem!
   Vem repreender-me se eu temer
   De praticar em tudo o bem.

4. Tu prometeste, meu Senhor,
   Àquele que em ti confiar,
   Cercá-lo de teu grande amor
   E lá no céu lhe dá lugar.
   Responde, pois ó meu Senhor,
   À minha humilde petição;
   Dirige-me com teu favor
   Até chegar à redenção.

298 - Estou Pronto   M.B./C.E.P./M.A.C.

1. Nem sempre será pra o lugar que eu quiser
   Que o Mestre me tem de mandar;
   É tão grande a seara já a embranquecer,
   A qual eu terei de ceifar!
   Se, pois, a caminho que nunca segui,
   A voz a chamar-me eu ouvir,
   Direi: "Meu Senhor, dirigido por ti,
   Irei tua ordem cumprir".

   Eu quero fazer o que queres, Senhor;
   Serei sustentado por ti,
   E quero dizer o que queres, Senhor,
   Que o servo teu deva dizer.

2. Eu sei, que há palavras de amor e perdão
   Que aos outros eu posso levar;
   Porque nas estradas dos vícios estão
   Perdidos que devo ir buscar.
   Senhor, se com tua presença real
   Tu fores pra fortalecer,
   Darei a mensagem de servo leal,
   Farei, meu Senhor, meu dever.

3. Eu quero encontrar um obscuro lugar
   Na seara do meu bom Senhor;
   Enquanto for vivo, sim vou trabalhar
   Em prova do meu grato amor.
   De ti meu sustento só dependerá;
   Tu, pois, hás de proteger;
   A tua vontade, sim, minha será;
   E eu, pronto o que queres a ser.

299 - Onde Quer Que Seja J.H.B./H.M.W.

1. Onde quer que seja com Jesus irei;
   Ele é meu bendito Salvador e Rei.
   Seja para a guerra, para batalhar,
   Seja pra a campina para semear.

   Onde quer, onde quer que Deus me mandar.
   Perto do meu Salvador eu quero andar.

2. Onde quer que seja, seguirei Jesus,
   Diz o coração que vive em sua luz;
   Perto dele sempre bem seguro vou,
   Onde quer que seja, pois contente estou.

3. Seja, pois, para onde quer que me levar,
   Acharei com Ele ali meu doce lar.
   Onde quer que seja, sempre cantarei:
   "Tu, Senhor, comigo estás, não temerei".

300 - Tudo por Cristo P.P.B./R.J.I.

1. Do Salvador bendito
   Sempre desejo ser;
   Livre do mundo iníquo
   Quero também viver.

2. Quero servir a Cristo,
   De prontidão estar;
   Útil na paz, na luta,
   Pronto pra trabalhar.

Coro:
Quero viver pra Cristo,
Tudo lhe dedicar;
Tudo por Cristo, tudo, tudo
Quero renunciar.

3. Quero ficar com Cristo,
   Sempre com Ele andar;
   Seja na vida ou na morte,
   Seja no eterno lar.

4. Queres, pois, aceitar-me
   Tal como sou, Senhor?
   Venho entregar-me agora;
   Sou teu, meu Redentor.

301 - Crer e Observar   J.H.S./S.L.G.

1. Em Jesus confiar, sua lei observar,
   Oh, que gozo, que bênção, que paz!
   Satisfeitos guardar tudo quanto ordenar,
   Alegria perene nos traz.

   Crer e observar
   Tudo quanto ordenar;
   O fiel obedece
   Ao que Cristo mandar!

2. O inimigo falaz e a calúnia mordaz
   Cristo pode desprestigiar;
   Nem tristeza, nem dor, nem a intriga maior
   Poderão ao fiel abalar.

3. Que delícia de amor, comunhão com o Senhor
   Tem o crente zeloso e leal;
   O seu rosto mirar, seus segredos privar,
   Seu consolo constante e real.

4. Resolutos, Senhor, e com fé, zelo e ardor,
   Os teus passos queremos seguir;
   Teus preceitos guardar, o teu nome exaltar,
   Sempre a tua vontade cumprir.

302 - Como a Neve — A.H.S.

1. Bom Jesus, és todo meu;
   Eu também sou todo teu.
   Dá-me graça para ser
   Todo teu até morrer.

   Bom Jesus, minha alma quer
   Qual a neve branca ser;
   Vive no meu coração,
   Faze-o puro, limpo e são.

2. Salvo estou em teu amor;
   Já não tenho assim temor;
   Gozo a mais perfeita paz,
   Nem a morte susto traz.

3. Dia a dia, meu Jesus,
   Quero andar em tua luz,
   'Té que enfim eu vá morar
   No celeste e terno lar.

303 - Amor a Jesus — W.R.F./S.L.G.

1. Jesus, sempre te amo, porque sei que és meu;
   A ti toda a honra e louvores dou eu.
   Meu Mestre divino, meu Amo, meu Rei,
   A ti, ó meu Cristo, me submeterei!

2. Eu te amo porque tu morreste por mim;
   Eu te amo porque teu amor não tem fim;
   Em ti confiança pra sempre terei;
   A ti, ó meu Cristo, me submeterei!

3. Eu te amo na vida, na morte também;
Sempre hei de louvar-te na glória de além.
Agora e pra sempre por ti viverei;
A ti, ó meu Cristo, me submeterei!

304 - Um Vaso de Bênção   H.G.S./W.E.E.

1. Quero ser um vaso de bênção,
Sim, um vaso escolhido de Deus,
Para as novas levar aos perdidos,
Boas novas que vêm lá dos céus.

Coro:
Faze-me vaso de bênção, Senhor,
Vaso que leve a mensagem de amor!
Eis-me submisso pra teu serviço,
Tudo consagro-te agora, Senhor.

2. Quero ser um vaso de bênção
Para todos os dias fazer
Aos culpados que vivem nas trevas
O perdão de Jesus conhecer.

3. Quero ser um vazo de bênção,
Sim, um vaso de bênção sem par,
Avisando que crentes em Cristo
Jubilosos no céu hão de entrar.

4. Para ser um vaso de bênção
É mister uma vida real,
Uma vida de fé e pureza,
Revestida de amor divinal.

305 - Consagrar Tudo   S.D.P./W.E.E.

1. Teu divinal amor veio me buscar;
   Tudo com gratidão quero consagrar.
   Aceita, meu Senhor, de um grato pecador
   Tributo de louvor, dado com fervor.

2. Atende, meu Jesus, essa petição;
   Tão débil sou, e mau é meu coração.
   Teu nome a exaltar, a nova a publicar,
   Teu reino a dilatar, vem me habilitar.

3. Oh, dá-me mais paixão de um amor real,
   Pra te servir e ser muito mais leal!
   As almas a ganhar, sempre na luz andar,
   E os filhos teus a amar, vem me habilitar.

4. Tudo o que sou, Senhor, eu te votarei;
   Do mundo vil e mau nunca mais serei;
   Teu rosto quando vir, amor no céu luzir,
   A glória do porvir vou enfim fruir.

306 - O Caminho da Cruz   J.B.P./W.E.E.

1. Foi Jesus que abriu o caminho para o céu;
   Não há outro meio de ir.
   Nunca irei entrar no celeste lar
   Se o caminho da cruz errar.

   Para o céu por Jesus irei,
   Para o céu por Jesus irei;
   Grande é o meu prazer
   De certeza ter:
   Para o céu pela cruz irei.

2. Certamente eu vou no caminho da cruz
Com resolução andar.
É desejo meu de gozar no céu
Essa herança que Cristo deu.

3. Os caminhos ímpios do mundo deixei;
Jamais neles vou seguir;
Sigo, pois, Jesus, com a minha cruz,
No caminho que ao céu conduz.

307 - Reconhecimento — D.W.W./H.M.W.

1. Não sou meu! Por Cristo salvo,
Que por mim morreu na cruz,
Eu confesso alegremente
Que pertenço ao bom Jesus.

Não sou meu, oh, não sou meu!
Bom Jesus, sou todo teu!
Hoje mesmo e para sempre,
Bom Jesus, sou todo teu!

2. Não sou meu! por Cristo salvo,
Pois seu sangue derramou
E da pena do pecado
A minha alma resgatou.

3. Não sou meu! A ti confio
Tudo quanto chamo meu;
Tudo em tuas mãos entrego,
Pois, Senhor, sou todo teu.

4. Não sou meu! Oh, santifica
Tudo quanto sou, Senhor;
Da vaidade e da soberba
Livra-me, meu Salvador!

308 - Para Onde For, Irei — F.J.C./W.E.E.

1. Se eu tiver Jesus ao lado,
E por Ele auxiliado,
Se por Ele for mandado,
A qualquer lugar, irei.

2. Seja meu caminho duro,
Espinhoso ou inseguro,
Em seus braços bem seguro,
Aonde me mandar, irei.

Coro: *Seguirei a meu bom Mestre, (3 vezes)*
Onde quer que for, irei.

3. Males poderão cercar-me,
Ou perigos assustar-me,
Mas se Cristo segurar-me,
Aonde me mandar, irei.

4. Quando terminar a vida,
Finda minha triste lida,
Tenho a glória prometida,
Eu pra meu Senhor irei.

309 - Consagrando-nos — F.J.C./W.E.E.

1. Consagrando-nos a ti,
Imploramos tua proteção;
Oh, presente sê aqui,
Concedendo tua direção!

2. Através da provação
Guia sempre, sempre com amor;
Guarda-nos o coração,
Revestindo-o sempre de fervor.

3. Habilita-nos, Senhor
Outorgando sempre mais poder;
Ao teu povo, bom Pastor,
Imploramos bênçãos conceder.

Cada vez mais e mais
Mostra-nos o teu favor;

Une-nos em ti, Senhor,
Pelos laços do divino amor.

310 - Em Teus Braços
G.B./S.L.G.

1. Em teus braços eu me escondo,
   Onde sempre quero estar;
   Ao teu lado, protegido,
   Eu desejo caminhar.
   Inimigos me perseguem,
   Eu sucumbo, Ó Salvador!
   Muito aflito te suplico:
   Auxilia-me, Senhor!

   Em teus braços eu me escondo,
   Onde sempre quero estar;
   Ao teu lado protegido,
   Eu desejo caminhar.

2. Em teus braços eu me escondo,
   Pois sem ti não posso andar;
   Com o coração aflito
   Venho a ti para implorar:
   Oh, escuta, Cristo, os rogos
   Que te faço com fervor!
   Dá-me abrigo nos teus braços,
   E protege-me, Senhor!

3. Em teus braços eu me escondo,
   Onde possa repousar
   A minha alma tão cansada,
   E um abrigo possa achar.
   Já eu creio que me atendes,
   Eu confio em ti, Senhor;
   Nos teus braços, abrigado,
   Bem seguro estou, Senhor!

311 - Confiança — H.M.W.

Sobre a cruz, por meus pecados.
Quis Jesus por mim morrer.
Em Jesus refugiado,
Nada tenho que temer.

312 - Amparo — P.P.B./W.E.E.

1. Nas agruras desta vida,
   No descanso e no labor,
   Dá-me força na fadiga
   E protege-me, Senhor!

2. Os malvados me detestam
   E me querem destruir;
   Mas os anjos me rodeiam,
   Não me deixam sucumbir.

3. Inda que Satã me assalte,
   Vacilar não poderei;
   Inda que o poder me falte,
   Por Jesus eu vencerei.

4. Quando o mal vier na vida,
   Forte e rijo me assaltar,
   Meu Jesus, na minha lida,
   Certo me há de sustentar.

CORO:
Ó Jesus, vem proteger-me,
Guarda-me, por compaixão!
Ó Jesus, vem defender-me,
Sê tu minha salvação!

313 - Proteção Divina — J.H.Y./W.E.E.

1. Ao crente é dada proteção
   De Deus, seu Benfeitor;
   Conforto dá ao coração
   Do triste pecador.
   Também amparo sempre dá
   A quem com fé pedir;
   Seu braço forte estenderá
   A quem o mal ferir.

   Oh, que grandioso amor
   Tem o bom Redentor!
   Concede-nos sem cessar
   Coro: *Tão ricos dons gozar.*
   Ele nos guardará,
   Sempre nos guiará,
   E vida celestial
   Teremos afinal.

2. Jesus, sim, recompensará
   A todo vencedor;
   Mas ante os anjos negará
   O indigno traidor.
   Avante, então, ó campeões,
   Na luta, pois, entrai;
   Mantendo firmes convicções,
   Por Cristo trabalhai!

314 - Estou Seguro   E.A.H./R.P.

1. Que consolação tem meu coração,
   Descansando no poder de Deus;
   Ele tem prazer em me proteger;
   Descansando no poder de Deus.

2. Sempre avante vou, bem contente estou,
   Descansando no poder de Deus;
   Tudo hei de vencer pelo seu poder,
   Descansando no poder de Deus.

3. Não recearei, nada temerei,
   Descansando no poder de Deus;
   Gozo paz e amor junto a meu Senhor,
   Descansando no poder de Deus.

4. Lutas sem cessar hei de atravessar,
   Descansando no poder de Deus;
   Não me deixará, mas me susterá,
   Descansando no poder de Deus.

Descansando
Nos eternos braços do meu Deus,
Vou seguro,
Descansando no poder de Deus.

315 - Meu Clamor — A.F.C.

1. Neste mundo, mar profundo,
   Não me deixes perecer;
   Sê comigo, bom Amigo,
   Ó Jesus, eterno Ser!
   Desta vida minha ida
   Pouco tardará a chegar;
   E, entretanto, Cristo santo,
   Guarda-me pra não pecar.

2. Deus clemente, Onipotente,
   Livra-me da perdição,
   E que goze eternamente
   Da celeste habitação;
   Que minha alma em doce calma,
   Frua teu imenso amor;
   E, exaltando-te, louvando,
   Viva sempre, Redentor.

3. Meu Jesus, ó meu bom Mestre,
   Sê me Guia e Protetor;
   Nesta vida, triste lida,
   Dá amparo ao pecador!
   Humilhado, consternado,
   Te dirijo o meu clamor;
   Em tormentos, meus lamentos,
   Oh, escuta, bom Senhor!

316 - Deus É por Mim — S.P.K.

1. É Deus por mim; não temo
O mundo e seu furor;
Minha alma está segura
Na graça do Senhor.
Sou pelo Rei amado,
O meu amigo é Deus.
E raivem inimigos,
Valido sou dos céus.

2. Firmado na esperança
Do Salvador Jesus,
Por Ele assegurado,
Jamais me falta luz;
Nele é que me glorio,
Eu, triste pecador;
Seu sangue mui precioso
Tem divinal valor.

CORO:
Aleluia! aleluia!
O meu amigo é Deus!
Aleluia! Aleluia!
Valido sou dos céus!

3. Se Deus me justifica,
Quem me condenará?
Do grande amor de Cristo
Ninguém, me apartará;
A morte, a vida, os homens,
Tristeza e tentação,
Em vão procuram todos
Romper esta união.

4. Celeste luz me inunda
De paz e salvação;
De santo regozijo
Me pulsa o coração;
O sol que me ilumina
É Cristo, o meu Senhor;
O gozo que me alegra
É seu constante amor.

317 - Abrigo — V.J.C./J.G.R.

1. Refúgio Cristo sempre dá,
Refúgio, sim, de todo o mal;
Quem nele crer escapará
De tudo quanto é infernal.

Sim, Cristo é nosso abrigo
[no temporal,
No temporal, no temporal!
Sim, Cristo é nosso abrigo
[no temporal,
E guarda-nos de todo o mal!

2. Embora ruja o temporal,
   Eu sei que não me alcançará!
   Seguro estou no vendaval;
   Abrigo meu Jesus será.

3. Enfim o mundo gozará
   Bonança após a inquietação;
   Pois só Jesus concederá
   Sossego e paz ao coração.

318 - Deus Me Esconde — M.E.S./A.L.D.

1. Quando a tempestade ruge,
   Quando vem o furacão,
   Em Jesus abrigo tenho
   Sob a sua proteção.

Coro:
Jesus Cristo me resguarda
Onde o mal jamais me atinge;
Jesus Cristo me conserva
Sob a sua proteção.

2. Mesmo que sofrer eu venha,
   Deus o permite para o bem.
   Em amor e não em ira,
   O castigo seu nos vem.

3. Inimigos me perseguem,
   Satanás me quer vencer,
   Mas Jesus é poderoso
   Para bem me defender.

4. Minha cruz vou carregando
   Nesta peregrinação;
   Nas maiores tempestades
   Cristo dá-me proteção.

319 - Abrigo Perfeito — M.A.S.

1. Deus é meu abrigo em todo vendaval;
   Nele tenho, pois, toda proteção;
   Vivo confiando em seu poder real,
   Sem qualquer perturbação.

   Deus me guiará, guiará,
   Sim, Deus me guiará;
   Deus me guardará,
   O meu Deus me guardará!

2. Os perigos que me cercam muitos são,
   Fortes tentações assaltar-me vêm;
   Hostes infernais formadas sempre estão,
   Combatendo todo bem!

3. O meu Deus não me abandonará, porém,
   Onde o mal poder tenha de atacar;
   Ele me protege como lhe convém,
   Nunca irei desanimar!

4. Eu guardado estou andando em seu amor,
   Abrigado em seu divinal poder;
   Sim, prossigo vitorioso, sem pavor,
   Por não ter o que temer!

320 - Abrigo Feliz — J.B.A./S.L.G.

1. Abrigado em meu Jesus, há descanso e paz.
   Tenho alívio quando aflito,
   Paz dará se estou contrito,
   Abrigado em meu Jesus, há descanso e paz.
   Confiando em seu amor, tenho paz.

Tenho paz e perdão e prazer,
Abrigado no Senhor;
Tenho paz e perdão e prazer,
Confiando em seu amor.

2. Garantido por Jesus, há perdão, perdão;
   Há perdão real, perfeito
   E poder pra andar direito;
   Garantido por Jesus, há perdão, perdão.
   Confiando em seu amor, há perdão.

3. Trabalhando por Jesus, há prazer, prazer;
   É prazer contar a história
   De Jesus, o Rei da Glória;
   Trabalhando por Jesus, há prazer, prazer;
   Confiando em seu amor, há prazer.

321 - Abrigo Seguro   H.M.W.

1. Confio só em ti, Jesus, meu Salvador;
   Em quem, senão em ti, descansarei, Senhor?
   É só no teu excelso amor,
   Que tenho abrigo, ó meu Senhor!

2. Eu pobre escravo fui, mas tu, ó meu Jesus,
   Do jugo que senti, livraste-me na cruz;
   E, preso pelo teu amor,
   Agora sirvo a ti, Senhor!

3. O dia alegre vem, o Amado voltará,
   E então a vida além minha alma gozará;
   Eu com Jesus descansarei,
   E seu louvor entoarei.

322 - Cristo Valerá — A.R.H./S.L.G.

1. Oscilando minha fé,
   Cristo valerá;
   Perseguido, sem mercê,
   Ele valerá.

   Ele valerá! Ele valerá!
   Seu amor por mim não muda,
   Sim, me valerá.

2. Crente inútil eu serei
   Se me não valer;
   Nem serviço prestarei
   Sem o seu poder.

3. Com seu sangue me comprou,
   Não me deixará;
   Vida eterna me outorgou,
   Sim, me valerá.

323 - Castelo Forte — M.L./J.E.V.H.

1. Castelo forte é nosso Deus,
   Espada e bom escudo;
   Com seu poder defende os seus
   Em todo transe agudo.
   Com fúria pertinaz

Persegue Satanás,
Com artimanhas tais
E astúcias tão cruéis,
Que iguais não há na terra.

2. A nossa força nada faz;
Estamos, sim, perdidos;
Mas nosso Deus socorro traz
E somos protegidos,
Defende-nos Jesus,
O que venceu na cruz,
Senhor dos altos céus;
E, sendo o próprio Deus,
Triunfa na batalha.

3. Se nos quisessem devorar
Demônios não contados,
Não nos podiam assustar,
Nem somos derrotados.
O grande acusador
Dos servos do Senhor
Já condenado está;
Vencido, cairá
Por uma só palavra.

4. Sim, que a palavra ficará,
Sabemos com certeza,
E nada nos assustará
Com Cristo por defesa.
Se temos de perder
Os filhos, bens, mulher,
Embora a vida vá,
Por nós Jesus está,
E dar-nos-á seu reino.

324 - Refúgio Verdadeiro — M.A.S.

1. Seguro estou, não tenho temor do mal;
   Sim, guardado pela fé em meu Jesus,
   Não posso duvidar desse amor leal;
   Ele em seu caminho sempre me conduz.
   Não me deixará, mas me abrigará,
   Do pecado vil, me vem livrar.
   A sua graça não me recusará;
   Sim, Jesus é quem me pode sustentar.

   No poder de Cristo, o Mestre,
   Minha vida salva está!
   Do perigo que cercá-la,
   Ele poderá livrá-la:
   Seu poder eterno sempre a susterá.

2. Abrigo eterno tenho no Salvador;
   Ele esconde a minha vida em seu poder;
   Eu recear não posso do malfeitor
   Que procura pertinaz me enfraquecer.
   Confiado, então, nessa proteção,
   Sigo a Cristo e quero ser fiel
   Na minha vida, cheio de gratidão,
   Sim, a meu Senhor e Rei Emanuel.

3. Perigo algum me pode causar temor,
   Pois meu Salvador não me abandonará;
   Com sua proteção, e com seu amor,
   Dirigindo a minha vida Ele estará.
   Nunca O deixarei, mas fiel serei,
   Sempre firme, cheio de fervor;
   A Cristo, Redentor, meu Senhor e Rei,
   Eu me entregarei, firmado em seu amor.

325 - Naufrágio

D.W.W./S.L.G.

1. Uma barca naufragando,
   Quem a valerá?
   Afundando está no abismo,
   Quem a salvará?

   Naufragrante, escuta
   Teu bom Salvador:
   Coro: *"Eis me pronto pra salvar-te;*
   Confia só em meu amor;
   Sim, eis-me pronto pra salvar-te;
   Confia, e deixa teu temor".

2. Já desfalecendo o nauta,
   Vê-se a perecer,
   E suplica muito ansioso:
   "Venham me valer!"

3. É revolto o mar da vida,
   Para o viajor;
   Ao clamar, porém, socorre-o
   Cristo, o Salvador.

4. Enfrentando a negra morte,
   Cheio de pavor,
   Foi que Cristo quis salvar-te,
   Pobre pecador.

326 - Refúgio

C.W./J.H.N.

1. Meu divino Protetor,
Quero em ti me refugiar;
Pois as ondas de terror
Ameaçam me tragar!
Quase estou a perecer!
Dá-me a tua proteção;
Pois guardado em teu poder
Não receio o furacão.

2. Outro amparo não achei;
Sem alento venho a ti;
Se me negas morrerei;
Voz da morte eu já ouvi.
Eu confio em teu amor
E na tua compaixão;
És meu forte defensor;
Não me largue a tua mão.

3. Tudo o que eu desejo dás,
Cristo meu, e ainda mais;
Dás-me força e tua paz,
Sempre tu comigo vais.
O teu nome santo é,
E eu injusto e fraco sou;
Ponho em ti a minha fé,
Sei que em ti seguro estou.

4. Graça imensa em ti se achou
Para tudo perdoar;
Sangue teu se derramou,
Nele quero me salvar.
Fonte tu de todo bem,
Dá-me sempre de beber!
Confortar minha alma vem;
Queiras sempre me valer.

327 - O Piloto

E.H./W.E.E.

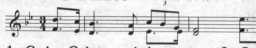

1. Guia, Cristo, minha nau
Sobre o revoltoso mar;
Tão enfurecido e mau,
Quer fazê-la naufragar.
Vem, Jesus oh, vem guiar,
Minha nau vem pilotar!

2. Como sabe serenar
Boa mãe o filho seu,
Vem, acalma, assim, o mar,
Que se eleva até o céu.
Vem, Jesus, oh, vem guiar,
Minha nau vem pilotar!

3. Se no porto, quando entrar,
Mais o mar se enfurecer,
Que me possa deleitar
Em ouvir Jesus dizer:
"Entra, pobre viajor,
No descanso do Senhor".

328 - Sossegai
M.A.B./W.E.E.

1. Ó Mestre! o mar se revolta,
   As ondas nos dão pavor;
   O céu se reveste de trevas,
   Não temos um Salvador!
   Não se te dá que morramos?
   Podes assim dormir,
   Se a cada momento nos vemos,
   Sim, prestes a submergir?

2. Mestre, na minha tristeza
   Estou quase a sucumbir;
   A dor que perturba minha alma,
   Eu peço-te, vem banir!
   De ondas do mal que me encobrem,
   Quem me fará sair?
   Pereço sem ti, ó meu Mestre!
   Vem logo, vem me acudir!

3. Mestre, chegou a bonança,
   Em paz eis o céu e o mar!
   O meu coração goza calma,
   Que não poderá findar.
   Fica comigo, ó meu Mestre,
   Dono da terra e céu,
   E assim chegarei bem seguro
   Ao porto, destino meu.

Coro: *As ondas atendem ao meu mandar:*
Sossegai!
Seja o encapelado mar,
A ira dos homens, o gênio do mal,
Tais águas não podem a nau tragar,
Que leva o Senhor, Rei do céu e mar,
Pois todos ouvem o meu mandar:
Sossegai! Sossegai!
Convosco estou para vos salvar;
Sim! Sossegai!

329 - Conta as Bênçãos — J.O.Jr./E.R.S.

1. Se da vida as vagas procelosas são,
   Se com desalento julgas tudo vão,
   Conta as muitas bênçãos, dize-as de uma vez,
   Hás de ver, surpreso, quanto Deus já fez.

   Conta as bênçãos, conta quantas são,
   Recebidas da divina mão;
   Uma a uma, dize-as de uma vez,
   Hás de ver, surpreso, quanto Deus já fez.

2. Tens, acaso, mágoas, triste é teu lidar?
   É a cruz pesada que tens de levar?
   Conta as muitas bênçãos, não duvidarás,
   E em canção alegre os dias passarás.

3. Quando vires outros com seu ouro e bens,
   Lembra que tesouros prometidos tens;
   Nunca os bens da terra poderão comprar
   A mansão celeste em que tu vais morar.

4. Seja teu conflito fraco ou forte cá,
   Não te desanimes, Deus por cima está;
   Seu divino auxílio, minorando o mal,
   Te dará consolo e paz celestial.

330 - O Segredo do Viver — H.M.W.

1. Quando nos cercar o mal,
   Ao rugir o temporal,
   Em Jesus é confiar,
   Nunca poderá falhar.

2. Quando a dor ou a aflição
   Vem turbar o coração,
   É preciso confiar,
   A Jesus tudo entregar.

O segredo do viver,
O segredo do vencer,
É em Cristo confiar!
Nunca, nunca duvidar!

3. Quando fraco me sentir,
   Quando o mundo me oprimir,
   E pesar a minha cruz,
   "Crê somente!" – diz Jesus.

4. Quer nas trevas, quer na luz,
   Sempre perto está Jesus,
   Perto e pronto pra salvar
   Quem somente confiar.

331 - Glória no Porvir   F.J.C./S.L.G.

1. Temos sombras neste vale,
   Em que estamos a passar;
   Mas das águas cristalinas
   Já se vê o marulhar.
   Eis que o bom pastor segreda,
   Ajudando a prosseguir:
   Há, sim, sombras neste vale,
   Mas há glória no porvir.

2. Temos sombras neste vale,
   Mas fragrância ao derredor;
   Pois, as rosas da montanha
   Nos transmitem seu olor.
   O bom Mestre nos anima
   Na subida a prosseguir:
   Há, sim, sombras neste vale,
   Mas há glória no porvir.

3. Mas as sombras deste vale,
   De uma vez se desfarão,
   Com a vinda mui gloriosa
   Do Senhor da criação.
   Eia, pois, ó vós remidos,
   Escutai-O a repetir:
   "Há, sim, sombras neste vale,
   Mas há glória no porvir".

Glória no porvir!
Glória eterna no porvir!
Há, sim, sombras neste vale,
Mas há glória no porvir.

332 - Meu Senhor de Tudo Sabe L.W./S.E.M.

1. Meu Senhor de tudo sabe,
   Certamente, sim;
   Com cuidados incansáveis
   Me protege a mim.
   Tudo quanto Deus permite,
   Pra meu bem será,
   E, no dia mais penoso,
   Forças Deus dará.

2. Sei que Deus o meu futuro
   Tem na sua mão;
   Seus desvelos compassivos
   Incessantes são.
   Inda que eu mais tarde encontre
   Provações e dor,
   Por detrás das negras nuvens
   Brilha seu amor.

3. Gosto de contar-lhe quanto
   Me sucede aqui;
   Sou seu filho e quer que esteja
   Sempre junto a si,
   Para que seus bons cuidados,
   Posso aqui gozar,
   Dando graças por aquilo
   Que me queira dar.

4. Oh, sim, confiadamente
   Quero prosseguir,
   Sem receios, nem cuidados
   Quanto ao meu porvir;
   Pois que Deus, meu Pai, me assiste
   Com divino amor,
   Sendo aquele que me guia,
   Cristo, o Salvador.

333 - Deus É Sabedor   S.M.I.H./S.L.G.

1. Eu sei que Deus é sabedor
   Do meu sofrer, da minha dor;
   Mas sei também que o meu penar
   Em gozo pode transformar.

2. Eu sei que Deus é sabedor
   Que fui um grande pecador;
   Mas com poder e compaixão,
   Livrou-me da destruição.

3. Eu sei que Deus é sabedor
   Das minhas faltas, meu temor;
   Mas pronto está pra me valer,
   De todo o mal me proteger.

Meu Deus, meu Pai,
Meu Deus de tudo é sabedor.
Sim, Deus, meu Pai,
Vem minorar a minha dor.

334 - Alívio   P.P.K./Anônimo

1. Vem, alma cansada, tomada de dor,
   Entrega os cuidados na mão do Senhor;
   A Cristo confia teu grande pesar,
   Pois nele descanso tu podes achar.

2. As mágoas, desgostos, revela ao Senhor,
   Não, oh! não receies vir tudo lhe expor;
   Do mal que te oprime te pode curar;
   Jesus tem desejo de te confortar.

3. Se tu já provaste tal consolação,
   Vai, leva a mensagem de paz e perdão
   Às almas aflitas, opressas de dor;
   Vai, traze os contritos aos pés do Senhor.

335 - O Gozo da Vida   M.A.S.

1. Cristo amado, sei que na força do mal
   Tu, meu Mestre, sempre serás protetor.
   Tu me guardas, dando-me paz divinal;
   Eu contigo sempre serei vencedor!

2. Que alegria tenho no meu Salvador;
   Tenho graça, vida de amor paternal!
   Tudo posso, tudo, por ti, meu Senhor;
   Deste mundo, sou vencedor afinal!

3. Não duvido, Cristo, meu Mestre, de ti;
   Creio em tua rica promessa, Jesus;
   Não me deixes, nem me rejeites aqui,
   Quero sempre ver tua face de luz!

4. Oh, que bênção ter a certeza do bem,
   Ter na vida, paz e perdão do Senhor!
   Mui alegre, busco essa pátria de além,
   Onde reina Cristo Jesus, Rei de amor!

Cristo, Mestre,
Sei que contigo sou vencedor;
Dá-me graça,
Dá-me do teu poder, Redentor.

336 - Fonte de Consolação   T.M./M.A.S.

1. Alma, que aflita estás, Deus, Pai bondoso,
   Em compaixão e amor tem o poder
   De te livrar do mal e dar-te gozo,
   E sem demora em Jesus te esconder.

2. Ó meu irmão, se tens grandes tormentos,
   Lembra-te, então, de Deus, Teu Protetor;
   Ele te livrará desses lamentos;
   Só Ele pode sarar sua dor.

3. Se pesaroso estás em tua vida,
   Busca o teu Salvador, Cristo Jesus,
   Ele com muito amor já te convida,
   Cristo te ajuda a levar tua cruz.

4. Oh, que consolação temos em Cristo,
   Pois da tristeza Deus nos livrará!
   Sempre sustenta os seus; somos benquistos,
   Ele nos ama e nos protegerá.

337 - Nada de Desânimo   C.D.M./S.L.G.

1. Queres desanimar-te?
   Já não tens teu fervor?
   De coração pesado,
   Não crês em teu Senhor?
   Pois Cristo é teu Amigo,
   Teu Guia e Protetor;
   De tudo que careces
   Te supre seu favor. *(bis)*

2. Sendo, porém, tentado,
   Prestes a sucumbir,
   Turvo o teu horizonte,
   Mui feio o teu porvir,
   Procura já chegar-te
   Bem junto ao Salvador,
   Pois tudo te garante
   Teu Guia e Protetor. *(bis)*

3. "Nunca se turbe ó crente,
   Teu triste coração!"
   Eis com ternura exclama
   Quem te deu salvação.
   "Confia em mim somente,
   Somente em meu poder;
   E nas mansões eternas
   Comigo irás viver". *(bis)*

Exulta, ó crente, exulta!
Ao Salvador bendiz!
Por Ele protegido,
És livre e és feliz.

338 - Redentor
A.J.S.N.

1. Sei que vive o Redentor,
   Sei que há vida em seu favor,
   Que, se aqui, na cruz morreu,
   Reina em glória lá no céu.

2. Vive para interceder
   E nas lutas me valer;
   Vive pra me sustentar,
   E do mal me resguardar.

3. Deus me livra de temor,
   Minorando a minha dor;
   A tristeza me desfaz,
   Dá-me gozo, vida e paz.

4. Vive! hosanas eu lhe dou!
   Vive! reina! e salvo eu sou!
   Vivo nele, o Redentor,
   Sempre firme em seu amor!

339 - Não Consintas
F.J.C./S.L.G.

1. Oh, não consintas tristezas
   Dentro do teu coração;
   Tendo fé firme no Mestre,
   Segue-O sem hesitação.

2. Se por acaso desgostos
   Vierem trazer-te temor,
   Nunca te esqueças de Cristo,
   Que é teu maior Protetor.

3. Deixa, pois, tua tristeza,
   Toda incerteza e temor;
   Paz e prazer tu em breve
   Receberás do Senhor.

Não consentir! Não consentir!
Que qualquer dor ou tristeza
Venha apagar teu amor!
Oh, não temer! nunca ceder!
Em teus apertos te lembra
Que Cristo é teu Protetor.

340 - Importará   F.E.G./W.E.E.

1. Importará ao Senhor Jesus
   Que eu viva no mundo a ter
   O meu coração cheio de aflição?
   Sentirá meu triste viver?

Oh, sim, eu sei, Jesus bem vê
O que eu estou a sofrer;
Em cruel peleja, pavor, inveja
Jesus me quer valer.

2. Importará ao Senhor Jesus
   Que eu viva com dissabor,
   Por andar sem luz, que me vem da cruz?
   Sentirá, pois, meu Salvador?

3. Importará ao Senhor Jesus
   Que eu caia na tentação?
   Se Satã puder minha fé vencer,
   Me dará de novo o perdão?

4. Importará ao Senhor Jesus
   Se a morte ferir meu lar?
   E que diga adeus aos queridos meus
   Sentirá Jesus? Pesará?

341 - Socorro Divino W.E.E.

1. No meu viver é ajudador
   Meu Pai dos céus, meu bom Senhor;
   A minha vida toda vê,
   E quer fazer-me bem, eu sei.

2. As minhas lutas Ele vê,
   E sempre ajuda por mercê;
   Do meu pesar é sabedor,
   E logo vem me dar vigor.

3. As culpas e fraquezas vê,
   Os erros contra a sua lei;
   Não tarda a vir com seu perdão
   O grande Deus de compaixão.

4. Vai, pois, buscar, ó meu irmão,
   Divina paz em aflição;
   De todo mal te livrará;
   O teu Senhor, que perto está.

Coro:
Oh, quer-me bem, sim, quer-me bem!
Em compaixão valer-me vem;
Na minha dor e dissabor
Meu Pai, vigia com amor.

342 - A Minha Cruz B.B./R.J.I.

1. A cruz que me deu Jesus Cristo
   Fortalece o meu amor;
   As dores que sempre me ferem
   Não me apartam do Senhor.

A cruz que me deu para eu levar,
As dores que a mim vêm assaltar,
Não escondem meu Jesus,
Pois eu ando em sua luz;
Vou vencendo para os céus.

2. O mundo a meu Mestre despreza,
   E persegue os de Jesus;
   Mas por seu amor, pela graça,
   Levarei a minha cruz.

3. Fazer a vontade de Cristo
   Eu desejo sempre, sim;
   Contando eu a tão bela história
   Tenho gozo e paz sem fim.

343 - Sempre Firme   W.O.C./A.B.

1. Minha morada, Jesus, assegura,
   Paz e conforto na luta feroz;
   Dá-me teu braço, transporta-me à altura
   Onde escutar poderei tua voz.

   Vem dar-me paz, ó meu Jesus,
   Dá-me teu braço ó Cristo!
   Vou perecendo longe da cruz,
   E eu em clamar insisto!

2. Triste, procuro refúgio ao teu lado,
   Volta-me a paz, o descanso me vem;
   Quando na terra me achar desprezado
   Glória terei noutra pátria de além.

3. Quando da morte cercar-me a tristeza,
   Finda a jornada do mundo cruel,
   Certo terei nesse dia a certeza
   De ir me alegrar sob imenso dossel.

344 - Deus Cuidará de Ti   C.D.M./S.L.G

1. Aflito e triste coração,
   Deus cuidará de ti;
   Por ti opera a sua mão
   Que cuidará de ti.

   Deus cuidará de ti,
   Em cada dia proverá;
   Sim, cuidará de ti,
   Deus cuidará de ti.

2. Na dor cruel, na provação,
   Deus cuidará de ti;
   Socorro dá e salvação,
   Pois cuidará de ti.

3. A tua fé Deus quer provar,
   Mas cuidará de ti;
   O teu amor quer aumentar,
   E cuidará de ti.

4. Nos seus tesouros tudo tens,
   Deus cuidará de ti;
   Terrestres e celestes bens,
   E cuidará de ti.

5. O que é mister te pode dar
   Quem cuidará de ti;
   Nos braços seus te sustentar,
   Pois cuidará de ti.

345 - Contar a Jesus   E.A.H./S.L.G.

1. A Jesus Cristo contarei tudo
   Que haja em meu peito a me perturbar;
   Os meus cuidados, meus sofrimentos,
   Só Ele os pode suavizar.

   A Jesus Cristo, meu Bem-Amado,
   Narrarei sempre minha aflição;
   Aos meus cuidados, aos meus tormentos,
   Só Ele pode dar solução.

2. A Jesus Cristo contarei tudo;
   Ele é Amigo firme e leal.
   Basta pedir-lhe, que, sem demora,
   Aos meus pesares dá fim cabal.

3. Sempre tentado, sei que preciso
   De um protetor que possa valer;
   Só meu Amado, que é invencível,
   Pode, portanto, me proteger.

4. Deste caminho, os maus me desejam,
   Pois, desviar e me demover;
   Mas Jesus Cristo, forte e zeloso,
   Sempre me ajuda a permanecer

346 - Meu Deus Proverá   J.H.N.

1. Na forte aflição, nos perigos e dor,
   Na vil traição e no negro terror,
   Com toda a certeza vitória virá;
   É firme a promessa: "Meu Deus proverá".
   "Meu Deus proverá, meu Deus proverá".
   É firme a promessa: "Meu Deus proverá".

2. Às aves do céu dá sustento o bom Deus,
   E com mais prazer Ele cuida dos seus,
   Pois nada de bom aos fiéis faltará;
   Que grande verdade: "Meu Deus proverá".
   "Meu Deus proverá, meu Deus proverá".
   Que grande verdade: "Meu Deus proverá".

3. Se vem Satanás e nos quer assustar
   Com medo falaz para a fé nos tirar,
   Não pode; que é nossa e pra sempre será
   A rica promessa: "Meu Deus proverá".
   "Meu Deus proverá, meu Deus proverá".
   A rica promessa: "Meu Deus proverá".

4. A nossa virtude Ele pode aumentar;
   Jesus nos ajuda a vitória a ganhar;
   Do vil inimigo nos esconderá;
   Com grande largueza, "Meu Deus proverá".
   "Meu Deus proverá, meu Deus proverá".
   Com grande largueza: "Meu Deus proverá".

5. Na hora final, quando a morte chegar,
   A voz do Senhor só nos há de alegrar;
   E mesmo na morte eu hei de cantar
   Com plena certeza: "Meu Deus proverá".
   "Meu Deus proverá, meu Deus proverá".
   Com plena certeza: "Meu Deus proverá".

347 - O Coração em Paz — L.D.A./R.P.

1. Vindo sombras escuras nos caminhos teus,
   Oh, não te desanimes! Canta um hino a Deus!
   Cada nuvem escura um arco-íris traz
   Quando em teu coração reinar perfeita paz.

   Se teu coração estiver em paz,
   Bem contente e alegre sempre te acharás.
   Se teu coração estiver em paz,
   Verás que um arco-íris cada nuvem traz.

2. Se o viver é de lutas, cheio de amargor,
   Mostra afeto aos aflitos, age em seu favor!
   E de tudo o que sofres tu te esquecerás;
   Fruirás gozo e calma, se tiveres paz.

3. Vem após negra noite a aurora matinal;
   Fica o céu mais brilhante após o temporal!
   A esperança não percas, tudo vencerás!
   Fugirão as tristezas, se tiveres paz.

348 - Confiando — E.P.S./W.E.E.

1. Confiando em meu Jesus,
   Dele vêm-me paz e luz;
   Quando vem a provação,
   Ele dá me a sua mão.

2. Dá-nos o Consolador,
   Que nos enche de fervor,
   E não deixa tropeçar
   Quando o tentador chegar.

Coro:
Confiemos nele já,
Vencedores nos fará;
Através da provação
Dá-nos força e direção.

3. E se nele eu confiar,
   Poderei, então, cantar,
   Quando o temporal bater,
   Venha, sim, o que vier!

4. Oh, enquanto aqui viver,
   Confiança eu hei de ter!
   Quando a vida terminar,
   Lá na glória irei cantar.

349 - Rica Promessa N.N./H.M.W.

1. Oh, como é grande e doce a promessa
Do Salvador, Jesus, nosso Rei!
Ao que confia na sua graça
Ele diz: "Nunca te deixarei".

Oh, não temas, oh, não temas,
Pois Eu contigo sempre serei!
Oh, não temas, oh, não temas,
Pois Eu nunca te deixarei!

2. Eu sou teu Deus, e para livrar-te,
Sempre contigo Eu estarei;
Não temas, pois, porque bem seguro,
Eu pela mão te conduzirei.

3. Para remir-te dei o meu sangue,
Pelo teu nome Eu te chamei;
Meu para sempre tu és agora;
Crê, pois, que nunca te deixarei.

4. Eras indigno, mas escolhi-te;
Não temas, pois Eu muito te amei;
Quem dos meus braços pode arrancar-te?
Sempre seguro te guardarei.

350 - Quero o Salvador L.E./R.H.M.

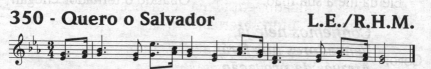

1. Quero o Salvador comigo;
Só com Ele eu posso andar;
Quero conhecê-lo perto,
No seu braço descansar.

2. Quero o Salvador comigo,
Pois tão fraca é minha fé;
Sua voz me dá conforto,
Quando me vacila o pé.

CORO: *Confiado no Senhor,*
Consolado em seu amor,
Seguirei no meu caminho,
Sem tristeza e sem temor.

3. Quero o Salvador comigo,
   Dia a dia em meu viver,
   Na tristeza, no trabalho,
   No conflito e no prazer.

4. Quero o Salvador comigo,
   Sábio Guia e bom Pastor,
   'Té passar além da morte,
   Longe do perigo e dor.

351 - Direção Divina   S.P.K.

1. As tuas mãos dirigem meu destino.
   Ó Deus de amor! que sempre seja assim!
   Teus são os meus poderes, minha vida;
   Em tudo eterno Pai, dispõe de mim.
   Meus dias sejam curtos ou compridos,
   Passados em tristezas ou prazer,
   Em sombra ou luz, é tudo como ordenas
   E eu tenho por bem-vindo o teu querer.

2. As tuas mãos dirigem meu destino,
   Cravadas dantes na sangrenta cruz;
   Por meus pecados foram transpassadas
   E posso nelas descansar, Jesus!
   Nos céus erguidas, sempre intercedendo,
   As santas mãos não pedirão em vão;
   Ao seu cuidado, em plena confiança,
   Entrego a minha eterna salvação.

3. As tuas mãos dirigem meu destino;
   Acasos, para mim não haverá.
   O grande Pai vigia o meu caminho
   E sem motivo não me afligirá.
   Eu tenho em seu poder constante amparo,
   Forte é seu braço, imenso o seu amor;
   E em breve, entrando na cidade eterna,
   Eu louvarei meu Guia e Salvador!

352 - Seguindo a Cristo W.O.C./H.M.W.

Sempre, sempre, seguirei a Cristo;
Seja por onde for, eu O Seguirei.
Sempre, sempre seguirei a Cristo;
Seja, pois, por onde for eu seguirei.

353 - Sou Pecador S.P.K.

1. Ó Deus, tu me provaste a mim;
   Ninguém se esconderá de ti;
   Prevês para onde quero andar,
   Conheces como vou falar.

2. Eu vivo à luz do teu olhar;
   Senhor, quem poderá sondar
   A ciência tua e teu poder,
   Se é insondável teu saber?

3. Nas trevas e na clara luz
   A mão divina me conduz;
   E, se fugindo dela vou,
   De teu poder cercado estou.

4. Criaste-me; por tua mão
   Formados os meus membros são;
   As maravilhas do Senhor
   Excedem muito a meu louvor.

5. Ó Deus da minha salvação,
   Pesquisa, pois, meu coração;
   Expurga-me, se houver em mim
   Qualquer ofensa contra ti.

Sou pecador; dá-me perdão!
Segura minha débil mão!
Conduz meus fracos pés, Senhor,
E louvarei meu Benfeitor!

354 - Cada Momento D.W.W./S.L.G.

1. Sendo remido por Cristo na cruz,
   Vivo gozando no reino da luz;
   Cheio da graça que vem de Jesus,
   Cada momento o Senhor me conduz.

2. Junto com Cristo na luta moral,
   O erro combato, os pecados e o mal,
   Ergo bem alto a bandeira real,
   Cada momento mais firme e leal.

3. Salvo por Cristo da vil perdição,
   Posso sentir que Ele dá salvação;
   Nunca os contritos O buscam em vão,
   Cada momento concede perdão.

4. Nas minhas lutas me pode amparar,
   E do maligno também me livrar;
   Cada momento por onde eu andar,
   Cristo, meu Mestre, me pode guardar.

   Cada momento me guia o Senhor,
   Cada momento dispensa favor,
   Sua presença me outorga vigor,
   Cada momento sou teu, ó Senhor!

355 - Luz Benigna
J.H.N./W.E.E.

1. Na escuridão, oh, brilha meiga Luz!
   Guiar-me vem!
   Na negra noite brilha e me conduz;
   Guiar-me vem!
   Não peço luz a fim de longe ver:
   Somente luz em cada passo ter.

2. Em outro tempo não queria luz
   Pra me guiar;
   Não quis seguir o que me impõe a cruz:
   Quis vacilar.
   Sem luz eu não desejo mais andar;
   Oh, vem, Senhor, oh, vem meus pés guiar!

3. Guardou-me até aqui o teu poder,
   E guardará.
   Teu braço vai-me ainda defender,
   E guiará.
   E finda minha vida terreal,
   Irei morar no lar celestial.

356 - Jesus Como Guia
F.J.C./S.L.G.

1. Meu Jesus me guia sempre –
   Que mais posso desejar?
   Duvidar do meu Amado?
   Do meu Deus desconfiar?
   Paz perfeita, gozo infindo
   Tenho, e sua proteção;
   Pois eu sei que por mim vela
   Seu bondoso coração.

2. Meu Jesus me guia sempre,
Ensinando-me a viver,
Concedendo graça e força
Para me desenvolver.
Perecer jamais eu posso,
Pois quem pode resistir
Ao Deus forte, Pai eterno,
Que minha alma quis remir?

3. Meu Jesus me guia sempre,
Pelo seu tão terno amor!
Vida santa, glória eterna
Me garante o Salvador.
Oh, mui breve vem o dia,
O da grande redenção,
Quando salva, transformada,
Há de ser a criação!

357 - Guia-me   F.M.D./F.C.B.S.

1. Guia-me, meu Salvador;
Sempre me conduz, Senhor;
Certo, firme e forte estou,
Pois contigo andando vou.

Guia, guia,
Sempre guia, Salvador;
Com ternura, com amor,
Guia-me, meu Redentor.

2. Confiado sempre em ti,
Bom auxílio consegui;
Oh, dirige-me, Senhor,
Neste mundo enganador!

3. Tu me guiarás a mim,
'Té chegar da vida o fim,
Para a terra do fulgor,
Na presença do Senhor.

358 - Não Há Perigo — R.H.M.

1. Muitos falam dos perigos
   Do caminho em que eu estou;
   Mas não vêem a luz que brilha
   Ao redor, por onde vou.

   Meu Jesus me guia os passos,
   E já veio em mim morar;
   Neste mundo perigoso,
   Só por mim não posso andar.

2. Falam mais de desenganos
   E de dura provação;
   Mas Jesus me ampara sempre
   E me dá consolação.

3. Sei que meu amor é fraco
   E propenso pra pecar;
   Mas, com seu divino auxílio,
   Hei de sempre triunfar.

359 - Jesus Como Guia — J.H.G./L.P.G.S.

1. Jesus me guia, que prazer!
   Palavra de consolação!
   Em todo transe em que estiver,
   Me guia sempre a sua mão.

   Jesus me guia, que prazer!
   É sua mão que me conduz.
   Em cada passo me é mister
   Que me dirija meu Jesus.

2. Às vezes, quando em aflições,
No meio de perigo e dor,
Por água mansa ou bravo mar,
Me guia a mão do meu Senhor.

3. Ajuda-me a não murmurar,
Qualquer que for a condição;
Contente vou, pois guiarás
Por tua mui bondosa mão.

4. E quando a morte a mim vier
E a minha vida aqui ceifar,
Por ti guardado, meu Senhor,
Contigo espero então morar.

360 - Companheiro G.G.L./J.C.C.

1. De teu cuidado terno
Me cerca, ó Salvador;
Porque se tu ao longe estás
Eu fico sem vigor!
Ao pé de ti desejo,
Meu Deus, meu Pai, viver,
E tua forte mão sentir,
A minha mão suster.

2. Tu és o meu amparo,
Meu Guia e Protetor;
A graça, a paz, reside em ti,
Em ti reside o amor.
No auge da ventura
Ou das tribulações,
Teu santo nome bendirei,
Ó Luz dos corações!

3. Sem ti, Jesus benigno,
De que me serve andar
Num chão florido ou sobre mim
O belo sol brilhar?
Sem ti, é sempre noite,
Senhor, é afrontar,
Em frágil nau, ou num batel,
Encapelado mar!

4. Só tu da morte as sombras,
Poder tens de afastar,
E as portas da mansão feliz
Abrir de par em par.
A ti, naquele dia,
No dia sem igual,
Com os remidos cantarei
O hino triunfal.

361 - Por Mim
M.A.S.

1. Salvação Jesus me dá;
   Com amor me guiará;
   Para o céu me levará!
   Tu não queres a Cristo seguir?

2. Que poder me dá Jesus
   Para andar em sua luz
   E levar a minha cruz!
   Tu não queres a Cristo seguir?

3. Cristo já por mim morreu;
   Sua graça concedeu;
   E por mim na cruz venceu.
   Tu não queres a Cristo seguir?

4. Eu no céu irei morar;
   Com os anjos vou cantar;
   A Jesus irei louvar.
   Tu não queres a Cristo seguir?

Cristo Jesus, meu Salvador,
Vela por mim, vela por mim,
Cristo Jesus, meu Salvador,
Tudo o que é bom fará por mim.

362 - Nunca Sozinho
H.M.W.

1. Neste mundo sozinho
   Não quero nem posso avançar,
   Pois eu sou tão fraquinho,
   Nunca me posso guardar;
   Mas Jesus vai comigo,
   Sempre pronto a salvar,
   Pois Ele mesmo promete
   Que nunca irá me deixar.

2. Inimigos mui fortes
   Procuram minha alma perder
   E se sozinho andasse,
   Que poderia fazer?
   Com Jesus a meu lado,
   Posso alegre avançar;
   Pois Ele mesmo promete
   Que nunca irá me deixar.

3. Nas tristezas da vida,
Nas dores e nas aflições,
E no lidar do dia,
Vindo quaisquer tentações,
Cristo sempre comigo
Anda pra me livrar,
Pois Ele mesmo promete
Que nunca irá me deixar.

Nunca me deixar!
Nunca me deixar!
Pois Ele mesmo promete
Nunca me deixar! (bis)

363 - Sê Tu Meu Guia   F.J.C./S.E.M.

1. Sê tu meu Guia, ó Cristo; estou medroso
De andar sozinho pela solidão;
Sê tu meu Guia, e o ermo pavoroso
Já não será lugar de escuridão.

2. Sê tu meu Guia; leva-me a teu lado,
Pois junto a ti desejo estar, Senhor;
Que por teu braço estando assim firmado
Não hei de tropeçar nem ter temor.

3. Sê tu meu Guia; em tempo radiante,
Ou na bonança, ou mesmo em temporal;
Sê tu meu Guia, que eu prossiga avante
Sem me afastar do rumo divinal.

4. Sê tu meu Guia, até que tenha entrada
Na casa paternal, no céu além;
Ali, sem fim, minha alma descansada
Terás contigo seu eterno bem

364 - Filhos de Deus   D.W.W./S.L.G.

1. Do Deus santo somos filhos,
   Co-herdeiros de Jesus!
   Em seu Filho o Pai nos olha
   E nos leva à sua cruz.

   Amados, filhos somos já de Deus;
   E há de revelar-se o que nós seremos
   Quando o dia de Cristo raiar.
   Havemos de nos transformar,
   Na semelhança de nosso Mestre,
   E vê-lo-emos como é.

2. Que esperança tão gloriosa,
   A de vermos nosso Deus!
   Oh, que graça incomparável
   Habitar nos altos céus!

3. Vem, Jesus, querido Mestre,
   Vem os teus do mal tirar,
   Completar a tua obra;
   Vem, oh, vem-nos libertar!

365 - Fé Persistente   W.H.B./J.H.N.

1. Almejo a fé que forte é
   Diante do terror,
   Que, calma, não recuará
   Do mundo aterrador.

2. A fé que não me faz queixar
   Na dor da correção;
   Mas, quando o fogo mais arder
   Mais firme ao coração.

3. A fé que sempre brilha mais
   No negro furacão;
   Que no perigo sente paz,
   Audaz na escuridão.

4. Ó Deus, me dá tamanha fé
   Que, venha o que vier,
   Aqui na lide provarei
   Celestial prazer.

366 - Firmeza   E.M./F.C.B.S.

1. Em nada ponho a minha fé,
Senão na graça de Jesus;
No sacrifício remidor,
No sangue do bom Redentor.

2. Se lhe não posso a face ver,
Na sua graça vou viver;
Em cada transe, sem falhar,
Sempre hei de nele confiar.

CORO:
A minha fé e o meu amor
Estão firmados no Senhor.
Estão firmados no Senhor.

3. Seu juramento é mui leal,
Abriga-me no temporal;
Ao vir cercar-me a tentação,
É Cristo a minha salvação.

4. Assim que o seu clarim soar,
Irei com Ele me encontrar;
E gozarei da redenção
Com todos que no céu estão.

367 - Firme na Rocha   P.J.O./S.E.M.

1. Que alicerce tendes pra construir
Uma casa firme pra resistir
Grande tempestade de que há de chegar
E a instável casa há de derrubar?

Nossa morada na Rocha está;
Firme e segura ela ficará;
Quando o temporal contra ela der
Há de resistir todo o seu poder.

2. Como faz a areia na fundação,
Fazem nossas obras na salvação,
Pois alguém que só em si mesmo crê
No Senhor Jesus inda não tem fé.

3. Os cristãos, porém, que deveras crêem,
Pelas obras, mostram a fé que têm;
Sua fé firmada no Salvador,
Na maior procela, ei-los sem temor!

368 - Confiança   S.B.G./H.M.W.

1. Salvador bendito, terno e bom Senhor
Só em ti confio, grande Salvador!
Sobre a cruz morreste, para me salvar;
Tudo padeceste para me livrar.

2. Só em ti confio, grande é teu amor;
Nunca desprezaste nenhum pecador;
Todo o que contrito já te procurou
Pela tua graça salvação achou.

3. Sim, em ti confio, Salvador fiel,
Nunca abandonaste, pois, teu Israel;
Tua excelsa graça nunca faltará,
O que em ti confia não perecerá.

4. Sempre em ti confio, grande é teu poder,
Tu os inimigos podes bem vencer;
Salvo e bem seguro leva-me, Senhor,
Sempre protegido pelo teu amor.

Ó Jesus bendito, terno e bom Senhor,
Só em ti confio, grande Salvador!

369 - Só Jesus   R.G.H./S.L.G.

1. Quem tenho eu no céu, Senhor?
Só Jesus, só Jesus.
É só Jesus meu Salvador,
Só Jesus, só Jesus,

Ele o lagar por mim pisou,
De sofrimentos me livrou,
Ele a minha alma fascinou,
Meu Jesus, meu Jesus.

2. Eu não almejo mais prazer;
Só Jesus, só Jesus.
Gozo só nele posso ter,
Em Jesus, em Jesus.
Pois a Jesus eu vou seguir,
De seus ensinos me nutrir,
Toda a minha alma vou abrir
A Jesus, a Jesus.

3. E, se vier perseguição?
Com Jesus, com Jesus.
Ele será o meu quinhão,
Só Jesus, só Jesus.
Nada me poderá faltar;
Quem é que O pode contestar?
Pois prometeu bem me guardar,
Meu Jesus, meu Jesus.

4. Quando esta vida terminar,
Só Jesus, só Jesus.
Vou em seus braços descansar,
De Jesus, de Jesus.
Dores me podem retalhar,
Ou meus amigos me deixar,
Eu, não obstante, vou cantar:
Só Jesus, só Jesus.

370 - Crendo em Cristo   F.J.C./W.E.E.

1. Mestre divino, ó Jesus meu Senhor,
   Eu creio em ti, sim, creio em ti;
   Força recebo, sustento e vigor,
   Quando, Senhor, creio em ti!

2. Quando me cercam as ondas do mar,
   Eu creio em ti, sim, creio em ti;
   Gozo e prazer tenho e graça sem par,
   Quando, Senhor, creio em ti!

3. Inda que as trevas encubram o céu,
   Eu creio em ti, sim, creio em ti;
   Paz, gozo eu tenho através desse véu,
   Quando, Senhor, creio em ti!

4. Cristo Jesus, meu Amigo leal,
   Eu creio em ti, sim, creio em ti;
   Sempre refúgio, defesa real,
   Cristo Jesus, creio em ti!

Coro:
*Creio, creio,
Cristo Jesus, creio em ti!
Gozo concedes-me, força, vigor,
Quando, Senhor, creio em ti.*

371 - Rocha Eterna   A.M.T./W.E.E.

1ª Música

2ª Música

1. Rocha eterna, foi na cruz
   Que morreste tu, Jesus;
   Vem de ti um sangue tal

Que me limpa todo o mal;
Traz as bênçãos do perdão:
Gozo, paz e salvação.

2. Nem trabalho, nem penar
Pode o pecador salvar;
Só tu podes, bom Jesus,
Dar-me vida, paz e luz.
Peço-te perdão, Senhor,
Pois confio em teu amor.

3. Eis que vem a morte atrás
Desta vida tão fugaz;
Quando eu ao meu lar subir,
E teu rosto em glória vir,
Rocha eterna, que prazer
Eu terei de em ti viver!

372 - Salvo Estou   J.D.

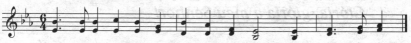

1. Glória a Jesus, sim, ao Filho de Deus,
O bom Salvador que nos veio dos céus!
Estávamos mortos, mas Ele chegou
E do pecado nos ressuscitou.

   Salvo! salvo!
   Eu salvo das penas eternas já sou!
   Salvo! salvo!
   Pela graça de Cristo Jesus salvo estou!

2. Na corrupção não podia viver,
A vida era assim um constante sofrer,
Até que num dia Jesus me encontrou
E Ele minha alma de novo gerou.

3. Longe de Cristo tão cego eu andei;
Em trevas vivia, perdido bem sei,
Mas Ele com seu grande amor me buscou,
Logo minha alma da morte livrou.

4. Salvo pra sempre eu agora já sou,
Jesus com seu sangue minha alma lavou.
Louvores pra sempre ao Senhor eu darei.
Ao seu trabalho me consagrarei.

373 - Certeza — H.M.W.

1. Por mim sofreu o Salvador;
   Glória, glória a meu Jesus!
   Louvai comigo ao Redentor.
   Glória, glória a meu Jesus!

   Jesus, Jesus, o Salvador!
   É doce o nome do Senhor.
   Abrasa-me com santo amor;
   Glória, glória a meu Senhor!

2. Os meus pecados carregou,
   E sobre a cruz me resgatou.

3. Eu sei que perdoado estou;
   E com certeza ao céu eu vou.

4. E, quando a luta aqui findar,
   No céu de luz eu vou cantar.

374 - Salvo — F.J.C./Anônimo

1. Salvo por Jesus Cristo,
   Tenho perfeita paz;
   A comunhão com Ele
   Toda aflição desfaz.
   Ele me deu certeza
   Da minha salvação;
   Que de inefável gozo
   Enche meu coração

   Salvo por Jesus Cristo,
   Tenho perfeita paz;
   A comunhão com Ele
   Toda aflição desfaz.

2. Cristo é a minha vida,
   Fonte de doce amor;
   Ele me tira a mágoa,
   Todo o pesar e a dor.
   E, se sofrer a prova,
   Mui fácil me será;
   Quando verter o pranto,
   Logo Ele o enxugará.

3. E passarei a noite
   Com Ele, sem temor,
   'Té que amanheça o dia
   De perenal fulgor.
   Magnificente e santo
   Vê-lo-ei a me fitar,
   E na mansão de glória
   Vou com Jesus reinar!

375 - Segurança   F.J.C./G.B.N.

1. Vivo feliz, pois sou de Jesus,
   E já desfruto o gozo da luz!
   Sou por Jesus herdeiro de Deus,
   Ele me leva à glória dos céus.

   Canta, minha alma! Canta ao Senhor! (bis)
   Rende-lhe sempre ardente louvor!

2. Ao seu amor eu me submeti,
   E extasiado então me senti.
   Anjos, descendo, trazem dos céus
   Ecos da excelsa graça de Deus.

3. Sempre vivendo em seu grande amor,
   Me regozijo em meu Salvador;
   Esperançoso, vivo na luz,
   Pela bondade do meu Jesus!

376 - Salvação Perfeita   P.P.B./S.P.K.

1. Livres do medo temos ficado;
   Cristo morreu, levando o pecado;
   Eis o resgate: o pacto se fez;
   Fomos remidos de uma vez!

2. Ao malfeitor, que a pena merece,
   Vida e perdão Jesus oferece;
   Clama por graça, com avidez,
   Cristo te acolhe de uma vez!

3. Graça real! não há mais castigo!
   Temos a paz sem medo e perigo!
   Vestes reais, não triste nudez;
   Cristo enriquece de uma vez!

4. "Filhos de Deus" favor inaudito!
   Deus nos amou em grau infinito!
   Nesta clemência não há dobrez;
   Há segurança de uma vez!

Coro:
De uma vez! oh, sim, acredita!
Ó pecador, tens sorte bendita!
Tudo Jesus, por nós, satisfez!
Cristo salvou-nos de uma vez!

377 - Não Sei Por Que   D.W.W./J.H.N.

1. Não sei por que de Deus o amor
   A mim se revelou,
   Por que razão o Salvador
   Pra si me resgatou.

2. Ignoro como o Espírito
   Convence-nos do mal,
   Revela Cristo, Verbo seu,
   Consolador real.

3. Não sei o que de mal ou bem
   É destinado a mim;
   Se maus ou áureos dias vêm,
   Até da vida o fim.

4. E quando vem Jesus não sei,
   Se breve ou tarde vem;
   Mas sei que meu Senhor virá
   Na glória que Ele tem.

CORO:
Mas eu sei em quem tenho crido,
E estou bem certo que é poderoso
Pra guardar o meu tesouro
Até o dia final.

378 - Já Certo Estou   H.M.W.

1. Já certo estou, sim, certo estou
   Que Cristo tem amor por mim.
   Já certo estou, sim, certo estou
   Que Cristo salva a mim.

2. Já certo estou, sim, certo estou:
   Jesus morreu, morreu por mim.
   Já certo estou, certo estou:
   Jesus morreu por mim.

3. Já salvo estou por meu Jesus,
   Pois padeceu na cruz por mim;
   Já salvo estou por meu Jesus,
   Pois padeceu por mim.

379 - Laços Benditos — J.F./A.H.S.

1. Benditos laços são
   Os do fraterno amor,
   Que nesta santa comunhão
   Nos unem ao Senhor.

2. Ao mesmo trono vão
   As nossas petições;
   É mútuo o gozo, ou a aflição
   Dos nossos corações.

3. Aqui tudo é comum,
   O rir e o prantear;
   Em Cristo somos todos um,
   No gozo e no lidar.

4. Se desta santa união
   Nos vamos separar,
   No céu eterna comunhão
   Havemos de gozar.

380 - Amor — S.P.K.

1. Qual o adorno desta vida? *É o amor;*
   Alegria é concedida *pelo amor.*
   É benigno, é paciente,
   Não se torna maldizente *(bis)*
   Este meigo amor.

2. Com suspeitas não se alcança *doce amor.*
   Onde houver desconfiança, *ai do amor.*
   Pois mostremos tolerância;
   Muitas vezes a arrogância *(bis)*
   Murcha e mata o amor.

3. Inda quando for custoso, *nutre amor;*
   Ao irado e mui furioso *mostra amor.*
   Não te dês por insultado,
   Mas responde com agrado, *(bis)*
   Vence pelo amor.

4. Não te irrites, mas tolera, *com amor.*
   Tudo sofre, tudo espera *pelo amor.*
   Desavenças e rancores
   Não convém a pecadores *(bis)*
   Salvos pelo amor.

5. Pois, irmão, ao teu vizinho *mostra amor.*
   O valor não é mesquinho *deste amor,*
   O supremo Deus nos ama,
   Cristo para os céus nos chama, (bis)
   Onde reina o amor.

381 - Amor Fraternal   S.P.K.

1. Jesus, Pastor amado,
   Contempla-nos aqui;
   Concede que sejamos
   Um corpo só em ti.
   Contendas e malícias
   Que longe de nós vão!
   Nenhum desgosto impeça
   A nossa comunhão!

2. Pois sendo resgatados
   Por um só Salvador,
   Devemos ser unidos
   Por um mais forte amor;
   Olhar com simpatia
   Os erros de um irmão,
   E todos ajudá-lo
   Com branda compaixão.

3. Jesus, suave e meigo,
   Ensina-nos a amar,
   E, como tu, sejamos
   Também no perdoar!
   Ah, quanto carecemos
   De auxílio do Senhor!
   Unidos supliquemos
   A Deus por esse amor!

4. Se tua igreja toda
   Andar em santa união,
   Então será bendito
   O nome de "cristão";
   Assim o que pediste
   Em nós se cumprirá,
   E todo o mundo inteiro
   A ti conhecerá.

382 - Vamos à Igreja W.S.P./S.L.G.

1. Tenho gozo e alegria celeste
   Quando vou a adorar ao Senhor
   Com os crentes em Cristo, na igreja,
   Quando juntos rendemos louvor.

Coro:
Oh, vem, sim, vem à igreja comigo,
Sim, vamos servir ao Senhor!
Pois maior alegria não temos
Do que ter comunhão em amor.

2. Vamos, crentes em Cristo, à igreja,
   Conversar com o nosso bom Deus;
   Escutar os seus ricos conselhos,
   Recolher ricas bênçãos dos céus.

3. Com prazer eu aguardo a chegada
   Desse dia do meu Salvador;
   Nele, pois, a minha alma, contente,
   Se derrama em ações de louvor.

4. Ó meu Mestre divino e amado,
   Eu contigo desejo viver;
   Tua lei, tua causa e teu povo
   Quero sempre abraçar, defender.

383 - Satisfação F.R.H./J.C.C.

1. Senhor Jesus, eu te amo mais
   Que o mundo e seu prazer;
   Pois deste-me perfeita paz,
   Que nunca irei perder.

CORO:
Metade nunca se contou
Do amor de Deus Jeová!
Metade nunca se contou
Da paz que aos salvos dá!

2. Senhor, de mim mais perto estás
Que amigos meus aqui!
Oh, quanto à alma satisfaz
O só pensar em ti!

3. E de prazer meu coração
Eu sinto transbordar;
Sem ti comigo, os dias são
Quais noites sem luar.

4. Ó meu precioso Salvador,
Que gozo é caminhar
Aqui contigo, e sem temor
Teu rosto contemplar!

384 - A Voz de Jesus — M.A.S.

1. Que doce voz tem meu Senhor!
Voz de amor, tão terna e graciosa,
Que enche o coração, dá consolação
Que só o crente goza.

CORO:
Qual maior prazer que lhe ouvir dizer:
"Vem, meu filho, vem escutar
O que Eu fiz por ti, tudo que sofri
Na cruz pra te resgatar"?

2. Chamou-me não só uma vez –
Tantas 'té que eu, triste, humilhado,
Pude a voz ouvir, pude então sair
Das garras do pecado.

3. Jesus não me deixa sofrer,
Sua voz me ensina o caminho
De vencer o mal, com firmeza tal
Que nunca estou sozinho.

385 - Louvor — M.A.S.

1. Vamos nós louvar a Deus,
Vamos, vamos;
Ao Senhor de toda a luz,
Santo, santo!
Cantem, louvem lá nos céus
Nosso Deus e Rei Jesus!
Exaltado seja Deus,
Santo, santo!

2. Deus, o nosso eterno Pai,
Santo, santo!
Deu-nos bênçãos por Jesus,
Vede, vede!
Ao Senhor glorificai,
Vós, os salvos pela cruz,
Sim, conosco glória dai,
Vinde, vinde!

Coro:
Exaltado seja nosso Deus e Pai!
Exaltado, para sempre, oh, exaltai!
Cantem, louvem lá nos céus
Nosso Deus e Rei Jesus!
Exaltado seja Deus,
Santo, santo!

3. Exaltemos nosso Deus,
Santo, santo!
Exaltemos com fervor,
Hoje! hoje!
Tributemos todos nós
Hinos santos de louvor,
Sim, louvor em alta voz,
Hoje, hoje!

4. Ao Senhor de todo amor,
Deus de glória,
Deus de luz e Deus de paz,
Cantem glória!
Hoje nós também louvor
Vimos dar-te que te apraz,
Pois nos deste, Salvador,
Muitas bênçãos!

386 - Cristo, Meu Deleite — W.E.E.

1. Ah, se eu tivesse mil vozes
Para o Brasil encher
Com os louvores de Cristo,
Que singular prazer!

2. Sua presença constante
   Firma-me o coração,
   Tira-me toda a incerteza,
   Guarda na provação.

3. Desta nação brasileira
   Seja Jesus Senhor;
   Que este país tão querido
   Renda-se ao Salvador.

Sua bondade infinita,
Seu divinal amor,
Deslumbram-me sobremaneira
E infundem-me vivo ardor.

387 - Contentamento   E.O.E./W.E.E.

1. Minha alma deleita-se em Cristo;
   Afável é Ele para mim;
   Viver na sua intimidade
   Dá gozo real e sem fim.

Muito contente estou,
Pois que Jesus me amou,
Pra si me chamou,
Por filho tomou,
Feliz, tão feliz eu sou.

2. Por sua bondade admirável,
   Eu vivo a fruir seu amor;
   A sua presença conserva
   Minha alma na fé, com fervor.

3. Um dia serei semelhante
   A Cristo, meu reto Senhor;
   Com Ele terei eu morada,
   Oh, graças a meu Salvador!

388 - O Homem Feliz — W.H.H.

1. Feliz é o homem que não vai
   Conforme os ímpios vão,
   Nem com os pecadores tem
   Alguma comunhão. *(bis)*

2. Porém na lei, na santa lei
   De Deus se alegra bem;
   E posto sempre o coração
   Na lei divina tem. *(bis)*

3. Tal homem florescendo vai
   Qual plantação que está
   Ao pé de um rio, e fruto bom
   Em tempo próprio dá. *(bis)*

4. Jamais a sua folha cai,
   Nem murcha vem a ser,
   E bem maduro se fará
   O fruto que ele der. *(bis)*

5. Os ímpios não serão assim;
   Jamais felizes são;
   Porém parecem com o pó
   Que os ventos levarão. *(bis)*

6. No juízo não subsistirão,
   No dia do Senhor;
   Dos justos longe ficarão,
   Curtindo eterna dor. *(bis)*

389 - Ventura   C.H.G./S.L.G.

1. O amor de meu Cristo é ventura,
   Repleto de graça sem par;
   E sua ternura percebo
   Cada dia por mim aumentar.

   Oh, ternura, graça e amor
   Me dispensa o Salvador!
   Que amor sublime do meu Mestre!
   Que ternura, que graça sem par!

2. Contente seguir vou seus passos,
   Nos trilhos traçados por Deus;
   E se me provar na fornalha,
   Sejam feitos os desígnios seus.

3. Veloz se aproxima o seu dia;
   Então seu semblante verei.
   Assim seu amor e ternura
   Eu eternamente gozarei.

390 - Nada Falta   E.M.H./A.J.M.

1. De Jesus a doce voz,
   Ouvi eu, pecador;
   Aceitei, de coração,
   Jesus, meu Salvador.

2. Retidão em mim não há;
   Por graça salvo sou.
   Devo tudo a meu Senhor,
   Pois já me resgatou.

3. Por Jesus eu tenho paz,
   E gozo o seu favor;
   Nada aqui me faltará,
   Com Cristo, meu Senhor.

   Meu pecado, sim,
   Expiou na cruz,
   E por graça sem igual,
   Salvou-me meu Jesus.

391 - Estou Contente

P.H.D./A.B.D.

1. Oh, como estou contente,
Feliz, meu coração!
Porque Jesus, meu Mestre,
Ouviu minha oração;
E livre já das trevas,
Agora vejo a luz;
Bendito seja Cristo,
Por mim levou a cruz!

CORO:
Cantarei na sua glória,
Cantaremos aleluia, *(bis)*
Jubilosos, lá no céu

2. Desamparado estive,
Mas Cristo me buscou;
Estive desviado,
Mas Ele me encontrou;
Seu sangue tão precioso
Da morte me remiu;
Em hora tão radiante
Da culpa me eximiu!

3. Perante o trono branco,
Oh, bem queria eu
Ver todos os remidos
Na glória lá no céu!
Oh, que inefável gozo
Ao ver meu Salvador,
E as hostes mui gloriosas
Cantando seu louvor!

4. Eu viverei pra Cristo
Enquanto aqui ficar,
'Té quando ao lar celeste

Meu Mestre me chamar;
Feliz e sempre alegre
Serei no eterno lar,
Cantando as aleluias
Ao Redentor sem par!

392 - Extraviado   C.J.B./R.E.N.

1. Bem longe de Deus eu andava,
   Um pobre perdido fui eu;
   Pensava que fosse impossível
   Entrar a minha alma no céu.

2. Vaguei tão errante nas trevas,
   Nem raio de luz vinha a mim,
   E triste, cansada minha alma,
   Não via perdão para mim.

3. Estando no meio das trevas,
   Bem clara uma voz eu ouvi
   Dizendo-me: "Sou poderoso
   Pra dar salvação hoje a ti".

4. Parei; era a voz do meu Mestre,
   Falando palavras de amor;
   Clamei: "Sou um pobre perdido;
   Oh, tem compaixão, Salvador!"

5. Então me entreguei a meu Mestre;
   Feliz Jesus Cristo me fez.
   A todos eu vou proclamando:
   Foi Ele que me satisfez.

6. E quando, por graça de Cristo,
   O céu alcançar afinal,
   Louvores darei para sempre
   A quem me deu vida eternal.

393 - Cristo pra Mim — H.M.W.

1. Oh, que descanso em Jesus encontrei!
   Cristo pra mim! Cristo pra mim!
   Oh, que tesouros infindos achei!
   Cristo pra mim! Cristo pra mim!
   Que outros escolham o mundo pra si,
   Queiram riquezas, delícias, aqui;
   Eu buscarei, ó Jesus, sempre a ti.
   Cristo pra mim! Cristo pra mim!

2. Quer na aflição, na doença ou na dor:
   Cristo pra mim! Cristo pra mim!
   Quer na saúde, na força ou vigor:
   Cristo pra mim! Cristo pra mim!
   Sempre ao meu lado, pra me socorrer
   Com seu amor, sim, e com seu poder;
   Em cada transe pronto a me valer!
   Cristo pra mim! Cristo pra mim!

3. No dia amargo da perseguição:
   Cristo pra mim! Cristo pra mim!
   Nas duras provas e na tentação:
   Cristo pra mim! Cristo pra mim!
   Ele na cruz o pecado venceu,
   Quando por mim no Calvário morreu,
   E da vitória a certeza me deu;
   Cristo pra mim! Cristo pra mim!

4. Quando no vale da morte eu entrar:
   Cristo pra mim! Cristo pra mim!
   Quando perante meu Deus me encontrar:
   Cristo pra mim! Cristo pra mim!
   Só no teu sangue confio, Senhor!
   Só no teu sempre imutável amor!
   Inda outra vez cantarei, Salvador;
   Cristo pra mim! Cristo pra mim!

394 - Realidade

H.B./H.M.W.

1. Ouvi o Salvador dizer:
   "Vem descansar em mim,
   E nos meus braços podes ter
   Consolação sem fim".
   Então eu vim e lhe entreguei
   Meu triste coração;
   Abrigo, paz e gozo achei,
   Achei consolação.

2. Ouvi o Salvador dizer:
   "De graça eu sempre dou
   As águas vivas. Vem beber:
   Da vida a fonte Eu sou".
   Vim a Jesus e me prostrei
   Às águas e bebi;
   Jamais a sede sentirei,
   Estando sempre aqui.

3. Ouvi o Salvador dizer:
   "A luz do mundo sou;
   Oh, vinde a mim! A quem vier
   A luz da vida dou".
   Vim a Jesus e nele achei
   O sol que brilha em mim;
   E nessa luz eu andarei
   Até da vida o fim.

395 - Cristo Satisfaz J.J.M./S.E.M.

1. Riquezas não preciso ter,
   Mas, sim, celeste bem;
   Nem falsa paz ou vão prazer,
   Porquanto o crente tem
   Eterno gozo no Senhor,
   Por desfrutar o seu amor.

2. Do mundo as honras para mim
   Perderam seu valor;
   Já tenho a paz divina, enfim,
   Servindo ao meu Senhor.
   Terei meu gozo principal
   Ao vê-lo em glória triunfal.

3. Até que esteja lá no céu,
   Aonde Cristo entrou,
   E veja a face já sem véu
   De quem me resgatou,
   Desejo só aqui viver
   De um modo que lhe dê prazer.

Com Cristo estou contente,
Ele me satisfaz;
Com esse amor do Salvador,
Agora estou contente. (bis)

396 - Cegueira e Vista I.W./R.E.H./H.M.W.

1. Oh, tão cego eu andei, e perdido vaguei,
   Longe, longe do meu Salvador;
   Mas da glória desceu e seu sangue verteu
   Pra salvar um tão pobre pecador.

Foi na cruz, foi na cruz, onde um dia eu vi
Meu pecado castigado em Jesus;
Foi ali, pela fé, que meus olhos abri,
E eu agora me alegro em sua luz.

2. Eu ouvia falar dessa graça sem par,
   Que do céu trouxe nosso Jesus;
   Mas eu surdo me fiz, converte-me não quis
   Ao Senhor que por mim morreu na cruz.

3. Mas um dia senti meus pecados e vi
   Sobre mim o castigo da lei;

Mas depressa fugi, em Jesus me escondi,
E refúgio seguro nele achei.

4. Oh, que grande prazer inundou o meu ser,
Conhecendo esse tão grande amor,
Que levou meu Jesus a sofrer lá na cruz
Pra salvar um tão pobre pecador!

397 - Achei Descanso   J.S.P./S.E.M.

1. Ó Jesus, achei descanso
Em teu terno coração;
É manancial de gozo
E consolação!
Já cheguei a contemplar-te,
E minha alma se inundou
Com a refulgente graça
Que ela em ti achou.

2. Com inteira confiança
Te contemplo pela fé;
Tua mão onipotente
Meu refúgio é;
Satisfazes meus anelos,
Supres o que me é mister;
Tu sossegas meus temores
Pelo teu poder.

3. Sê tu sempre meu consolo,
Meu constante guardião,
Pois os teus reais favores
Gozo e paz me dão.
Resplendor da eterna glória,
Fonte de perene amor,
Sou feliz com tua glória,
Cristo, Salvador!

398 - Sou Feliz H.G.S./W.E.E.

1. Se paz a mais doce me deres gozar,
   Se dor a mais forte sofrer,
   Oh, seja o que for, tu me fazes saber
   Que feliz com Jesus sempre sou!

   Sou feliz com Jesus!
   Sou feliz com Jesus, meu Senhor!

2. Embora me assalte o cruel Satanás,
   E ataque com vis tentações,
   Oh, certo eu estou, apesar de aflições,
   Que feliz eu serei com Jesus!

3. Meu triste pecado, por meu Salvador,
   Foi pago de um modo cabal;
   Valeu-me o Senhor, oh, mercê sem igual!
   Sou feliz! graças dou a Jesus!

4. A vinda eu anseio do meu Salvador;
   Em breve virá me levar
   Ao céu, onde vou para sempre morar
   Com remidos na luz do Senhor!

399 - Cantarei de Cristo P.P.B./R.E.N.

1. Cantarei de Jesus Cristo,
   Que sofreu pra me salvar;
   Ele sobre a cruz foi morto
   Pra da pena me livrar.

2. Cantarei de Jesus Cristo
   Sua graça exaltarei;

Encontrou-me muito aflito,
E descanso nele achei.

3. Cantarei de sua graça
Que rebelde me encontrou;
Com amor e piedade
Ele me regenerou.

4. Cantarei no céu a Cristo,
Bendirei seu grande amor;
Humilhou-se pra salvar-me;
Louvarei com zelo e ardor.

Coro:
*Cantarei que Jesus Cristo
Com amor me resgatou;
Ele sobre a cruz foi morto;
Meus pecados apagou.*

400 - Júbilo   E.P.H./S.L.G.

1. Jesus, Senhor altíssimo,
A morte quis sofrer,
De pecadores míseros
Irmãos seus quis fazer.

2. Com incessante júbilo
Proclamo o amor de Deus,
Porque me enxuga as lágrimas,
E diz-me: "Tu és meu".

3. É esta a história única
Da compaixão de Deus,
O meu alegre cântico
Aqui e lá nos céus.

*Por isso canto, canto todo o dia,
Cristo me enche de gozo e alegria!*

401 - Eu Sou de Jesus   J.R./S.L.G.

1. Mui triste eu andava, sem gozo e sem paz,
   Mas eu hoje tenho alegria eficaz,
   E constantemente bendigo a meu Deus,
   E é claro o motivo, pois sou de Jesus!

   Eu sou de Jesus, aleluia!
   De Cristo Jesus, meu Senhor!
   Não quero falhar, mas quero falar,
   Andar e viver com Jesus!

2. Seguro vivia nas garras do mal,
   O mundo atirou-me no abismo fatal;
   Agora, qual ave voando nos céus,
   Eu vivo contente, pois sou de Jesus!

3. Ó alma turbada, por que lamentar?
   No Mestre tu achas tesouros sem par:
   Infinda alegria, poder, salvação!
   Oh, vem, vem a Cristo, sem hesitação!

402 - Escrava Resgatada   R.L./J.J.P.R.

1. Eis a escrava resgatada,
   Grande preço Cristo deu,
   Não foi ouro, nem foi prata,
   Foi seu sangue que verteu.

2. Pois agora que sou tua,
   Sem jamais a ti perder,
   Quero, meu Senhor, servir-te,
   Grata, e só por ti viver.

Coro:
De maneira tal amaste,
Que por mim, Senhor, morreste;
Pra remir-me do pecado,
Tu sofreste em meu lugar.

3. Quero receber teu jugo;
   Em teus passos caminhar;
   Só a ti eu me subjugo,
   Vou contigo em paz morar.

4. Eis que estou aqui na terra,
   Esperando o teu voltar;
   Levarás, então, a escrava
   Que no céu vai habitar.

403 - Alegre J.W.V.D.V./A.B.D.

1. Perdido andei, na escuridão,
   Mas Cristo me encontrou,
   E com a luz do seu amor
   As trevas dissipou.

2. No caso de se escurecer
   De nuvens todo o céu,
   Jesus, bendito Salvador,
   É luz que rasga o véu!

3. Andando estou na luz de Deus,
   Que doce comunhão!
   Prossigo sempre com vigor,
   Deixando o mundo vão.

4. Lá, face a face, então verei
   Jesus, o Salvador,
   O qual a sua vida deu
   Por mim, vil pecador.

CORO:
*Eu alegre vou na sua luz,
Pois Jesus agora me conduz.
Desde que me achou
Da morte me livrou;
Ando sempre alegre,
Cristo me salvou!*

404 - Substituição — H.M.W.

1. De pecados carregado,
   Abatido e triste andei,
   Em procura de descanso,
   Que, entretanto, não achei.

2. De pecados carregado,
   A Jesus, então, clamei:
   "Triste estou, desesperado",
   A seus pés eu me lancei.

3. De pecados carregado,
   A olhar não me atrevi;
   Mas a voz do Bem Amado
   Me falou, sim, e eu ouvi.

4. "De pecados carregado!
   Eu, na cruz, já padeci;
   Sobre o lenho pendurado,
   Já fui morto, e foi por ti."

5. De pecados carregado,
   Ó Jesus, meu Salvador,
   Foste em meu lugar cravado,
   Como é grande o teu amor!

405 - Gozo e Paz — M.A.S.

1. Oh, eu sou feliz, pois já creio em meu Jesus
   Que por mim morreu, deu-me a vida e deu-me luz!
   Sim, eu sou feliz, tenho a paz que Cristo dá
   E eu agora sei que do mal me guardará.

   Sim, feliz eu sou só por Cristo;
   E por Ele sou benquisto;
   Em Jesus eu gozo esse dom veraz;
   Seu amor me satisfaz.

2. Que prazer maior posso então ambicionar
   Do que ter Jesus e com Ele sempre andar?
   Mais prazer não há! Só Jesus me dá perdão,
   Só Jesus concede gloriosa salvação.

3. Alegria e paz gozo em meu bom salvador;
   Neste mundo vil é Jesus meu Protetor.
   Gozo infindo achei pela fé no eterno Rei;
   Paz perfeita, paz no Senhor já encontrei.

406 - Confiar em Cristo   L.M.R.S./S.L.G.

1. Que delícia é crer em Cristo,
   Em seu nome confiar,
   Aceitar os seus ensinos
   E as promessas desfrutar!

2. Oh, que gozo é crer em Cristo,
   Ter certeza de perdão!
   Receber de Cristo mesmo
   Vida, paz e salvação.

3. Bem feliz eu sou em Cristo,
   Sempre dele quero ser;
   Quero agora mui submisso,
   Sempre a Ele obedecer.

Cristo! Cristo! Já confio
Em teu nome, em teu poder;
Cristo! Cristo! Bem-amado!
Faze minha fé crescer.

407 - Ditoso Dia   P.D./W.E.E.

1. Ditoso o dia em que aceitei
   Do meu Senhor a salvação;
   A grande paz que eu alcancei
   Perdura no meu coração.

2. Aquilo que eu então votei
   Minha alma, sim, o cumprirá.
   Em cada dia renderei
   Louvor a Deus, que me ouvirá.

3. Exulta, pois, meu coração,
   No Filho do supremo Deus;
   Porque te deu a redenção
   E trouxe-te perdão dos céus

Que prazer eu senti
No dia em que me converti!
Agora sinto o seu amor,
E segurança, paz, fervor.
Sou feliz! tão feliz!
Pois em Jesus me satisfiz!

408 - Descanso Verdadeiro — H.M.W.

1. Cada coração procura
   Onde possa descansar,
   Mas descanso verdadeiro
   Só Jesus o pode dar.

Coro:
*Cristo sempre, e tão-somente
Cristo, Salvador e Rei;
Meu abrigo, meu amigo,
Tudo, tudo nele achei.*

2. Pois meu coração te entrego,
   Ó Jesus, meu Salvador!
   Sejas tu pra sempre dele,
   O seu Rei e seu Senhor.

409 - Plena Paz — H.M.W.

Plena paz gozo eu!
Plena paz gozo eu!
E, seguindo a meu Jesus,
Vou andando para o céu.

410 - Felicidade no Serviço — A.H.A./S.L.G.

1. No serviço do meu Rei eu sou feliz,
   Satisfeito, abençoado;
   Proclamando do meu Rei a salvação,
   No serviço do meu Rei.

2. No serviço do meu Rei eu sou feliz,
   Obediente e corajoso;

Na tristeza ou na alegria sei sorrir,
No serviço do meu Rei.

3. No serviço do meu Rei eu sou feliz,
Jubiloso e consagrado;
Ao seu lado desafio a todo mal,
No serviço do meu Rei.

4. No serviço do meu Rei eu sou feliz,
Venturoso e decidido;
Quanto tenho no serviço gastarei,
No serviço do meu Rei.

CORO:
No serviço do meu Rei
Minha vida empregarei;
Gozo, paz, felicidade,
Tem quem serve ao meu bom Rei.

411 - Dia Festivo   H.R.P.

1. Que alegria neste dia
Nós estamos a gozar!
Neste ensejo bom desejo
Temos: só a Deus louvar.

2. Que alegria neste dia
Enche-nos o coração!
Inimigos e perigos
Já venceu o Capitão.

CORO:
Oh, cantemos, pois, com alegria
Neste grande e mui festivo dia!
Vê! vê o que nos fez o Rei dos reis!

3. Que alegria neste dia
Têm os crentes em Jesus;
Reunidos os remidos,
Fazem tudo em sua luz!

4. Deus glorioso, Deus bondoso,
Abençoa-nos aqui;
Que esta igreja sempre seja
Consagrada só a ti!

412 - A Música dos Salvos — S.P.K.

1. Ah, que canto que, [soando,
Enche os ares de dulçor!
São os salvos, entoando
Hinos ao seu Redentor.

2. Ele, o Deus excelso, [amou-nos,
Dignos nós da perdição;
Com poder real salvou-nos
Da perpétua maldição.

CORO:
*Ouve as vozes da vitória,
Em caminho para a glória,
Proclamando a doce história
De Jesus e seu amor! (bis)*

3. Graça excelsa! Deus aceita
Os rebeldes com favor!
Nunca o Salvador rejeita
O contrito pecador.

4. Vinde todos! Sem limite
É a sua compaixão!
Eis o divinal convite!
Abraçai a salvação!

413 - Lealdade — E.T.C./W.E.E.

1. É ordem do Senhor,
Selada com amor:
Fiéis, leais, prossegui,
Mesmo até morrer!
Não fraquejeis, irmãos,
Deveis ser bons cristãos
E ser fiéis e leais
A Cristo, Salvador!

2. Oh, vinde vos unir,
Dispostos para agir,
Fiéis, leais no labor,
Mesmo até morrer!
O mal a derrotar,
A luz fazei brilhar,
Fiéis e sempre leais
A Cristo, Salvador!

3. Eis-nos, Senhor, aqui;
Consagra-nos a ti;
Queremos, pois, ser fiéis,
Mesmo até morrer!
A causa defender,
Teu reino promover,
Fiéis e sempre leais
A Cristo, Salvador!

*Seu amor pregai,
Almas conquistai!
Manda-nos Jesus, Senhor.
Avante, avante, irmãos,
Sim, como bons cristãos,
Fiéis e sempre leais
A Cristo, Salvador!*

414 - Acordai   H.M.W.

1. Eis que vamos para aquele bom país,
Onde o crente, sim, é Cristo quem o diz,
Com seu Salvador, pra sempre ali feliz,
Vai gozar e descansar.
Trabalhemos, pois, com zelo e com vigor,
Constrangidos pelo seu imenso amor;
Trabalhemos pelo nosso Salvador;
Eis que a vida vai findar!

Acordai! acordai! despertai! despertai!
E cantai! sim, cantai!
O Senhor não tardará!
Eis que vamos para aquele bom país,
Onde o crente, sim, é Cristo quem o diz,
Com seu Salvador, pra sempre ali feliz,
Vai gozar e descansar.

2. Eis conosco nosso insigne Capitão
Que nos assegura a eterna salvação!
Eis da santa fé o invicto pavilhão!
Vamos, vamos trabalhar!
Eia, avante! nada temos que temer;
Por Jesus havemos sempre de vencer;
Trabalhemos juntos sem desfalecer
Para a obra completar.

3. Revestidos da couraça de Jesus,
Como servos seus, e filhos, sim, da luz,
Gloriando-nos em Cristo e sua cruz,
Vamos, vamos trabalhar!
Os perdidos vamos com amor buscar,
Aos desesperados vamos declarar
Que Jesus deseja os homens transformar!
Oh, sim, vamos trabalhar!

415 - Alerta
G.H./J.H.N.

1. Minha alma alerta vai,
   Eis inimigos mil;
   De Satanás a hoste sai,
   Com assombroso ardil.

2. Velar, orar, lidar
   Sem tréguas, sem temor;
   De dia em dia, e sem cessar,
   Prossegue em teu labor.

3. Na lida, até morrer,
   Vai sempre com teu Deus;
   Pois Ele vai te proteger
   E coroar nos céus.

416 - Filhos da Luz
S.P.K.

1. Filhos da luz, que desfrutais perdão,
   Amados do Senhor,
   Erguei-vos com fervor e retidão,
   Vivei pra seu louvor!
   Conforme a glória desta herança,
   Marchai com toda confiança, *(bis)*
   Andando em luz; andando em luz.

2. Filhos da luz, em santidade e paz
   Vós precisais andar,
   Pedindo auxílio estável e eficaz;
   Pois tendes de lutar
   Contra inimigos arrojados;
   Deveis estar bem preparados; *(bis)*
   Vivei na luz, vivei na luz.

3. Filhos da luz, nascidos sois de Deus,
Fugi de todo o mal;
Com santo zelo demandai aos céus,
À casa paternal!
E, vigilantes, não dormindo,
As horas com temor remindo, *(bis)*
Andai na luz, andai na luz.

4. Filhos da luz, quando afinal chegar
O dia do Senhor,
Bendito o servo que Ele então achar
Servindo-O com amor!
Pois com prazer no céu entrando,
Os salvos cantam, exaltando *(bis)*
A Deus em luz, a Deus em luz.

417 - Brilha no Viver   I.D.O./F.S.T./W.E.E.

1. Não somente pra fazer um feito singular
É mister agir com muito ardor,
Mas as coisas mais humildes por executar,
Deves fazê-las com fervor.

Brilha no meio do teu viver, (bis)
Pois talvez algum aflito possas socorrer;
Brilha no meio do teu viver.

2. Oh, talvez alguma vida possas alegrar
Com palavras doces, em amor;
Ou talvez algumas almas tristes alcançar
Com a mensagem do Senhor.

3. Por maior que seja teu esforço a exercer,
Por mais firme a tua devoção,
Em redor, oh, quantas almas vivem sem prazer!
Jazem na negra escuridão.

418 - Disposição de Trabalhar — M.A.S.

1. Bendito Senhor, nosso Rei Jesus,
Dirige-nos pelo teu grande amor,
Contempla-nos, dá-nos divina luz,
Protege-nos, dando-nos teu favor.

Oh, vem, sim, querido Senhor,
Ouvir-nos em nossa oração,
E dá-nos da tua presença o penhor,
E dá-nos também direção.

2. Nós vimos a ti, Redentor, pedir
Poder e coragem no labutar;
Jesus, em teus passos queremos ir,
Contigo queremos viver, lutar.

3. Pois grande é a vinha, Jesus Senhor,
Os frutos maduros caindo estão.
Oh, vem, pois, encher-nos de fé e amor,
A fim de colhê-los com prontidão.

4. Os rogos atende dos servos teus,
Que invocam teu nome com devoção,
Sustenta-nos, cheios do amor de Deus.
Concede-nos sempre maior visão.

419 - Mãos ao Trabalho — A.L.W.C./A.H.S.

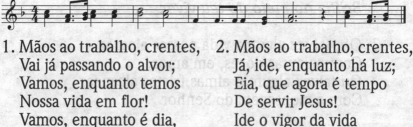

1. Mãos ao trabalho, crentes,
Vai já passando o alvor;
Vamos, enquanto temos
Nossa vida em flor!
Vamos, enquanto é dia,
Com força trabalhar;
Eia, que em vindo a noite,
Já não há lidar.

2. Mãos ao trabalho, crentes,
Já, ide, enquanto há luz;
Eia, que agora é tempo
De servir Jesus!
Ide o vigor da vida
Todos ao bem votar;
Eia, que em vindo a noite,
Já não há lidar!

3. Mãos ao trabalho, crentes,
Breve nos chega o fim;
Firmes, enquanto a morte
Não tocar clarim!
Vamos, irmãos, à obra,
Por Cristo trabalhar;
Eia, que em vindo a noite,
Vamos descansar.

420 - Servir Alegremente   F.J.C./S.L.G

1. Ao Mestre, alegremente,
Irmãos, deveis servir;
Ao Salvador bendito
Obedecer, seguir.
Os céus e a terra toda
Proclamam seu poder;
Milhões alegremente
Observam seu querer.

2. Ao Mestre, alegremente,
Hosanas entoai;
Ao Deus do mundo inteiro,
Prostrados, adorai;
Qual rocha inabalável,
O que ordenou nos é,
Eterno, indubitável,
O autor da nossa fé.

3. Ao Mestre, alegremente,
Na vossa vida honrai,
A fama dele ao mundo
Inteiro anunciai.
Domínio e majestade,
Com honra e com poder,
Um reino sempiterno
Jesus há de exercer.

*Ao Mestre, alegremente,
Irmãos, deveis servir;
Ao Salvador bendito
Obedecer, seguir.*

421 - Conversação Cristã   F.J.C./H.M.W.

1. Sabeis falar de tudo
Que neste mundo há,
Mas nem sequer palavra
De Deus, que tudo dá?!

2. Falamos do mau tempo,
Do frio e do calor;
Oh, bem melhor seria
Falar do Salvador!

Irmãos! irmãos! falemos
De nosso Salvador;
Oremos ou cantemos
E demos-Lhe louvor!

3. Falemos da bondade
Do grande Salvador,
De sua excelsa graça,
De seu imenso amor!

4. Da cruz também falemos,
Onde Ele nos quis dar
Seu sangue tão precioso,
E assim nos resgatar.

422 - Trabalho Cristão   F.J.C./M.A.M.

1. Vamos nós trabalhar, somos servos de Deus;
Com o Mestre seguir no caminho dos céus;
Com o seu bom conselho o vigor renovar,
E fazer prontamente o que Cristo mandar!

No labor, com fervor, a servir a Jesus,
Com esperança e fé e com oração,
Até que volte o Redentor.

2. Vamos nós trabalhar, os famintos fartar,
Para a fonte os sedentos depressa levar;
Só na cruz do Senhor nossa glória será,
Pois Jesus salvação pela graça nos dá!

3. Vamos nós trabalhar para Cristo, o Senhor;
Contra o reino das trevas será vencedor;

Ele, então para sempre exaltado será,
Pois real salvação pela graça nos dá!

4. Vamos nós trabalhar, ajudados por Deus,
   Que coroa real nos dará lá nos céus;
   Na mansão dos fiéis o descanso será,
   Pois Jesus salvação pela graça nos dá!

423 - Oh, Buscai!   H.M.W.

1. Oh, buscai, não as riquezas
   Deste mundo de incertezas,
   Que as do céu não dão tristezas!
   Oh, buscai-as, sim, buscai!

2. Oh, buscai, não as loucuras,
   Que só trazem amarguras,
   Mas venturas santas, puras.
   Oh, buscai-as, sim, buscai!

3. Oh, buscai Jesus primeiro!
   Salvação há no Cordeiro,
   Pleno gozo e verdadeiro;
   Oh, buscai-O, sim buscai!

4. Oh, buscai a santidade,
   A pureza e caridade!
   Imitai sua humildade;
   Imitai-a, imitai!

5. Como seus imitadores,
   Sede bons trabalhadores,
   E buscai os pecadores;
   Oh, buscai-os, sim, buscai!

6. Sim, buscai-os, pra salvá-los,
   Ide com amor ganhá-los,
   Pois Jesus mandou chamá-los;
   Oh, buscai-os, sim, buscai!

424 - Vamos à Colheita — A.W.

1. Ceifeiros somos nós fiéis,
   Segando para o Rei dos reis
   Os frutos prontos pra colher,
   Que em derredor se estão a ver.
   Assim, ao nosso Salvador
   Rendemos preito de louvor,
   Ao nosso Mestre, lá no céu,
   Que sobre a cruz por nós morreu.

   Vamos já obedecer
   Vamos à colheita,
   Para, quando anoitecer,
   Ver a obra feita.
   Pouco tempo ainda há,
   Breve o prazo acabará;
   Breve, breve, breve acabará.

2. Nós respigamos por Jesus,
   Que para os campos nos conduz.
   E, se os obreiros poucos são,
   Ociosos ficaremos? Não!
   Ainda há campos pra ceifar,
   Que muito fruto devem dar.
   Não ouves Cristo perguntar:
   "Quem quer por mim ir trabalhar?"

3. As horas vão passando já,
   O dia breve acabará,
   Conosco toma o teu lugar
   E por Jesus vem trabalhar!
   Por que ocioso esperas lá?
   A noite logo chegará.
   Tu queres fruto ao céu levar,
   Ou folhas só apresentar?

425 - Luz após Trevas   F.R.H./R.G.

1. Luz após trevas, glória após luz,
   Ganho após perda, trono após cruz,
   Paz após luta, fruto após flor,
   Riso após pranto, gozo após dor.

2. Crente após ímpio, justo após réu,
   Graça após ira, vista após véu,
   Sol após chuva, mel após sal,
   Lar após lida, bem após mal.

3. Perto após longe, Cristo após eu,
   Vida após tumba, terra ante o céu;
   Glória, paz, vida, fé, trono e luz,
   Tudo isso eu tenho, crendo em Jesus.

426 - Gratidão na Luta   L.G.C./S.L.G.

1. Com gratidão e com fervor
   Cantemos já ao bom Senhor,
   Pois seu poder nos libertou
   E seu amor nos revelou.

   Aceita-nos, Senhor, querido Salvador!
   Aqui presente sê, dirige a tua grei,
   E faze prosperar o nosso trabalhar:
   Fazer o mundo todo teu nome conhecer!

2. Vem conservar-nos em união,
   E encher-nos vem o coração
   Do teu amor tão singular,
   E em tua luz nos faze andar.

3. Pra bem lutar vem conceder
   O teu favor e teu poder;
   Ajuda-nos a prosseguir
   No bom querer de te servir.

427 - Conquistar o Mundo — Anônimo/S.L.G.

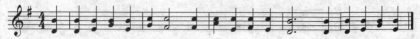

1. "O mundo vasto imenso,
   Pra Cristo conquistar" –
   Este é o grande lema
   Do nosso labutar.
   Humilde, desprezado,
   Por nós na cruz morreu;
   Glorificado reina,
   Na terra e lá no céu.

2. O mundo vasto, imenso:
   O povo do Brasil,
   Nações além dos mares,
   Famílias, tribos mil,
   Os povos da Europa,
   Da China, do Japão,
   A todos proclamemos
   De Cristo a salvação!

3. O mundo vasto, imenso:
   Seus lares, corações,
   Impérios, tronos, reinos,
   As grandes multidões
   Ao Salvador bendito
   Terão de se entregar,
   Pois no universo inteiro
   Jesus há de imperar!

   Sim, conquistar
   O mundo pra Cristo!
   O mundo, sim,
   Pra Cristo, o Salvador!

428 - Luz nas Trevas — J.S./R.E.N.

1. Avançai! avançai! Derramai santa luz
   Sobre os povos da terra que não têm Jesus!
   Ide, pois, diz o Mestre. De vós quem irá,
   Observando o preceito que Cristo nos dá?
   Confiai no Senhor; não tenhais mais temor!
   Avançai com Jesus, avançai!

2. Avançai! avançai! com a Bíblia na mão;
   Proclamai às nações que já há remissão!
   Encarai os perigos com fé em Jesus!

Se sofrermos aqui, reinaremos em luz;
Vinde, crentes, lutai; nos trabalhos entrai!
Avançai sem temor, avançai!

3. Avançai! avançai! a pregar aos milhões
Que perecem nas trevas e sem salvação!
Foi por eles também que Jesus padeceu,
Que na terra pobreza e insultos sofreu.
Proclamai redenção! Em Jesus há perdão!
Avançai com amor, avançai!

429 - Ceifando　　　　　　　　　　**K.S./S.L.G.**

1. Espalhemos todos a semente santa,
Desde a madrugada até o anoitecer,
Calmos, aguardando o tempo da colheita,
Quando alegremente havemos de colher.

Havemos de colher! havemos de colher!
Oh, quão jubilosos havemos de colher!
Havemos de colher! havemos de colher!
Messes abundantes havemos de trazer!

2. Semeemos quando seres perniciosos
A semente boa querem destruir;
Deus abençoando, alegres, satisfeitos,
A colheita santa havemos de fruir.

3. Eia, pois, obreiros, semeai, ousados,
A semente viva da verdade e luz,
Proclamando Cristo, seu poder e glória,
Salvação perfeita que alcançou na cruz!

430 - Em Cada Lugar
J.O.Jr./R.J.I.

1. Se já estás salvo por Cristo, o Senhor,
   Dize-o em cada lugar!
   E se Ele perdido, te achou, pecador,
   Dize-o em cada lugar!

   Irmão! irmão!
   Dize-o em cada lugar!
   Se tu os perdidos quiseres salvar,
   Dize-o em cada lugar!

2. Se Cristo expiou tua culpa na cruz,
   Dize-o em cada lugar!
   Se sabes que te ama e que ao céu te conduz,
   Dize-o em cada lugar!

3. Se queres servir a Jesus por amor,
   Dize-o em cada lugar!
   Se tens boas novas do teu Salvador,
   Dize-o em cada lugar!

4. Se tu és herdeiro com Cristo nos céus.
   Dize-as em cada lugar!
   Até a presença chegares de Deus,
   Dize-o em cada lugar!

431 - Acode em Tempo
E.S.U./S.L.G.

1. Acode em tempo! Depressa, ó irmão!
   Vale aos incautos na vil tentação!
   Eis como lutam, sem ter mais vigor!
   Oh, vem, vem livrá-los de sorte pior!

*Acode em tempo! acode em tempo!
Depressa vem socorrer!
Acode em tempo! acode em tempo!
Vem, vem, depressa valer!*

2. Acode em tempo! Não vês teu irmão
Agonizante na vil corrupção?
Nosso inimigo o procura laçar
E sua alma ansiosa, no mal arrojar.

3. Acode em tempo! Com dedicação
Leva a mensagem de Deus – salvação!
Por Cristo, o Mestre, sim, vamos lutar;
Vai passando o tempo, oh, vem ajudar!

4. Em breve o mundo terá de acabar,
E almas no abismo terão de tombar.
Acode em tempo! Sim, faze luzir
A luz salvadora do eterno porvir!

432 - Avante com Deus — S.L.G.

1. Ó crentes brasileiros,
Firmai-vos no Senhor.
O seu pendão erguendo,
Pendão do seu amor.
"A Pátria para Cristo!"
Bem alto apregoai,
E a graça do evangelho
Na vida proclamai.

2. Oh, quantos infelizes,
Sem Deus, sem salvação,
No abismo estão caindo
Da eterna perdição!
A salvação perfeita,
A vida, o gozo e a paz
Dá Cristo, nosso Mestre,
Pois a alma satisfaz.

3. Tremenda resistência
Havemos de sofrer;
Satã e suas hostes
Procuram nos deter.
Coragem, pois, ó crentes,
Jesus triunfará!
Nos lares brasileiros
Jesus dominará.

4. Ó crentes brasileiros,
O Mestre tem poder
De aos nossos conterrâneos
A vida conceder!
Na luta prossigamos
Com zelo e com ardor;
"A Pátria para Cristo!"
Avante com fervor!

433 - A Colheita Além   E.S.O./S.P.K.

1. Cai a semente no bom frescor,
   É semeada, sim, no calor,
   É semeada na viração,
   É semeada na escuridão.

   Coro:
   Oh, qual há de ser, além.
   A ceifa do mal ou bem?
   Sempre lançada com força ou langor,
   Com ousadia, com medo e tremor!
   Já, ou nos dias do certo porvir,
   Messe bendita e gloriosa tem de vir!

2. Sobre os rochedos irá murchar,
   Ou nas estradas se esperdiçar,
   Entre os espinhos vai se perder,
   Ou nas campinas há de crescer.

3. Há sementeira, pois, de amargor,
   Há de remorso e de negro horror,
   Há de vergonha e de confusão,
   Há de miséria e de perdição.

4. Vale-me tu, grande Semeador!
   Faz prosperar todo o meu labor;
   Quero servir-te, meu Rei Jesus,
   Quero contigo ceifar em luz.

434 - Onde os Obreiros   E.E.R./S.L.G.

1. Oh, onde os obreiros pra trabalhar
   Nos campos tão vastos a lourejar?!
   A causa requer prontidão, vigor.
   Oh, quem quer ceifar com desvelo e ardor?!

Onde os obreiros? Oh, quem quer ir
Nos campos tão vastos a escassez suprir?!
Quem quer decidir, hoje, a se entregar,
E os frutos benditos arrecadar?

2. O joio do mal a proliferar,
   O trigo do Mestre quer sufocar.
   Ceifeiros, avante, no campo entrai,
   O dia declina, ceifai, ceifai!

3. Eis portas abertas à pregação!
   Nações suspirando por salvação!
   Oh, onde os obreiros pra anunciar
   De Deus o perdão de um amor sem par?!

435 - Ainda Há Lugar — F.J.C./S.L.G.

1. Oh, convidai-os, pois há lugar
   No banquete celestial!
   Sim, ide ajuntá-los, e a casa enchei
   De famintos do pão real.

   Pelos caminhos, pelos valados,
   Oh, ide, sim, proclamar
   Que tudo, tudo já pronto está:
   Não há de faltar lugar!

2. Oh, convidai-os, pois há lugar!
   Para todos que queiram vir!
   Não sabem do amor eternal de Deus,
   Que com gozo nos quer ouvir.

3. Oh, convidai-os, pois há lugar!
   É mensagem de um Deus de amor!
   Deveis convidá-los, sem exceção,
   Ao banquete do Salvador!

436 - Dai-nos Luz   C.H.G./S.L.G.

1. Uma voz ressoa de geral clamor:
   Dai-nos luz! Dai-nos luz!
   Os milhões em trevas, cheios de pavor,
   Pedem luz, pedem luz!

   Dai-nos luz, a mui gloriosa luz
   De perdão, de paz e amor!
   Dai-nos luz, a tão preciosa luz
   De Jesus, o Salvador!

2. Ansiamos vida, paz, consolação;
   Dai-nos luz! Dai-nos luz!
   Se é por Cristo só que Deus nos dá perdão,
   Dai-nos luz! Dai-nos luz!

3. Sim, por toda parte deve reluzir
   Essa luz de Jesus,
   Que ilumina a estrada que hemos de seguir.
   Dai-nos! Dai-nos luz!

4. Eia, pois, ó crentes, todo o mundo enchei
   Dessa luz de Jesus!
   Aos milhões perdidos sem tardar valei
   Com a luz de Jesus!

437 - As Boas Novas   M.A.T./S.L.G.

1. Povo de Deus, cumpri o vosso encargo
   De proclamar do nosso Deus o amor!
   Pois Ele, compassivo, não deseja
   A perdição do pobre pecador!

   **As boas novas anunciai!
   Que Deus nos ama, contentes proclamai!**

2. Oh, contemplai milhares que perecem
   Presos nas garras do pecado e mal,
   Sem que haja quem, com pena, lhes indique
   Cristo Jesus, Libertador real!

3. Não consintais que fiquem desgarradas
   As almas pelas quais Jesus sofreu;
   Haja cuidado que ninguém se perca
   Por descuidarmos o mandado seu!

4. Disseminai entre as nações e tribos
   Que o nosso Deus é o Deus do eterno amor;
   Que Ele deixou as glórias infinitas
   Para salvar o mundo pecador!

5. Oh, consagrai os vossos bens e filhos
   Pra difundir de Cristo a santa luz!
   Com orações constantes, fervorosas,
   Auxiliai a causa de Jesus!

6. Ei-lo que vem! Mas antes dessa vinda
   Apregoai a graça e seu amor!
   Que estejam prontos todos os remidos
   Para aclamá-lo: Cristo! Redentor!

438 - Ouvindo de Jesus — M.A.S.

1. Disse Jesus: Ide por todo o mundo
E pregai o eterno dom
Da Salvação, que com amor profundo,
Dá o Deus gracioso e bom;
Tendo na cruz a afirmação do amor,
Proclamai o dom do Redentor.
Oh, conquistai
Almas perdidas, buscai
O pecador enfermo, quase moribundo!

Vamos, irmãos, levar
Essa luz ao mundo inteiro!
Vamos, irmãos, contar
Que esse dom é verdadeiro!
Vamos, irmãos, pregar
Mui confiados no Cordeiro
Que na cruz já fez
A nossa redenção!

2. Todos unidos neste grande intento,
Proclamemos salvação!
Sem recuar, sempre mostrando alento,
Sim, cumpramos a missão
Que o Salvador, Cristo Jesus, nos deu!
Ele está também no posto seu.
Diz-nos o Rei:
"Sempre convosco estarei".
Vamos irmãos, por Cristo neste pensamento!

3. Firmes, levemos a mensagem santa
Do evangelho de Jesus!
Esta mensagem divinal que encanta
E que o pecador conduz;
Cheia de bênçãos do glorioso Deus,
Que descobre os escolhidos seus;
Cheia de amor,
Traz-nos do céu o fragor
Da compaixão de Deus e dá-nos graça tanta!

439 - Oração pela Pátria — W.E.E.

1. Minha Pátria para Cristo!
   Eis a minha petição;
   Minha Pátria tão querida,
   Eu te dei meu coração;
   Lar prezado, lar formoso,
   É por ti o meu amor;
   Que o meu Deus de
               [excelsa graça
   Te dispense seu favor.

2. Quero, pois, com alegria,
   Ver feliz a mãe gentil,
   Por vencer o evangelho
   Nesta terra do Brasil.
   Brava gente brasileira,
   Longe vá temor servil;
   Ou ficar a Pátria salva,
   Ou morrer pelo Brasil.

Coro:
Salve Deus a minha Pátria,
Minha Pátria varonil!
Salve Deus a minha terra,
Esta terra do Brasil.

440 - A Pátria Feliz — S.L.G.

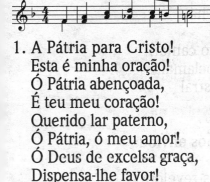

1. A Pátria para Cristo!
   Esta é minha oração!
   Ó Pátria abençoada,
   É teu meu coração!
   Querido lar paterno,
   Ó Pátria, ó meu amor!
   Ó Deus de excelsa graça,
   Dispensa-lhe favor!

2. Ó povo brasileiro,
   Oh, contemplai Jesus,
   O qual por vós foi morto
   Na ensangüentada cruz!
   A pena do pecado
   Com grande amor sofreu;
   Seu sangue tão precioso
   Ali por vós verteu!

3. A Pátria para Cristo!
   Oh, seja assim, meu Deus,
   Que todo brasileiro
   Ouça os apelos teus!
   E quando nós ouvirmos
   A tua voz de além,
   Que todo brasileiro
   Atenda e goze o bem!

441 - Graça e Salvação   E.E.H./R.P.

1. Ide a mensagem ao mundo levar:
   Salvação do Senhor!
   Cristo Jesus aos perdidos quer dar
   Graça e salvação!
   Vede os aflitos nas trevas do mal!
   Eis, como aspiram a paz divinal!
   Ide levar-lhes o gozo eternal:
   Graça e salvação!

   Deste convite de perdão
   Por todo o mundo a mensagem levai!
   Este convite de perdão,
   Antes da vinda do Mestre, pregai!

2. Forte é o braço daquele que dá
   Salvação do Senhor.
   Sua palavra declara que há
   Graça e salvação!
   Vós, ó remidos, bem alto cantai!
   Ide, aos aflitos a paz proclamai!
   Ide por todo lugar e mostrai
   Graça e salvação.

3. Deus a mensagem por nós enviou:
   Salvação do Senhor.
   São profundezas que nos revelou:
   Graça e salvação!
   Nós que sabemos da graça e do amor,
   Vamos levá-los ao vil pecador!
   Todos cantemos em alto louvor:
   Graça e salvação.

442 - O Missionário   R.H./G.L.S.F.

1. Desde um a outro pólo,
   Da China ao Panamá,
   E do africano solo
   Até ao Canadá,
   Por mui longínquas terras,
   Nós vamos sem pavor,
   Por vales e por serras,
   Pregando o Salvador.

2. De Deus as maravilhas,
   Que vemos ao passar
   Por terras e por ilhas,
   E pelo argênteo mar,
   São tantas, são imensas!
   Mas, cegos, os pagãos,
   Professam falsas crenças,
   Adoram deuses vãos.

3. Mas nós, que conhecemos
   A forte luz da fé,
   Nas trevas deixaremos
   Aquele que não crê?
   Sem mais demora vamos
   Falar-lhe do perdão
   Que por Jesus gozamos:
   A eterna salvação.

4. Seu nome proclamando
   A toda geração,
   Iremos exaltando
   De Cristo a salvação;
   Que a alma decidida
   Ao lado de Jesus
   Terá a eterna vida,
   Que promanou da cruz

443 - Eis os Milhões — J.M./H.M.W.

1. Eis o milhões, que, em trevas tão medonhas,
   Jazem perdidos, sem o Salvador!
   Quem lhes irá as novas proclamando,
   Que Deus, em Cristo, salva o pecador?

   "Todo o poder o Pai me deu,
   Na terra, bem assim no céu!
   Ide, pois, anunciar o evangelho,
   E sempre Eu estou convosco!"

2. Portas abertas, eis por todo o mundo!
   Servos, erguei-vos, eia avante andai!
   Crentes em Cristo, uni as vossas forças,
   Da escravidão os povos libertai!

3. "Oh! vinde a mim", a voz divina clama,
   "Vinde!", clamai em nome de Jesus!
   Que, pra salvar-nos do castigo eterno,
   Seu sangue derramou por nós na cruz.

4. Ó Deus, apressa o dia tão glorioso,
   Em que os remidos todos se unirão
   Num coro excelso, santo jubiloso;
   Pra todo o sempre glória a ti darão!

444 - Brasil — A.H.S.

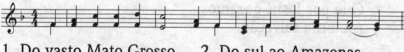

1. Do vasto Mato Grosso
   À costa Ceará,
   Por vilas e cidades,
   Do Sul ao Grão-Pará,
   Desse evangelho santo,
   Que nos legou Jesus,
   Ao povo brasileiro
   Levemos nós a luz!

2. Do sul ao Amazonas,
   Do centro até ao mar,
   A doce nova corre
   Do amor que não tem par.
   E muitos foram salvos
   Da morte e perdição,
   Pois, crendo, agora, em Cristo,
   Já têm a salvação.

3. Mas muitos infelizes
Que devem ser cristãos,
Adoram deuses feitos
Por suas próprias mãos.
De tão fatal pecado,
A idolatria vil,
Unidos no evangelho,
Salvemos o Brasil!

445 - Deves Divulgar — S.L.G.

1. Oh, que bela e doce história
Do bom Pai celestial,
Que nos vendo extraviados,
Em perigo sem igual,
Enviou seu Filho amado
Pra todos nós salvar!
Tão bela história, crente,
Tu deves divulgar!

Sim, tu, irmão, tens que contar
A história de Jesus;
Seus feitos e palavras
Tu deves divulgar!

2. Esta bela história é sempre
Poderosa pra salvar,
Transformando e abençoando
Quem a Cristo quer chegar.
Mas há muitos infelizes
Sem compreender a luz;
A eles vai e conta
A história de Jesus!

3. Oh, não digas que não podes
Essa história anunciar!
Faze tudo ao teu alcance
Para Cristo sempre honrar!
Vamos, crentes, proclamando
Jesus, o Salvador,
A bela e doce história
De Deus e seu amor!

446 - Avançai! — E.W.B./S.L.G.

1. Confiando no Senhor, avançai, avançai!
   Esperando em seu amor, avançai!
   A Jesus sempre exaltai,
   Seu poder anunciai,
   Sua graça proclamai, avançai!

2. Se vos chama a trabalhar, avançai, avançai!
   Ide as novas proclamar, avançai!
   Com sincera fé e amor,
   Combatendo com fervor,
   E, seguindo ao Salvador, avançai!

3. Cristo avisa que virá, avançai, avançai!
   E o seu povo guiará; avançai!
   Ele almeja vos levar
   Para o céu, o eterno lar,
   Onde haveis de descansar, avançai!

447 - Nunca Ouvir de Cristo — F.A.B./R.P.

1. Não te importa se algum dos amigos morrer
   Sem ter conhecimento de Cristo?
   Deixas que no juízo ele venha a dizer:
   "A mim nunca falaram de Cristo"?

"Não me falaram de Cristo! (bis)
Tantos vi que salvou,
Mas ninguém se importou
De falar-me da graça de Cristo?"

2. Não te importa que as almas preciosas a Deus,
Oh, não sejam levadas a Cristo?!
Pois dirão quando Cristo vier outra vez:
"A nós nunca falaram de Cristo!"

3. Não te importa se entrares sem jóias no céu
Por não teres trazido alma a Cristo?
Oh, não venhas tu ser acusado de réu
Por não teres falado de Cristo!

4. Não te cales jamais; pede a Deus graça, irmão,
Para dar testemunho de Cristo;
Pra ninguém no juízo exclamar com razão:
"A mim nunca falaram de Cristo!"

448 - Ide   F.J.C./W.E.E.

1. Cristo, divino Rei, para os perdidos
Lauto banquete mandou preparar;
Ide, pois, servos seus, ide apressados,
Os convidados fazei, pois, entrar.

Ide, pois, servos seus, ide apressados!
Cristo os famintos quer hoje fartar.

2. Se eles recusam vir, oh, com paciência
Novos convites a eles levai!
Sede animosos, sim, ainda que zombem,
Vosso convite de amor renovai!

3. Cristo vos manda ir pelas estradas,
Mancos e cegos a ceia trazer;
Ide, pois, servos seus, ide apressados!
Cristo nas bodas a todos quer ver.

449 - Ousados Proclamai   S.W.B./S.L.G.

1. Ousados, com firmeza,
   Ó crentes, proclamai
   As novas salvadoras
   Do amor do eterno Pai,
   Que, pra salvar rebeldes,
   Seu Filho ofereceu,
   O qual sofreu a morte
   Pra resgatar o réu.

   Ó crentes, proclamai a salvação!
   O mundo libertai da escravidão!
   Crentes, proclamai de Jesus a cruz;
   A graça, amor e seu perdão,
   Ó crentes, sem cessar apregoai!
   O seu amor sem par anunciai;
   Com zelo e com ardor, até raiar o alvor;
   Por Cristo e o reino seu lutai!

2. Oh, nada de desculpas,
   Obreiros de Jesus!
   Eis, o inimigo afoito
   Quer derrubar a cruz;
   Jesus, porém, garante
   Vencê-lo e ao seu poder,
   Se firmes persistirmos
   Na senda do dever.

3. À luta, pois, ó crentes,
   Por Cristo Redentor,
   Seu estandarte erguendo,
   Do eterno, imenso amor;
   As trevas combatendo,
   O vício, a corrupção,
   Pregando as Boas Novas
   De luz e salvação.

450 - Igreja, Alerta — F.J.C./A.J.R.S.

1. É tempo, é tempo, o Mestre está chamando já!
   Marchar! Marchar! confiando em seu amor!
   Partir! partir! a salvação a proclamar,
   Com a palavra santa do bom Salvador!

   Sim, marchar avante!
   Todos seguindo a divinal bandeira!
   Sim, marchar avante!
   Unidos, firmes sempre no avançar!
   Glória, glória, eis que canta a multidão!
   Consagrai-lhe todo o vosso coração
   Pra Jesus obedecer!
   E ao cumprir o seu querer
   Entoai louvores altos! Avançai!

2. "Queremos luz" – é o grito das nações pagãs,
   Que vem atravessando imenso mar.
   Ir já, sim, já, levando as novas com amor,
   Sem esquecer também aqui de semear.

3. Desperta, igreja! o teu poder vem exercer;
   A todos faze Cristo conhecer;
   A tua mão estende com paciente amor,
   Da morte eterna esforça-te para os deter.

4. Igreja, alerta! o dia prometido vem,
   Quando aclamado o Salvador será;
   Por toda parte o bem amado Redentor
   Eterna glória, honra com louvor terá.

451 - Os Que Confiam
J.M./W.E.E.

1. Ceifeiros da seara santa
   Sois poucos, débeis sois;
   Porém, é forte vosso Mestre;
   Avante! avante, pois!

   Os que confiam no Senhor
   Obterão vigor,
   Forças novas hão de ter,
   Subirão até as alturas,
   Andarão alegres sempre,
   Correrão sem se cansar! (bis)
   Correrão e sem fadiga,
   Como águias voarão.

2. Cansados, tristes, sem alento,
   Deixai de lamentar;
   Por vós está Jesus, o Mestre;
   Por que desanimar?

3. Jesus está conosco sempre
   Na luta contra o mal;
   Coragem, pois, irmãos, avante
   Na obra sem igual!

452 - Decisão
F.R.H./H.M.W.

1. Quem está ao lado do bom Salvador,
   Pronto a dedicar-se, agora, ao seu Senhor?
   Tudo abandonando, pra Jesus seguir,
   Encarando tudo quanto possa vir?

   Quem de Cristo ao lado sempre quer andar?
   Quem quer ajudá-lo outros a chamar?
   Pela tua graça pelo teu amor,
   Eis-nos a teu lado, somos teus, Senhor.

2. Não ambicionando glórias ou poder,
   Nos erguemos firmes para combater;
   Quem o amor de Cristo logra conhecer,
   Há de constrangido do seu lado ser!

3. Não com ouro ou prata, ó Jesus, Senhor,
   Fomos redimidos, mas por teu amor;
   Foi com teu precioso sangue remidor
   Que nos resgataste; somos teus, Senhor!

4. A peleja dura sempre tem de ser;
   Inimigos fortes hemos nós de ter;
   Mas onipotente é Cristo, o Rei dos reis.
   A vitória é certa para os seus fiéis.

453 - À Peleja   W.E.E.

1. Sois vós, irmãos, campeões da cruz?
   Para a campanha vos alistai;
   Ide, briosos, levar a luz;
   Cheios de ardor pelejai!

   Oh, com valor, irmãos,
   Como leais cristãos,
   Pelo Mestre combatendo,
   Na peleja entrai!

2. Quantos procuram vencer o bem
   Com sementeiras de joio vil!
   São inimigos que com desdém
   Movem-nos guerra sutil!

3. Bem preparados, oh, resisti
   Com a Palavra de Deus na mão;
   Pra combater contra o mal, segui
   Sempre o fiel Capitão!

454 - Vitória nas Lutas — M.A.S.

1. Temos por lutas passado,
   Umas temíveis, cruéis;
   Mas o Senhor tem livrado
   Delas seus servos fiéis.
   Força e poder nos tem dado;
   Ele nos tem sustentado,
   Dando-nos sua mão,
   Vida de paz, perdão,
   Salvação!

2. Sim, Deus nos tem prometido
   Uma vitória cabal;
   Não se tem Ele esquecido
   Que na palavra real
   Ele nos tem protegido.
   Tudo nos tem garantido,
   Graça e favor sem par,
   Sim, todo o bem-estar
   Quer nos dar!

Sim, Deus é por nós!
Quem nos vencerá?
Dar-nos-á poder real;
Deus nos guardará.
Defender-nos-á,
Livrará do mal;
Vamos, irmãos, cantar!
Nosso Senhor louvar,
Exaltar!

455 - Heróis — F.J.C./H.M.W.

1. Erguei-vos, cristãos! O clarim já soou;
   À guerra vos chama quem vos libertou.
   Os lombos cingidos, nas armas pegai;
   À sombra da cruz, corajosos, lutai!

   Oh, sede heróis! (bis)
   Sim, sede heróis,
   E por Cristo lutai!

2. Das hostes do mal não tenhais mais temor;
   Com zelo segui vosso bom Salvador!

Na santa peleja, formados entrai;
À sombra da cruz, corajosos, lutai!

3. As forças do mal ide já enfrentar;
Das suas prisões os cativos livrar!
Valentes, a vossa firmeza mostrai;
À sombra da cruz, corajosos, lutai!

456 - O Estandarte — R.E.N.

1. O estandarte desta igreja
Levantemos sem temor!
Ela é a muito amada esposa
Do bendito Salvador.
É Jesus o comandante
Verdadeiro, que a conduz.
Somos nós os seus soldados,
Nesta igreja de Jesus.

Resolutos, avançai,
Trabalhando por Jesus!
O estandarte levantai,
Espalhando a sua luz!

2. Ó igreja, dediquemos
Nossos corpos ao Senhor!
Não devemos ser escravos
Do sagaz enganador.
As riquezas são-nos dadas
Pela terna mão real.
E o Senhor do céu observa
Se fazemos bem ou mal.

3. Graça e glória a ti pertencem,
Ó esposa do Senhor!
Sê então um instrumento
De salvar o pecador;
Pois até os fins do mundo
Cristo mesmo reinará,
E o domínio do evangelho
Toda a terra abrangerá.

457 - Confiança em Deus   E.A.W./S.L.G.

1. Confia sempre, ó crente,
   Na luta por Jesus,
   Em Deus, pois que à vitória,
   Com glória nos conduz.

2. No meio dos perigos,
   Sofrendo tentações,
   Confia em Deus, que sempre
   Vê tuas aflições.

3. Jesus é poderoso,
   Amigo sem igual;
   Confia nele, ó crente,
   Até o dia final.

   Confia em Deus,
   Na luta por Jesus;
   Confia em Deus,
   Que sempre nos conduz.

458 - Cristo Vos Conduz   S.B.G./J.G.R.

1. Eia, ó soldados, crentes em Jesus!
   Ide, avante! À guerra Cristo vos conduz.
   Eis que à vossa frente vai o General!
   Ide, pois, avante contra todo o mal.
   Prontos, ó soldados, crentes em Jesus!
   Eis que à vossa frente Cristo vos conduz.

2. Tendo os pés calçados de divina paz,
   Ponde a veste santa, única e eficaz,
   E cingi os lombos de verdade e luz,
   Protegendo o peito pela fé na cruz.
   Prontos, ó soldados crentes em Jesus!
   Contra as potestades Cristo vos conduz.

3. Contra vós pelejam hostes infernais,
   Mas, em vendo a Cristo, não resistem mais
   De Jesus ao nome, que lhes dá pavor.
   Ide avante, ó crentes, não tenhais temor.
   Juntos, ó soldados, crentes, em Jesus!
   Sede sempre unidos! Cristo vos conduz.

4. Deste mundo os reinos caem como a flor,
   Mas de Cristo a Igreja dura em esplendor.
   Ondas ímpias nunca prevalecerão
   Contra a Rocha viva, base de Sião.
   Fortes, pois, soldados, crentes em Jesus!
   Para a pátria eterna Cristo vos conduz.

5. Ide avante, ó crentes! Nesta vocação
   Pelejai ousados, sempre em oração.
   Declarai ao mundo: "Crê e deixa o mal,
   Quem deseja a glória, siga o General".
   Sede, pois, soldados, crentes em Jesus!
   Quem deseja a glória tome a sua cruz.

459 - Companheiras P.C.F.

1. Sempre unidas, companheiras,
   Declaremos por Jesus
   Guerra santa contra as trevas,
   Zelo puro pela luz.

2. Somos fracas, bem sabemos,
   Mas havemos de vencer,
   Se tivermos confiança
   E cumprirmos o dever.

3. Sempre firmes na esperança
   E na fé do Salvador,
   Imploremos sua graça,
   Pra vivermos em amor.

Vamos, todas, vamos todas,
Sempre unidas pelo amor,
Como esposas, mães ou filhas,
A servir ao Salvador.

460 - Vitória — S.B.G./H.M.W.

1. Eia, avante, crentes, já na guerra entrai;
   Lombos bem cingidos, fortes pelejai!
   A Jesus seguindo, pela cruz lutai,
   E seu estandarte hoje desfraldai!

   Eia avante, crentes, caminhai na luz;
   A vitória é certa, ganha por Jesus.

2. Grande e forte sempre vos será Jesus;
   Nunca foi vencida sua santa cruz,
   E, seguindo a Ele, tudo vencereis,
   Mais que vencedores todos vós sereis!

3. Reis e potestades desfalecerão;
   Reinos deste mundo cedo passarão;
   Sempre triunfante Cristo marchará;
   Seu bendito reino nunca findará!

461 - Fujamos da Tentação — H.R.P./M.A.M.

1. Sempre combatamos toda tentação,
   Pois infelicita nosso coração;
   Sempre dominemos toda vil paixão,
   A Jesus seguindo sempre em união.

   Em Jesus procuremos
   Força, auxílio e graça;
   Ele está nos ouvindo,
   Ele no-los quer dar.

2. Das más companhias não queirais saber,
   A Jesus não ouvem, querem vos perder.
   Sede fervorosos, com bom coração,
   A Jesus seguindo sempre em união.

3. Cristo galardoa só a quem vencer;
Ide, pois, avante, nada há que temer.
Oh, volvei pra Cristo vossa atenção,
A Jesus seguindo sempre em união.

462 - Unidos L.F.L./Anônimo/S.L.G.

1. Irmãos fiéis, uni-vos já
Pra trabalhar por nosso Deus,
E combater com todo o ardor,
O rei do mal e os servos seus!

Unidos vamos já, pois Deus conosco está
Em combater o mal! Vitória nos dará!
Firmados no Senhor, lutemos com ardor,
Seguindo sempre a Cristo, o forte Redentor.

2. Vitória, pois, com Cristo, o Rei,
Os seus fiéis alcançarão;
Em seu poder, os guiará!
Avante, pois, em união!

3. Ó Salvador, teu reino aqui
Ajuda-nos a promover!
Dá-nos fervor e inspiração
Pra executar o teu querer!

463 - Triunfo H.M.W.

Eu triunfarei pelo sangue de Jesus;
Sim, triunfarei pela sua cruz.

464 - Sempre Fiéis
H.M.W.

1. Sempre fiéis, sim, a ti nós seremos,
   Por tua graça, por teu grande amor!
   Sempre fiéis, sim, por ti lutaremos,
   Sob teu pendão, ó Jesus Salvador!

   Sempre fiéis, irmãos! Irmãos, sejamos
   Sempre fiéis a Cristo Jesus!
   Ele por nós prosseguiu 'té a morte
   E libertou-nos, morrendo na cruz!

2. Por ti viver, ó bendito Cordeiro,
   Quem não deseja, se te conhecer?
   Quem que se diga cristão verdadeiro
   Não se disponha por ti a sofrer?

3. Mas Salvador, se imperfeitos nós somos,
   Como podemos deixar de cair,
   Se por ti mesmo guardados não formos?
   Quem 'té a morte te pode seguir?

   Sempre fiéis!
   Sim, mesmo até a morte!
   Sempre fiéis!
   Tomemos a cruz!
   Eis a divisa que a nós nos pertence
   Os libertados por Cristo Jesus!

465 - Igual a Daniel
P.P.B./S.P.K.

1. Meu irmão, procura ser
   Igual a Daniel!
   Resoluto em combater
   O usurpador cruel!

2. Em coragem singular,
   Leal sê tu ao Rei!
   Sempre ousado em proclamar
   Jesus e sua lei!

3. Fortalece o coração;
   E deixa a timidez!
   Muitos males cairão
   Perante a intrepidez!

   Faze como Daniel!
   Serve o eterno Deus;
   Entre os infiéis, fiel,
   Marcha para os céus!

466 - Lutai por Cristo   G.D.Jr./W.E.E.

1. Lutai, irmãos, por Cristo –
   Soldados, sois da luz;
   Alçai seu estandarte,
   Lidai por sua cruz!
   Vencei os inimigos,
   As hostes derrotai;
   Oh, sede destemidos,
   À frente Cristo vai!

2. Estai bem preparados,
   Ao toque do clarim;
   Segui de perto a Cristo
   Até da luta o fim!
   As armas empunhando,
   Cobertos de valor,
   Dispostos, bem ousados,
   Marchai, pois, sem, temor!

3. Oh, confiai em Cristo,
   Na sua proteção,
   Pois, confiando em outro,
   Só lutareis em vão!
   Da santa vestidura
   De Deus vos revesti;
   Na brecha, no perigo,
   Firmai-vos, resisti!

4. A luta já travada
   Em pouco findará,
   E o grito da vitória
   Bem cedo soará;
   Então a recompensa
   Terá o vencedor,
   Daquele Rei da glória,
   Do forte Redentor.

CORO:
Marchai, ó crentes,
Soldados de Jesus!
Alçai seu estandarte,
Unidos, lutai por sua cruz!

467 - Avante com Alegria — H.M.W.

Eia, avante, sempre alegres,
Vai conosco o Salvador;
Ele nunca deixará,
Nunca desamparará,
Quem confia no seu grande amor!

468 - Testemunhos — R.H.M.

1. Eia, crentes destemidos!
Da verdade convencidos,
Para a luta apercebidos,
No combate entrai!
Eis que surgem, aleivosos,
Erros grandes, perniciosos;
Nestes tempos perigosos,
Vossa fé mostrai!
O dever vos chama,
Vosso Deus proclama
A santa lei do Cristo Rei,
Que vosso ardor reclama.
Confessai, pois, resolutos,
Fervorosos, incorruptos,
E com lábios impolutos:
Deus, verdade e fé!

2. Vós, por Cristo libertados,
Não sejais escravizados!
Os direitos alcançados
Firmes conservai!
Salvação por homens dada,
Paz fingida, paz comprada,
Lei de Deus falsificada,
Tudo rejeitai!

Lei de Deus não muda.
O Senhor ajuda
Ao que a cumprir sem desistir,
E seu preceito estuda.
Avançai, pois, exultando,
Sempre em Cristo confiando,
Vosso testemunho dando:
Deus, verdade e fé!

469 - Corajosos   D.W.W./H.M.W.

1. Um pendão real vos entregou o Rei,
A vós, soldados seus;
Corajosos, pois, de tudo o defendei,
Marchando para os céus.

Com valor, sem temor,
Por Cristo prontos a sofrer.
Bem alto erguei o seu pendão,
Firmes sempre até morrer!

2. Eis formados já malignos batalhões,
Do grande usurpador!
Revelai-vos hoje bravos campeões;
Avante sem temor!

3. Oh, sejamos todos a Jesus leais,
E a seu real pendão!
Os que na batalha sempre são fiéis
Com Ele reinarão.

470 - O Combate
C.S.K./S.L.G.

1. Cristo vos chama, crentes fiéis,
   Pra obedecerdes às suas leis;
   Firmes na causa, sim, combater,
   Sempre cumprindo vosso dever.

   Eia avante, dando combate ao pecado,
   Atendendo ao mando do bom Salvador!
   Firmes, crentes, sempre fiéis bem unidos;
   A vitória é do bom Redentor!

2. Cristo vos chama; dai-lhe atenção!
   Vinde dispostos, em união;
   Vossa armadura logo tomai;
   Por sua causa sempre lutai!

3. Logo o conflito terminará;
   Cristo, com glória, cedo virá;
   Crentes, lutai, pois, com santo ardor
   Por Cristo, o Mestre, Rei vencedor!

471 - Vitorioso
F.J.C./S.L.G.

1. Sempre vencendo, mui valoroso,
   Cristo Jesus, o Senhor!
   Chefe bendito, Chefe glorioso,
   Em tudo Ele é vencedor.
   Ei-lo supremo, guiando
   Com seu poder e valor!
   Todos unidos, avante,
   Todos seguindo o Senhor!

   Não é dos fortes a vitória,
   Nem dos que correm melhor!
   Mas dos fiéis e sinceros,
   Como nos diz o Senhor!

2. Sempre vencendo, mui valoroso,
Cristo Jesus, o Senhor!
Eis suas hostes inumeráveis,
Vindo com muito valor!
Cristo, que é nosso Monarca,
E tem a glória do Pai,
Sempre nos ama e nos guarda,
Sempre conosco Ele vai!

3. Sempre vencendo, mui valoroso,
Cristo Jesus, o Senhor!
Reis e monarcas, príncipes fortes
Buscam também seu favor.
E humildemente lhe peço
Que me permita lutar
Só ao seu lado, invencível,
'Té minha vida findar!

472 - Frente Ousada
P.P.B./J.C.R.

1. Eia, às armas, camaradas!
Presto já formai!
Destras firmes nas espadas,
Sem temor marchai!

2. O combate já ferido
Com furor, sem dó!
Tropas, tudo jaz sumido
Em bulcões de pó.

CORO:
Frente ousada aos inimigos;
É por nós Jesus!
Quer livrar-nos dos perigos
Quem morreu na cruz.

3. Contra nós a lança, irado,
Satanás brandiu,
Um dos nossos, alcançado,
Vacilou, caiu!

4. Não ouvis no céu brilhante
Toques de clarim?
Vem Jesus, vem triunfante!
Venceremos, sim!

473 - Firmes na Fé   D.J.F.

1. Campeões da peleja sagrada,
   O clarim chama à luta os fiéis!
   Vamos nós, nessa arena bendita,
   Conquistar os celestes lauréis!

2. Sim, a luta do bem é suprema,
   Quando, sob o comando de Deus,
   A vitória é completa e segura,
   Porque temos a ajuda dos céus.

3. Se o labor desta causa altaneira,
   Tem espinhos que podem ferir,
   É nos céus compensado mil vezes
   Pela paz do celeste porvir.

4. E, se o mundo atear os seus ódios
   Contra nós, com maldoso desdém,
   Não importa, isso nunca enfraquece
   Os heróis da conquista do bem.

Coro:
Vamos já, com Jesus,
Arvorando o glorioso pendão!
Contra as trevas lutemos com Deus,
Sempre juntos do bom Capitão!

474 - Eia, ao Combate   L.N.M./S.L.G.

1. Eia, ao combate! Em vibrações constantes, já
   Vos chama o toque do clarim a ir!
   Na grande luta, Cristo triunfante, sim,
   Terá de contra o rei do mal sair.

Eia, ao combate, vós, ó crentes;
Os inimigos destroçar!
Em cada dia, o que confia
Ao lado de Jesus lutar!

Eia, ao combate, firmes fortes
E corajosos, avançar!
O Onipotente é suficiente
Para à vitória nos guiar!

2. Eia, avançar! Unidos todos em Jesus
Triunfaremos; Deus conosco está!
E com as armas preparadas pelo Rei,
Na liça combatamos por Jeová!

3. Eia, avançar! Pois Cristo as trevas vai vencer;
Não tardará a vir aniquilar
As hostes do maligno e todo o seu poder,
E, com seu povo, em paz irá reinar!

475 - Lutar　　　　　　　　　　　　**W.F.S./S.L.G.**

1. Vamos batalhar, juntos pelejar,
Todos guerrear, vamos já!
O inimigo que com as hostes vem
Tão feroz e mau, quem vencerá?

Vamos, crentes, vamos já avante,
Firmes sempre contra Satanás!
Jesus Cristo é nosso Comandante,
Vai conosco o General capaz.

2. Vamos avançar, sem temor alçar
E fazer brilhar nossa luz!
Trevas vão fugir, glórias hão de vir,
Venham todos proclamar Jesus!

3. Ó glorioso Pai, o fiel não cai,
Sempre avante vai, vencedor!
Quando o fim chegar desse batalhar,
Vem nos coroar, por teu amor!

476 - Brilho Celeste
H.T.Z./B.R.D.

1. Peregrinando vou pelos montes
   E pelos vales, sempre na luz!
   Cristo promete nunca deixar-me;
   "Eis-me convosco", disse Jesus.

   Brilho celeste! Brilho celeste!
   Enche a minha alma, a glória de Deus!
   Com aleluias sigo cantando,
   Canto louvores, indo pra os céus!

2. Sombras à roda, nuvens em cima
   O Salvador não hão de ocultar;
   Ele é a luz que nunca se apaga,
   Junto a seu lado sempre hei de andar.

3. Vão me guiando raios benditos,
   Que me conduzem para a mansão;
   Mais e mais perto, o Mestre seguindo,
   Canto os louvores da salvação.

477 - Como Andar
R.H.

1. Peregrinos, quais estrangeiros,
   Nós seguimos pelo mundo a viajar;
   Aqui há trevas e iniqüidade,
   Aqui há lutas contra a maldade;
   Peregrinos, quais estrangeiros,
   Nós seguimos pelo mundo a viajar.

2. Do adversário aqui é o reino.
   É com ele que nós temos de lutar.
   Astucioso, é também malvado,

E nos incita para o pecado.
Quais bons servos, quais bons soldados,
Nosso Rei nos manda sempre pelejar.

3. E na pátria, para onde vamos,
Nem ciladas nem contendas haverá:
Só alegria, só caridade
E só descanso na santidade.
Animosos e esperançosos,
Nós seguimos pelo mundo a transitar.

4. Quão glorioso o lugar ditoso,
Onde vamos nós estar com Cristo, o Rei,
Pra seu semblante na luz fitarmos
E da presença de Deus gozarmos!
Cidadãos, pois, daquela pátria,
Nós seguimos pelo mundo a caminhar.

478 - O Peregrino — A.B.C.

1. Eu sou um peregrino,
Da estrada pouco sei;
E dizem que perigos
Eu sempre encontrarei,
Apertos e trabalhos,
Penosos para mim;
Mas quero andar com Cristo
Até da vida o fim.

2. Os gozos e tristezas
Que posso aqui provar,
Ao meu querido Mestre
Eu logo vou contar.
Jesus dará conforto,
E cuidará de mim.
Se nele vou confiado
Até da vida o fim.

3. Com Ele, nunca os males
Me poderão vencer;
Com Ele, nem perigos
Precisarei temer;
E mesmo quando a noite
Eu enfrentar, no fim,
Além da morte, a glória
Encontrai, enfim.

479 - Vou à Pátria   J.G.R.

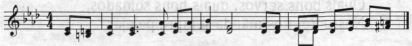

1. Vou à pátria, eu, peregrino,
   A viver eternamente com Jesus,
   Que me marcava feliz destino
   No dia quando por mim morreu na cruz.

   Vou à pátria, eu, peregrino,
   A viver eternamente com Jesus. (bis)

2. Dor e pena, tristeza e morte
   Nunca mais conseguirão ferir-me, lá,
   Pois Jesus Cristo será meu norte,
   E ao Deus bendito minha alma louvará.

3. Terra santa, formosa e pura,
   Salvo por Jesus, eu cantarei em ti;
   Felicidade, paz e doçura,
   Terei na glória! Ah! quando irei daqui?

480 - Favor   J.C.S./S.L.G.

1. Deus de paz, aos
       [peregrinos
   Ouve com benigno amor,
   E protege os pequeninos,
   Dando-lhes favor

2. Jesus Cristo, luz divina,
   Bênçãos dá ao pecador;
   Traze-o à fonte cristalina,
   Dá-lhe teu favor.

3. Verbo eterno, Deus
       [bondoso,
   Ao cansado viajor
   Manifesta-te amoroso,
   Dando-lhe favor.

4. Rei divino, Rei amado,
   Sê o nosso protetor;
   Guarda-nos do vil pecado;
   Dá-nos teu favor.

481 - Ao Lar Celestial
E.P.S./J.H.N.

1. À pátria abençoada vou,
Ansioso peregrino sou,
Em busca do feliz lugar
No qual eu hei de descansar.

2. Comigo vai o meu Senhor,
Do mal me guarda com amor,
De paz inunda o coração,
E dá-me eterna salvação.

3. Na vastidão celestial
Ressoa o canto angelical
Da triunfante multidão
Feliz por sua redenção.

*Oh! bela terra de esplendor,
Querida herança do Senhor;
Olhando, vejo, além do mar,
Que breve eu hei
[de atravessar,
A praia áurea, perenal,
Do lindo lar celestial.*

482 - Guia, ó Deus
W.W./R.H.

1. Guia, ó Deus, a minha sorte
Nesta peregrinação;
Frágil sou, mas tu és forte,
Não me largue a tua mão!

2. Nesta terra de inimigos
Ando às vezes com pavor;
Pelo meio dos perigos
Guia-me meu Salvador.

3. Nutre com maná celeste
Meu faminto coração;
O meu ser de paz reveste,
Livra-me da tentação.

4. Fonte cristalina abriste,
De onde as vivas águas vêm;
Nesta luta amarga e triste
Faz-me aproveitá-las bem.

5. E, chegando ao fim da estrada,
O Jordão hei de passar,
E acharei no céu morada,
Que Jesus foi preparar.

483 - Pátria Celestial   J.B.

1. Pátria minha, por ti suspiro;
   Quando no teu bom descanso chegarei?
   Os patriarcas, de Deus amigos,
   E os bons profetas, fiéis, antigos,
   Já entraram na tua glória,
   Contemplando, em esplendor, o grande Rei.

2. Os remidos, tão perseguidos,
   Pelo sangue já venceram o Dragão;
   Por Jesus Cristo são vencedores,
   E agora cantam os seus louvores
   Pátria santa, desejo ver-te,
   Ver com Cristo a redimida multidão.

3. Lá, o rio das águas vivas
   Sai do trono do Cordeiro e do Senhor:
   É luminoso desde a nascente;
   Como cristal é resplandecente;
   Pela margem daquele rio
   Andam os remidos com o Salvador.

4. Não há pranto na minha pátria,
   Nela nunca se dará separação;
   Ali o trono de Deus descansa,
   Ali teremos real bonança;
   Os remidos da minha pátria
   Com Jesus eternamente reinarão.

484 - Saudade — J.H.N.

1. Da linda pátria estou mui longe,
   Triste eu estou;
   Eu tenho de Jesus saudade;
   Quando será que vou?
   Passarinhos, belas flores
   Querem me encantar.
   Oh, vãos terrestres esplendores,
   Não quero aqui ficar!

2. Jesus me deu fiel promessa,
   Vem me buscar;
   Meu coração está com pressa,
   Eu quero ao céu voar.
   Meus pecados são mui grandes,
   E culpado sou,
   Mas o seu sangue põe-me limpo,
   E para a pátria vou.

3. Qual filho, de seu lar saudoso,
   Eu quero ir;
   Qual passarinho para o ninho,
   Eu quero ao céu subir.
   Sua vinda ao mundo é certa,
   Quando, não o sei:
   Mas Ele me achará alerta,
   E para o céu irei.

485 - Livro da Vida   M.A.K./R.E.N.

1. As riquezas do mundo
   Pouco valem pra mim,
   Pois Jesus, no teu reino,
   Dás-me vida sem fim;
   E no livro da vida,
   Que conservas aí,
   Certo estou que meu nome
   Foi escrito por ti.

2. Meus pecados são muitos,
   Como areia no mar;
   Mas Jesus me revela
   Sua graça sem par;
   Veio para salvar-me,
   O seu sangue verteu,
   E as delícias eternas
   Ele me prometeu.

3. Ó cidade festiva,
   Refulgente de luz,
   És morada dos santos
   E fiéis de Jesus!
   Só verá tua glória
   O que crer no Senhor,
   Cuja vida foi salva
   Pelo seu Redentor.

Foi escrito por ti.
O meu nome no céu;
Sim, no livro da vida
Foi escrito por ti.

486 - Doce Porvir   H.B./J.J.T.

1. Após as lutas desta vida,
   Com o Senhor eu estarei;
   Após a minha triste lida,
   Após vitória decidida,
   Com o Senhor eu estarei.

2. Depois de dores e gemidos,
   Com o Senhor eu estarei;
   Após meu dias concluídos,
   Na companhia dos remidos,
   Com o Senhor eu estarei.

3. Depois do termo da jornada,
   Com o Senhor eu estarei;
   Após as urzes desta estrada,
   Após a vida atribulada,
   Com o Senhor eu estarei.

Doce porvir, meu doce lar!
Vem, ó Senhor, sim, vem sem demorar!

487 - Precioso É Jesus   C.H.G./S.L.G.

1. Anelo por Cristo, meu Rei Salvador;
   As honras a Ele darei com louvor,
   Porque sempre achei nele graça e favor;
   Precioso é Jesus para mim!

Precioso é Jesus para mim!
Precioso é Jesus para mim!
Celeste prazer é Jesus conhecer!
Precioso é Jesus para mim!

2. Afável, à porta do meu coração,
   Humilde e mui manso aguardou admissão;
   Do triste pecado outorgou-me perdão;
   Precioso é Jesus para mim!

3. Firmado em Jesus eu alcanço afinal
   Futuro de glória na vida eternal,
   Sem uma desdita, nem nuvem de mal;
   Precioso é Jesus para mim!

4. Na glória, minha alma deseja gozar,
   E mais com o Amado se identificar;
   Com todos os salvos servir e adorar;
   Precioso é Jesus para mim!

488 - Cada Vez Mais — P.C./W.E.E.

1. É grato relembrar
Que cada dia estou
Mais perto do celeste lar
Em que morar eu vou.

2. Mais perto estou dos céus,
Meu lar, meu ideal;
Mais perto dos amados meus,
Na casa paternal.

3. Em breve vou partir
Para onde não há dor;
Prazer infindo vou fruir
Com Cristo, meu Senhor.

4. Oh, quando ali chegar
Serei, então, feliz!
Descanso e paz irei gozar
Naquele bom país.

5. Eu sempre quero estar
Ao lado teu, Senhor,
Até que eu possa descansar
Naquele lar de amor.

Cada vez mais,
Cada vez mais,
Perto eu estou do eterno lar
Em que morar eu vou.

489 - Céu pra Mim — P.P.B./R.P.

1. Não sei quando Cristo Jesus há de vir,
E nem qual o dia que eu hei de partir;
Mas eu sei que, notando o seu rosto luzir,
Será grande glória pra mim!

Será grande glória pra mim! (bis)
Mas eu sei que, notando o seu rosto luzir,
Será grande glória pra mim!

2. O canto dos anjos ainda não sei,
Nem que sinfonias eu lá ouvirei;

Mas eu sei que o falar de Jesus, o meu Rei,
Será sinfonia pra mim!

Será sinfonia pra mim! (bis)
Mas eu sei que o falar de Jesus, o meu Rei,
Será sinfonia pra mim!

3. Não sei que morada Jesus me vai dar,
E nem qual o nome que eu hei de ganhar;
Mas eu sei que o "bem-vindo" dele hei de escutar!
Só isso será céu pra mim!

Só isso será céu pra mim! (bis)
Mas eu sei que o "bem-vindo" dele hei de escutar!
Só isso será céu pra mim!

490 - Com Cristo É Céu — B.R.D.

1. Depois que Cristo me salvou,
Em céu o mundo se tornou;
Até no meio do sofrer
É céu a Cristo conhecer.

Oh, aleluia! Sim, é céu
Fruir perdão que concedeu!
Em terra ou mar, seja onde for,
É céu andar com o Senhor.

2. Pra mim mui longe estava o céu,
Mas, quando Cristo me valeu,
Feliz, senti meu coração
Entrar no céu da retidão.

3. Bem pouco importa eu ir morar
Em alto monte, à beira-mar,
Em casa ou gruta, boa ou ruim,
Com Cristo aí é céu pra mim.

491 - Como Há de Ser — S.P.K.

1. Como há de ser, conclusa a longa lida,
Finda a peleja da paixão mortal,
Quando, avistando além da escura vida
A porta do prazer celestial,
Dos pés varrida a última poeira,
Do rosto enxuto seu final suor,
Deixarmos esta cena passageira,
Entrando ao santo lar de eterno amor?

2. Como há de ser, nos céus por Deus banhados
Dos raios da divina e excelsa luz,
Oh, que alegria! isentos de pecados,
Estarmos nós diante de Jesus!
E pela vez primeira em harmonia
Com os santos cidadãos dos altos céus,
Unindo-nos, sem medo, à companhia
Que cerca o trono do supremo Deus?

3. Como há se ser, com sentimento ouvindo
O coro dos remidos do Senhor,
As áureas harpas, sempre retinindo
Louvores ao Cordeiro, ao Salvador;
E quando, dentro de átrios espaçosos,
Entoarmos gratos salmos, sem cessar,
E, como incenso, os hinos fervorosos
Subirem junto do celeste altar?

4. Como há de ser, quando o Juiz chamar-nos:
"Benditos, vinde para os céus entrai!"
E o Salvador dignar-se revelar-nos
A glória em que Ele habita com o Pai?
Ali, não tem, jamais, a morte entrada,
Nem dor nem pranto estorvam o prazer.
A vista não se ofusca, e em volta nada
Pode a ditosa festa entristecer?

5. Como há de ser, quando a pasmosa história
Da triste e indigna vida que findou,
Com lucidez se espelhe na memória
Todo pecado ou mal que então passou,
O nosso apreço de Jesus aumente,
E da clemência deste Benfeitor;
E de contínuo a gratidão se alente
Por seu insigne e milagroso amor?

6. Como há de ser? oh! nunca foi pensado,
Por mente ou coração humano aqui,
O bem-estar por Deus determinado
Para os que entrarem em triunfo ali!
Avante, irmãos! avante no caminho
Que nos conduz ao gozo tão real!
Se aqui nós temos um quinhão mesquinho.
Marchamos para a glória divinal.

492 - Meu Canto Celestial   R.P.

1. Já muitas vezes eu pensei
   Qual há de ser o canto meu;
   Indo eu saudar Jesus, meu Rei,
   Quando eu chegar ali no céu.
   Oh, que alegria irei gozar
   Assim que o seu "bem-vindo" ouvir!
   Que canto alegre há de emanar
   Do impulso que eu então sentir!

2. E quando, enfim, eu penetrar
   No céu de eterno gozo e luz,
   Os anjos vão preludiar
   O meu cantar ao bom Jesus.
   Quando eu, feliz, me apresentar,
   Seu rosto eu hei de ver então,
   E ecoará o meu cantar
   De um salvo e puro coração.

3. Oh, quão mavioso ali será
   Meu canto! sim, meu coração
   Transbordará, exultará
   Por ter completa salvação!
   Encontrarei palavras que
   Exprimem minha dita ali?
   Ser dos remidos! oh, eu sei
   Que nunca tal eu mereci!

Ali, eu cantarei do amor
De meu Jesus, o qual sofreu
Por mim, tão grande pecador,
A quem a vida concedeu.

493 - No Paraíso   W.R.L./J.D.

1. No paraíso do cristão,
   Prazeres santos há;
   E muitos meus queridos lá estão,
   Os quais me esperam já.

2. Às portas de Jerusalém
   Meu Salvador está;
   Seus ternos braços sempre abertos tem,
   Os quais me esperam lá.

3. Coroa linda eu lá terei
Que nunca murchará,
A qual do meu Senhor receberei
E que me espera lá.

4. Naquele belo e doce lar,
Meu coração já está.
Oh, como almejo os rostos contemplar
Dos que me esperam lá!

CORO:
Esperam lá, esperam lá,
Meus queridos lá no céu me esperam já;
Esperam lá, esperam lá,
Meus queridos lá no céu me esperam já.

494 - Além   D.W.W./A.S.

1. Uma cidade mui feliz existe
Além das brumas e da cerração;
Somente as almas por Jesus remidas
Com regozijo ali penetrarão.

Da nossa vista além, além
Do mundo e dos gemidos,
Eis a morada que Deus tem
Pra todos os remidos!

2. Habitação no céu receberemos,
Que para nós Jesus já preparou;
Lá, resplandece a luz; a glória, a vida;
Lá, cantam hinos a quem nos salvou.

3. Doridas almas de aflições terrenas,
Ao céu de luz o vosso olhar erguei;
Deixai o mundo que vos turba a calma
E, enfim, ao lar do céu vos recolhei.

495 - Redenção E.E.R./M.A.S.

1. Nós iremos com Cristo Jesus gozar
Uma vida de eterno prazer e amor,
Onde nunca perigo qualquer há de entrar,
Vida gloriosa na graça do Redentor!

Salvos por Jesus, cantaremos nós no céu:
Glória, glória, paz, salvação do Senhor!
Eis que todos, anjos e santos, sem véu
Hemos de O ver coroado Rei e do céu Senhor.

2. Todos nós, os remidos, com gratidão,
Juntos, num regozijo eternal com Deus,
Louvaremos a quem nos deu tal salvação!
Sim, ao Cordeiro de Deus e Senhor dos céus.

3. Oh, sim, livrou-nos do justo rigor da lei!
Paz, favor, redenção, alegria, amor,
Tudo, tudo nos vem, pela morte na cruz,
Desse Cordeiro de Deus, divinal Senhor.

4. Pela fé no Senhor recebemos paz,
Dom gracioso de Cristo Jesus, o Rei.
Deu-nos, pois, salvação que é completa e veraz!
Oh, sim, livrou-nos do justo rigor da lei!

5. Tão alegres seremos na vida ali,
Pois veremos Jesus que na cruz venceu!
Provas Ele nos deu já, por ter vindo aqui,
Oh, que ditosa esperança do povo seu!

496 - Rio da Vida   R.L./M.A.M.

1. Há um rio cristalino
   Onde os santos viverão,
   Nasce no divino trono
   Para gozo do cristão.

2. Junto às margens desse rio
   Os remidos andarão,
   Sempre a Cristo ali servindo,
   Com sincera devoção.

3. Nós veremos breve o rio,
   Finda a peregrinação,
   E louvores sempiternos
   Nossos lábios cantarão.

   Esse gozo nós teremos,
   Por Jesus, o bom Senhor;
   Para sempre viveremos
   Com o nosso Redentor.

497 - Tantos Remidos   J.W.V.V./W.E.E.

1. Tantos remidos vejo nos céus,
   Tendo coroas, ricos troféus;
   Salvos, mercê de Cristo, já estão;
   Sempre felizes eles serão.

   Juntos na glória, vivem em luz,
   Gozam da santa paz de Jesus;
   Belas canções de grato louvor
   Cantam, sem fim, a seu Redentor.

2. Tendo vencido o mundo falaz,
   Transes penosos e Satanás,
   Foram então morada fazer
   Onde só há perfeito prazer.

3. Fome nem sede nunca terão,
   Dores ou mágoas não sofrerão;
   Vida perene, vida real
   Gozam sem fim, libertos do mal.

4. Cristo "bem-vindo" aos salvos vai dar,
   Nesse tão belo e santo lugar,
   Aos que em seu sangue limpos estão,
   Brancos, mui brancos no coração.

498 - A Bela Cidade J.B.A./M.A.C.

1. Tenho lido da bela cidade,
   Construída por Cristo nos céus;
   É murada de jaspe luzente
   E juncada com áureos troféus.
   E, no meio da praça, eis o rio
   Do vigor e da vida eternal;
   Mas metade da glória celeste
   Jamais se contou ao mortal.

   Jamais se contou ao mortal;
   Jamais se contou ao mortal;
   Metade da glória celeste (bis)
   Jamais se contou ao mortal

2. Tenho lido das belas moradas
   Que Jesus foi no céu preparar,
   Onde os crentes fiéis, para sempre,
   Mui felizes irão habitar.
   Nem tristeza, nem dor, nem gemidos
   Entrarão na mansão paternal;
   Mas metade do gozo celeste
   Jamais se contou ao mortal.

3. Tenho lido das vestes brilhantes,
   Das coroas que os santos terão
   Quando o Pai os chamar e disser-lhes:
   "Recebei o eternal galardão".
   Tenho lido que os santos na glória
   Pisarão ruas de ouro e cristal;
   Mas metade da glória celeste
   Jamais se contou ao mortal.

499 - Tudo Feliz   L.E.J./W.E.E.

1. Se infeliz nos corre a vida terreal
   Temos de deixá-la um dia,
   Para irmos logo ao lar celestial,
   Onde tudo é mui feliz.

2. Muitos são os males nesta vida aqui;
   Temos de deixá-la um dia;
   Alegria plena vamos ter ali;
   Onde tudo é mui feliz.

3. A vitória certa que Jesus nos dá,
   Hemos de gozá-la um dia;
   A peleja finda, calma nos virá
   Onde tudo é mui feliz.

4. Todos os remidos se conhecerão,
   Sim, ali no céu, um dia;
   Na alegria santa sempre viverão,
   Onde tudo é mui feliz.

CORO: *Vamos ver Jesus ali,*
Sua santa paz fruir,
E com Ele estar,
Seu rosto contemplar,
Grande gozo desfrutar.

500 - Glória pra Mim   C.H.G./S.L.G.

1. Quando meu tempo de lutas passar,
   Quando meu Deus para si me chamar,
   Grato, perante Jesus hei de estar;
   Glória perene será para mim!

   Sim, há de ser glória pra mim!
   Glória pra mim! Glória pra mim!
   Quando puder o seu rosto mirar,
   Oh, há de ser grande glória pra mim!

2. Quando, por graça do seu grande amor,
   Eu alcançar o infinito favor
   De ir para perto do meu Salvador,
   Glória perene será para mim!

3. Muitos amigos ali hei de achar,
   Paz, alegria, eternal bem-estar;
   Mas quando meu Salvador me saudar,
   Glória perene será para mim!

501 - O Nosso Lar   F.J.C./J.D.

1. Querido lar tenho eu no céu,
   Além do mundo, além do véu;
   Viver ali será prazer,
   Por isso tanto o almejo ver!

   Querido lar, oh, doce lar,
   Onde eu pra sempre irei morar!
   Um pouco mais e eu partirei,
   E com Jesus descansarei.

2. Querido lar, alegre lar!
   Ali ninguém vai mais chorar;
   Tristeza e dor e tentação
   Naquele lar não entrarão.

3. Irão gozar no lar de luz
   Só teus remidos, ó Jesus,
   E eu sei que Cristo, meu Senhor,
   Me espera ali no lar de amor.

502 - Um Pouco Mais   G.P./W.E.E.

1. Um pouco mais, e partirei
   Para onde não há dor;
   Um pouco mais, e viverei
   Com Cristo, o Salvador.

2. Um pouco mais, e eu entrarei
   No gozo além do véu;
   Com os remidos estarei
   Pra sempre ali no céu.

3. Um pouco mais, e encontrarei
   Amados e fiéis;
   Com eles sempre entoarei
   Louvor ao Rei dos reis.

4. Um pouco mais, e eu ouvirei
   A voz do Salvador:
   "Fiel, bom servo, vem entrar
   No gozo do Senhor".

Coro: *Um pouco mais, eu vou saudar*
No céu o meu Senhor;
E ali sem fim hei de exaltar
A graça e seu amor.

503 - Face a Face
F.J.C./W.E.E.

1. Em breve a vida vai findar;
   Aqui não mais eu cantarei,
   Porque no céu irei morar,
   Lá na presença do meu Rei.

2. Chegando o dia de esplendor,
   Quando Jesus me vier buscar,
   Bem certo estou de que o Senhor
   No céu a mim dará lugar.

CORO: *E face a face vê-lo-ei!* (bis)
De graça salvo, cantarei!

3. Ali a voz me soará
   De Cristo, eterno Redentor:
   "Fiel, bom servo, bem está;
   Desfruta o gozo do Senhor".

4. Por meu Jesus eu vou viver,
   Fazer a minha luz brilhar,
   E cada dia vou fazer
   Aquilo que ao Senhor honrar.

504 - Lá no Céu
D.C.H./R.P.

1. Há um lar mui feliz lá no céu,
   Onde não há tristeza nem dor,
   Onde os salvos irão habitar,
   Na presença do seu Salvador.

   Lá no céu, lá no céu;
   Há um lar mui feliz lá no céu. (bis)

2. Tenho amigos fiéis lá no céu,
   Que desfrutam o gozo na luz;
   Já venceram os males daqui
   E lá cantam louvor a Jesus.

   Lá no céu, lá no céu;
   Tenho amigos fiéis lá no céu! (bis)

3. Eu também vou viver lá no céu,
   E hei de ver quem me deu salvação.
   Não demora o momento de eu ir
   E morar lá naquela mansão.

   Lá no céu, lá no céu;
   Eu também vou viver lá no céu! (bis)

4. Nesse lar tão feliz, lá no céu,
   Nunca o mal poderá penetrar;
   Só há glória, pureza e prazer
   Onde os salvos por Cristo hão de entrar.

   Lá no céu, lá no céu;
   Nesse lar tão feliz lá no céu! (bis)

505 - Jerusalém   B.C./A.S.P.C.

1. Jerusalém excelsa,
   Gloriamo-nos em ti,
   Afável esperança
   De todo crente aqui.
   Radiante é tua porta,
   Que ao longe já se vê,
   Por onde tem entrada
   O que no Cristo crê.

2. A cruz e sua glória
   E o grande Redentor
   Em ti são exaltados
   Em cantos de louvor.
   Que gozo tu me inspiras,
   Eterna habitação,
   Pois sei que em ti se finda
   A peregrinação!

3. Ó doce lar amado,
   Descanso meu serás,
   Quando eu tiver herdado
   Teu bem e tua paz.
   Ó coração, que gemes,
   Na dor que te desfaz,
   Com Deus, que te redime,
   Feliz, então, serás.

506 - Junto ao Trono E.M./L.V.F.

1. Junto ao trono de Deus preparado
   Tens, cristão, um lugar dado a ti;
   Há prazeres, há gozo exaltado,
   Há delícias profusas ali;
   Sim, ali, sim, ali,
   De seus anjos fiéis rodeado
   E cercado de glória e de luz,
   Junto a Deus já te espera Jesus.

2. Não nos podem da terra os encantos
   Dar idéia do gozo dali;
   Se no mundo os prazeres são tantos,
   São prazeres que cessam aqui;
   Mas ali, mas ali,
   As venturas eternas concorrem,
   Na existência perpétua da luz;
   Pra tornar-te feliz com Jesus.

3. Conservemos em nossa lembrança
   As riquezas do lindo país,
   E guardemos conosco a esperança
   De uma vida melhor, mais feliz;
   Pois dali, pois dali,
   Uma voz verdadeira não cansa
   De chamar-nos ao reino da luz;
   É a voz divinal de Jesus.

4. Se quisermos gozar da ventura
   Que no belo país haverá,
   É somente pedir de alma pura,
   Que Jesus sua graça nos dá;
   Pois ali, pois ali,
   Todo cheio de amor, de ternura.
   Desse amor demonstrado na cruz,
   Nos escuta e recebe Jesus.

507 - Minha Coroa
E.E.H./T.R.T.

1. Meu deleite é pensar numa terra de além,
Onde irei, finda a luta de aquém;
Quando por meu Jesus conseguir lá chegar,
Na coroa eu estrelas terei?

Na coroa as estrelas preciosas terei,
Quando o dia de glória raiar?
Quando Deus me acordar
E da tumba me erguer,
Na coroa eu estrelas terei?

2. No poder de Jesus vou orar e lutar,
Para ao céu muitas almas guiar;
Quero, pois merecer, nesse dia final,
A coroa de glória a brilhar.

3. Oh, que gozo será o seu rosto mirar,
E, prostrado aos seus pés, O adorar!
Na cidade celeste de Cristo, meu Rei,
A coroa da vida terei.

508 - Terra Feliz
S.F.B./W.E.E.

1. Eu avisto uma terra feliz,
Onde irei para sempre morar;
Há mansões nesse lindo país,
Que Jesus foi pra nós preparar.
Vou morar, vou morar
Nessa terra, celeste porvir! (bis)

2. Cantarei nesse lindo país
Belos hinos ao meu Salvador,
Pois ali viverei bem feliz,
Sem angústias, tristezas, [nem dor.
Vou cantar, vou cantar
Nessa terra, celeste porvir! (bis)

3. Deixarei este mundo afinal
Para ir a Jesus adorar;
Nessa linda cidade real,
Mil venturas sem fim [vou gozar.
Vou gozar, vou gozar
Nessa terra, celeste porvir! (bis)

509 - Verei Meu Redentor — B.R.D.

1. Finda a lida terreal,
   Quando já do rio além,
   Nessa vida tão gloriosa me encontrar,
   Sei que lá meu Redentor
   Finalmente eu hei de ver,
   E com hinos de louvor hei de O saudar.

CORO: *Hei de ver meu Redentor;*
Redimido, junto dele eu hei de estar;
Hei de ver meu Salvador;
Os sinais dos cravos hei de contemplar.

2. Oh, que enlevo divinal:
   O seu rosto a contemplar,
   Desde a aurora desse dia perenal;
   Como então meu coração
   Haverá de O exaltar,
   Pela graça e compaixão celestial!

3. Nessa pátria de esplendor,
   Hei de amigos encontrar,
   Meus irmãos em Cristo lá hei de rever;
   Mas primeiro que os irmãos,
   Quando ali no céu chegar,
   Meu Jesus é quem eu mais anseio ver.

4. Pelas portas de Sião,
   Com as vestes a brilhar,
   Onde a noite e o pranto nunca chegarão,
   Lá no lindo céu de luz
   Há de Cristo me guiar,
   E mui perto, sim, eu hei de vê-lo então.

510 - Fonte de Amor   H.B./L.P.G.S.

1. Fonte de amor perene,
   É manancial de luz;
   Água da vida corre
   Do trono de Jesus.
   Calmo rio, belo rio,
   Quero estar também
   Onde as águas sempre correm,
   Desse rio além!

2. Muitos cantar já foram
   Celestes melodias
   Ao som de santas harpas,
   Em lindas harmonias!
   Santo rio! Junto ao rio
   Vou cantar também,
   Onde as vozes nunca cessam,
   Na Jerusalém!

3. Límpida fonte jorra,
   Brilhante como a luz,
   Água que dessedenta
   Quem crer em meu Jesus.
   Corre rio, calmo corre –
   Corra assim a paz
   Em minha alma para sempre –
   Corra mais e mais!

511 - Com Jesus   M.A.S.

1. Quando terminar a minha vida terreal,
Eu terei de Cristo a linda vida perenal,
Sim, irei gozar no céu o amor dos seus fiéis,
Numa luz infinda, sob os eternais dosséis.

Vou viver com o Senhor,
Lá no céu em santa luz;
Glória, glória cantarei a quem morreu na cruz.
Gozo e paz terei,
Só por ver meu Deus e Rei;
Glória cantarei com os remidos de Jesus.

2. Hei de ter as mais profundas e reais visões
Desse Deus que me salvou de tristes condições;
Seu amor e sua compaixão verei ali,
Como nunca pude vê-los nesta vida aqui.

3. Vou gozar da companhia dos fiéis em luz,
Salvos para sempre pela fé em meu Jesus;
Foram, sim, morar no céu com seu bendito Rei,
Num prazer eterno que desfruta a santa grei.

512 - O Doce Lar   J.H.P./H.M.W.

1. Na pátria celeste, de Deus doce lar,
Prepara Jesus para os seus um lugar,
Pois longe do mal, do pecado e da dor,
Consigo pra sempre os quer ter seu Senhor.

Ó doce, doce lar!
Aí com Jesus vou pra sempre morar.

2. No lar sacrossanto de paz e de amor
   Verei sobre o trono eternal meu Senhor,
   O meigo Cordeiro, reinando na luz,
   Por todos louvado, bendito Jesus.

3. Que puras delícias se encontram em ti,
   Que gozos eternos me esperam ali;
   Àqueles que Deus junto a si quis trazer,
   Agora e pra sempre vai satisfazer.

4. Mas desses prazeres que anseio gozar,
   O que eu mais espero é com Cristo ficar,
   Sem mais contristá-lo, sem mais ofender
   A quem, pra salvar-me, por mim quis morrer.

513 - Triunfo   H.A./H.M.W.

1. Milhares de milhares
   Eu vejo em santa luz:
   São os guerreiros salvos.
   Milícia de Jesus!
   E tendo já completa
   A longa luta aqui,
   Com Cristo, seu Senhor e Rei,
   Vão descansar ali.

2. Que doces sinfonias,
   Enchendo a terra e o céu!
   Que coros de aleluias,
   Rompendo além do véu!
   É que chegou o dia,
   O dia triunfal,
   De Cristo, o Mestre,
   [enfim, reinar,
   Em glória divinal.

3. Então não há mais choro,
   Não há mais tentação;
   As dores, as tristezas,
   Pra sempre fugirão.
   Eis que os remidos todos
   Verão seu Salvador,
   E, transformados todos, sim,
   Irão com o Senhor.

Aleluia! Aleluia
A Cristo, seu Senhor!
Aleluia! Aleluia!
Vão ver seu Salvador.

514 - Paz Real
P.P.B./W.E.E.

1. Oh, quando o momento chegar
De eu ir com Jesus habitar,
Em paz eu verei meu Senhor
Em todo o seu esplendor.

Excelsa paz
Hei de gozar afinal,
Quando eu com Jesus me encontrar
No reino celestial.

2. Que graça real, eficaz,
A qual me outorgou plena paz,
Mercê que meu bom Salvador
Me dispensou com amor.

3. Em Cristo há perfeito perdão,
Há nele real salvação,
Há nele também essa paz
Que agora me satisfaz.

515 - Na Glória
P.P.B./M.A.M.

1. Oh, vai me encontrar na glória
Da Jerusalém do céu,
Lá na habitação notória
Que Jesus nos prometeu!
Lá encontrarás amigos,
Que serão, em Cristo, irmãos;
Cantaremos belos hinos;
Vai de todo o coração!

Sim, te encontrarei na glória,
Na brilhante glória além!
Sim, te encontrarei na glória
Da feliz Jerusalém!

2. Oh, vai me encontrar na glória,
   Pois eu te conhecerei
   Pelo brilho da vitória
   Que alcançares com teu Rei!
   Hei de achar mais harmonia
   No cantar que ali ouvir,
   Quando à santa companhia
   Tua voz também se unir.

3. Oh, vai me encontrar na glória;
   Muito anseio ver-te lá,
   Pois da vida a triste história
   A ninguém perturbará!
   Vai com fé e de alma pura
   À feliz Jerusalém;
   Gozo eterno, paz, ventura,
   Tu terás na glória além.

516 - Além da Morte — S.P.K.

1. Há uma terra de prazer,
   Morada dos que crêem;
   O dia eterno reina ali,
   Tristezas nunca têm.

2. É primavera sempre ali,
   E as flores durarão;
   Alegres campos, verdes, bons,
   Na linda terra estão.

3. Porém à entrada do país
   Há um profundo mar;
   Por suas águas, nós, mortais,
   Havemos de passar.

4. Os viajantes, com temor,
   À vista desse mar,
   Transidos, tremem de terror
   E querem recuar.

5. Mas o Senhor caminho abriu,
   Tirou da morte o horror;
   Com gozo, os salvos hão de entrar
   Naquele lar de amor.

517 - Querido Lar — M.E.L./S.L.G.

1. De todas as terras irão chegar
Um a um! Um a um!
Na eterna mansão, para ali morar,
Sim, um a um!
Vestidos de trajes celestiais,
Bem longe do mundo e dos tristes ais,
Desfrutam com Cristo a perfeita paz,
Gozando uma vida que satisfaz.

No eterno lar, querido lar,
Ei-los entrando um a um!
No eterno lar, no lindo lar,
Sim, um a um!

2. Também nós havemos de ali chegar,
Um a um! Um a um!
Da glória dos salvos compartilhar,
Sim, um a um!
Irão uns entrar nesse lar de além
Sem muito sofrer no viver de aquém,
Mas outros terão de lutar, sofrer,
Porém hão de entrar sem desfalecer.

3. Humildes, submissos a ti Senhor,
Todos nós! Todos nós!
Queremos viver sob o teu favor,
Sim, todos nós!
Contigo almejamos participar
Da vida gloriosa do eterno lar.
Ó tu, que dominas a terra e os céus,
Transporta-nos todos nos braços teus!

518 - Glória J.L.

1. Há um lugar de paz no mundo além:
   Dos salvos a feliz Jerusalém.
   Oh, como dão louvor
   A Cristo, o seu Senhor,
   Cantando, com amor,
   Sempre, sem fim!

2. Cristo vos quer salvar; vinde e vereis!
   Oh, vinde sem tardar, não hesiteis!
   Com Ele ireis morar,
   Paz com Jesus gozar,
   E nunca mais pecar,
   Sempre, sem fim!

3. Gozando a salvação do bom Jesus,
   Os que no céu estão, brilham na luz;
   Ao lar dos santos vêm
   Só os que nele crêem,
   E muita glória têm,
   Sempre, sem fim!

519 - Perante o Rei E.O.E./A.B.D.

1. Estarei perante o Rei,
   Com os anjos cantarei,
   No porvir, no porvir;
   Com Jesus irei aos céus,
   Dando sempre glória a Deus.
   No porvir, no porvir.

2. Novos hinos cantarei,
   Na presença do meu Rei,
   No porvir, no porvir;
   Onde não há pranto e dor,
   Só há gozo, paz e amor,
   No porvir, no porvir.

3. Quando então eu acordar,
   E no paraíso entrar
   No porvir, no porvir;
   Com os santos cantarei,
   Na presença do meu Rei,
   No porvir, no porvir.

Estarei perante o Rei,
Com os anjos cantarei
Glória, glória a Cristo, o Rei!
Aleluia! Aleluia!
Estarei perante o Rei.

520 - Canaã Celeste   I.W./R.P.

1. Há uma terra de prazer,
De gozo e de fulgor,
Onde os remidos hão de ver
Jesus, seu Benfeitor.
A noite não existe lá,
Nem dores, nem pavor;
Mas só venturas haverá
Com Cristo, o Redentor.

2. Em breve havemos de passar
As águas do Jordão,
E, extasiados, contemplar
A eterna habitação;
Ah, que prazer será ouvir
De Cristo a saudação!
E tudo nos irá sorrir
Em brilho e exultação.

521 - A Cidade Santa   F.E.W./R.H.M.

1. Dormindo no meu leito,
Em sonho encantador,
Um dia eu vi Jerusalém
E o templo do Senhor.
Ouvi cantar crianças,
E em meio a seu cantar
Rompeu a voz dos anjos,
Do céu a proclamar: *(bis)*
Jerusalém! Jerusalém!
Cantai, ó santa grei!
Hosana! Hosana!
Hosana ao vosso Rei!

2. Então o sonho se alterou,
Não mais o som feliz
Ouvia das hosanas
Dos coros infantis.
O ar em torno se esfriou,
Do sol faltava a luz,
E num alto e tosco monte vi
O vulto de uma cruz! *(bis)*
Jerusalém! Jerusalém!
(Aos anjos escutei),
Hosana! Hosana!
Hosana ao vosso Rei!

3. Ainda a cena se mudou;
Surgia em resplendor
A divinal cidade,
Morada do Senhor.
Da lua não brilhava a luz,
Nem sol nascia lá,
Mas só fulgia a luz de Deus,
Mui pura em seu brilhar.

E todos que queriam, sim,
Podiam logo entrar
Na mui feliz Jerusalém, *(bis)*
Que nunca passará.
Jerusalém! Jerusalém!
Teu dia vai raiar!
Hosana! Hosana!
Hosana sem cessar! *(bis)*

522 - Um Bom Amigo — A.M./J.J.

1. Há um bom amigo acima
   Do céu azul, sem par;
   E mora nas alturas
   Quem sabe bem amar;
   Amigo mui constante,
   Não tem igual aqui;
   Jesus é meu abrigo,
   E chama-me pra si.

2. Há descanso lá acima
   Do céu azul, sem par;
   E todos quantos amam
   A Cristo o vão gozar.
   Pecados e perigos
   Desconhecidos são,
   Pois Cristo reina firme,
   Com poderosa mão.

3. Há morada lá acima
   Do céu azul, sem par;
   Meninos e meninas,
   Quereis ir lá morar?
   O gozo deste mundo
   Não é pra comparar
   Ao gozo que há com Cristo
   Ali no eterno lar.

4. Há coroa lá acima
   Do céu azul, sem par;
   E se eu, que sou criança,
   A meu Jesus amar,
   Terei no céu coroa,
   Pois Deus de graça dá
   Coroa de vitória
   Que nunca murchará.

5. Há um hino lá acima
   Do céu azul, sem par;
   Um hino mui glorioso,
   Pra sempre se cantar.
   É hino o qual os anjos
   Não sabem entoar;
   Pertence aos pequeninos
   Seu Salvador louvar.

6. Há vestidos lá acima
   Do céu azul, sem par;
   Há harpas afinadas,
   E infantes a louvar,
   Com todos os remidos,
   No lar de resplendor,
   Ao Salvador divino,
   Seu Rei e seu Senhor.

523 - Cordeirinhos   S.P.K.

1. Amigo dos meninos,
   Benigno Salvador,
   Conosco sê presente,
   Ó meigo e bom Pastor!
   Conduz os cordeirinhos
   Com grande compaixão;
   A graça excelsa dá-nos
   De um reto coração.

2. Teus santos mandamentos
   Ensina-nos a amar,
   E tudo que te ofenda,
   De pronto a desprezar;
   Em todos os estudos,
   Que temos hoje aqui,
   Sejamos instruídos,
   Ó grande Deus, por ti!

524 - Jóias Preciosas   W.O.C./W.E.E.

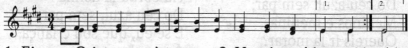

1. Eis que Cristo vem à terra,
   Buscar suas jóias,
   Suas jóias mui preciosas,
   De muito valor.

2. Vem buscá-las, vai levá-las
   Ao reino celeste,
   Suas jóias resplendentes,
   De muito valor.

3. Os meninos e as meninas
   Que servem a Cristo
   São-lhe jóias, ricas jóias,
   De muito valor.

*Como estrelas da aurora,
Brilhando na fronte
De Jesus, lá na glória,
Adorno serão.*

525 - Vinde, Meninos   G.F.R./S.P.K.

1. Vinde, meninos, vinde a Jesus;
   Ele ganhou-vos, bênçãos na cruz!
   Os pequeninos Ele conduz;
   Oh, vinde ao Salvador!

2. Já, sem demora, a todos convém
   Ir caminhando à glória de além;
   Cristo vos chama, quer vosso bem,
   Oh, vinde ao Salvador!

3. Que ama os meninos, Cristo vos diz,
   Ele quer dar-vos vida feliz.
   Para habitar no lindo país,
   Oh, vinde ao Salvador!

4. Eis a chamada: "Vinde hoje a mim!"
   Outro não há que vos ame assim;
   Seu é o amor que nunca tem fim,
   Oh, vinde ao Salvador!

   Que alegria, sem pecado ou mal,
   Reunir-nos todos, afinal,
   Juntos na pátria celestial,
   Perto do Salvador!

526 - Os Meninos   S.P.K.

1. Venham, venham os meninos
   Ao bendito Salvador;
   Cristo mesmo quer salvá-los,
   Quer mostrar-lhes seu favor.
   Jesus Cristo!
   Oh, quão grande é seu amor! *(bis)*

2. Venham, venham os meninos,
   Pois Jesus os convidou;
   Ele todos os pecados
   Na cruenta cruz pagou.
   Jesus Cristo
   Seu amor leal provou. *(bis)*

3. Venham, venham os meninos,
   Venham a Jesus servir,
   Sujeitar-se a seus preceitos,
   Seus conselhos bons seguir,
   Jesus Cristo
   Os seus rogos quer ouvir! *(bis)*

527 - A Bênção   S.P.K

1. A Jesus crianças vinham
   Suas bênçãos suplicar;
   Pois a mim, que sou criança,
   Oh, não há de recusar!

2. Das crianças de outro tempo
   Ele teve compaixão;
   Oh, não há de despedir-me
   Sem me dar a salvação!

3. Não mais anda neste mundo,
   Mas na glória Cristo está.
   Que as crianças inda venham:
   Ele as abençoará.

4. Minhas mãos tão pequeninas
   Te suplicam, ó Senhor:
   Dá-me, pois, a tua bênção,
   Tua graça e teu amor!

528 - Aspiração Infantil   W.E.E.

1. Aqui no mundo branda luz,
   Ó Deus, desejo ser –
   Fiel reflexo de Jesus
   Que mostre seu poder.

   Eu, em qualquer lugar
   Em que me possa achar,
   Ó Deus, desejo te servir
   E teu amor sentir.

2. Em minha casa, bela flor
 Que praza a meus bons pais
 E agrade a Deus, o Criador
 De plantas imortais.

3. Em minha escola, pronta mão
 Que tome com prazer
 O pão do ensino e da instrução,
 Que aumente o meu saber.

4. No culto, sempre doce voz
 Que louve a meu Senhor.
 Em companhia, ou mesmo a sós,
 Com viva fé e ardor.

529 - Vai Buscar   A.T./S.L.G.

1. Ouço o clamor do bom Pastor
 Pelo deserto abrasador,
 Seus cordeirinhos a chamar,
 Mui desejoso de os salvar.

2. Quem não deseja auxiliar
 Seus cordeirinhos a guardar
 E encaminhá-los a Jesus.
 Fonte de vida, amor e luz?

3. Pelo deserto a padecer,
 Pelas estradas a morrer,
 Seus cordeirinhos vai buscar,
 Para que os possa abençoar.

Vai buscar! vai buscar!
Meus cordeirinhos vai buscar!
Vai buscar! vai buscar!
Para que os possa abençoar.

530 - Soldado Infantil   S.E.M.

1. Sou um soldado de Jesus Cristo,
   Na luta insisto e tenho valor;
   Eu sou pequeno, mas ao meu lado
   Vai meu amado Rei, meu Senhor.

2. Hostes ferozes dos inimigos,
   Eu as persigo e posso vencer;
   Luto por Cristo, o Rei poderoso,
   Nele acharei a força e poder.

3. Para o combate vou preparado,
   E meu escudo carrego já;
   Sua Palavra serve de espada.
   Foi-me doada por Deus, Jeová.

4. Marcho ditoso com estas armas,
   Pois a vitória eu alcançarei;
   E são e salvo, cheio de vida,
   Na santa causa me gastarei.

Coro:
Todos marchemos para a peleja,
Tendo em combate trombeta e luz;
Firmes, avante, pois que a vitória
É para a glória do Rei Jesus.

531 - Teu Cantinho   E.H.M./E.M.G.

1. Cristo é que nos manda como luz brilhar,
   Para o pecador ao céu encaminhar.
   É um privilégio que Jesus nos deu;
   Tu no teu cantinho e eu no meu.

2. Cheio o mundo todo está de escuridão,
   Mas as nossas luzes trevas desfarão,
   Elas são benditas, Cristo no-las deu;
   Tu no teu cantinho e eu no meu.

3. Cada pequenino tem o seu dever
   De Jesus amar e sempre obedecer;
   Essa luz alcemos, que Jesus nos deu,
   Tu no teu cantinho e eu no meu.

532 - Ó Meninos, Vinde!
W.E.E.

1. Ó meninos, vinde agora
   A Jesus, Salvador,
   O qual vos espera;
   Quer-vos dar seu amor.

2. Vinde todos sem demora,
   Vinde já sem temer;
   Jesus vos aceita
   Com imenso prazer.

3. Ele chama com ternura:
   "Vinde todos a mim,
   Gozar no meu seio
   Segurança sem fim".

4. Sim, Jesus, nós, pequeninos,
   Pressa temos de vir
   A teus braços fortes,
   Teu amor possuir.

533 - Pequenos Guerreiros J.R./W.E.E.

1. Eia, guerreirinhos, por Jesus lutai;
   Confiando nele, ide, batalhai!
   Cristo comandando, vos protegerá,
   E vitória certa sempre vos dará.

2. Eia, guerreirinhos, luz, pois, difundi;
   Sim, a espada santa sem temor brandi;
   Firmes nas fileiras, cheios de fervor,
   Ide proclamando as novas do Senhor.

3. Eia, guerreirinhos, com intrepidez,
   Avançando, firmes, todos de uma vez,
   Pois tereis vitória como galardão;
   Sede lutadores de alta distinção.

534 - Cantam Glória! A.H.S./J.B.

1. Perante o trono do Senhor,
   Na glória de Jesus,
   Crianças aos milhares há,
   Brilhando em santa luz.

2. Dos seus pecados o perdão
   Jesus lhes concedeu,
   E agora, em sempiterna paz,
   Com Ele estão no céu.

3. Na eterna habitação feliz,
   De glória, brilho e amor,
   Infantes, salvos por Jesus,
   Entoam seu louvor.

4. Quem na cruenta, amarga cruz
   Seu sangue derramou,
   As criancinhas já remiu,
   E o céu lhes outorgou.

5. Na vida amavam a Jesus,
   Buscavam seu amor;
   Agora face a face estão
   Com Ele em seu fulgor.

*Cantam: "Glória, glória,
Glória ao Salvador Jesus!"*

535 - Hosana Infantil   N.A.M./R.P.

1. Num sonho vi em resplendor
   O céu de glória e luz;
   Vi multidões, lá junto a Deus,
   De salvos por Jesus.
   Por entre a multidão feliz
   Surgir crianças vi,
   Cantando um coro angelical
   Que ecoava até aqui:

2. Depois, a doce voz ouvi
   De Cristo, o Salvador,
   Que assim dizia aos servos seus,
   Com puro e santo amor:
   "Não impeçais de vir a mim
   Os seres infantis,
   Porque dos tais é o santo céu,
   Morada tão feliz".

3. E, despertando, compreendi
   Que infantes devem ser
   Levados a Jesus, o Rei,
   O que lhe dá prazer;
   E sempre O sirvam com fervor,
   Na terra aqui também,
   E O louvem, como fazem lá,
   Naquele coro além.

   Hosana! hosana!
   Ao nosso Salvador! (bis)
   Hosana! hosana!
   Rendemos-te louvor!

536 - A Lição   S.P.K.

1. Jesus amado, escuta
   A nossa petição,
   E dá-nos teu auxílio
   Nas horas da lição;
   No tempo dos estudos,
   Ensina-nos a estar
   Com grande diligência,
   Cada um em seu lugar.

2. Concede-nos cuidado,
   E dá-nos mansidão,
   Ouvindo nosso Mestre
   Com dócil atenção.
   Amemos uns aos outros
   Com verdadeiro amor
   E sempre obedeçamos
   Ao grande Salvador.

537 - Desejo Infantil   M.A.S.

1. Sou um infantil, gosto de brincar,
   Mas o mundo vil quero desprezar;
   Sempre a Cristo honrar, seu querer fazer,
   Sua lei amar, eis o meu prazer!

   Aleluia! Aleluia!
   Amo a meu Jesus!
   Aleluia! Aleluia!
   Quero andar na luz!

2. Sou um infantil, quase nada sei,
   Mas meu ser gentil eu ao Mestre dei.
   Amo a meu Jesus, Ele me remiu,
   Busco a sua luz, minha voz ouviu!

3. Sou um infantil, tenho pouca fé,
   Mas o meu Brasil quero ver de pé,
   Tendo fé em Deus, salvo por Jesus,
   Sendo os filhos seus campeões da cruz!

538 - Oh, Vinde, Meninos — J.G.R.

1. Oh, vinde, meninos!
   Cantai a linda história
   Do bom Messias dos judeus,
   Jesus, o Salvador!
   E repeti, com gratidão,
   A doce e terna exclamação:
   "Deixai os meninos,
   Que venham a mim!"

2. Pais crentes, devotos,
   Traziam os filhinhos,
   Buscando a bênção e oração
   De Cristo-Emanuel.
   Mas com palavras de rigor
   São afastados do Senhor:
   "Levai os meninos,
   Tirai-os daqui!"

3. Mas, eis que o bom Mestre,
   Com voz suave e meiga,
   Os pequeninos chama a si,
   E aos circunstantes diz:
   "Sobre eles minhas mãos porei,
   E pelos tais Eu orarei;
   Deixai os meninos,
   Que venham a mim!"

4. Oh, vinde, meninos!
   Jesus vos deu seu sangue
   E vos convida para os céus.
   Buscai a salvação!
   Ouvi a voz do Redentor,
   Ele é o vosso bom Pastor:
   "Deixai os meninos,
   Que venham a mim!"

539 - Brilhando — N.T./S.F.

1. Vejo no céu resplendente
   Do sol a clara luz;
   Quero viver tão somente
   Brilhando por Jesus.

2. Eu quero em tudo exaltá-lo,
   Na escola e no estudar;
   Nunca também olvidá-lo
   Em casa e no brincar.

3. Com um viver diligente,
   Assim me quer Jesus;
   Sempre com rosto contente,
   Brilhando como a luz.

4. Do feio e triste pecado,
   Senhor, vem-me guardar;
   Sempre por ti amparado
   Desejo, ó Deus, andar.

5. Se esta é a tua vontade,
   Brilhando viverei,
   E pela tua bondade
   Ao lindo céu irei.

Brilhando, brilhando,
Quero brilhar como a luz!
Brilhando! brilhando,
Sempre brilhar por Jesus!

540 - Oração de Criança

S.E.M.

1. Jesus escuta o rogar terninho
   Da criancinha na petição;
   Também conhece seus bons intentos,
   Os pensamentos do coração.

2. Não é bastante quando ajoelhamos
   Que pareçamos a Deus orar;
   Com a nossa boca também devia
   Em harmonia nossa alma estar.

3. Jesus sem falta valer-nos pode,
   E proteger-nos sempre Ele quer;
   Qualquer menino que a Cristo peça
   Terá auxílio que lhe é mister.

4. A Deus contemos as nossas mágoas,
   Bem confiados no seu amor;
   O que convenha receberemos,
   Se fé nós temos no Salvador.

CORO:
*Jesus escuta o rogar terninho
Da criancinha na petição;
Também conhece seus bons intentos,
Os pensamentos do coração.*

541 - Pequenos Raios

E.E.R./A.T.P.

1. Deus dá às criancinhas,
   Por onde Ele as conduz,
   O encargo tão glorioso:
   Brilhar por seu Jesus.
   Sejamos lindos raios
   Da luz do Deus de amor,
   Pra dissipar as trevas
   Dispersas ao redor.

2. As nuvens tão escuras
   Escondem nossa luz;
   A vida tem tristezas,
   Pesada é nossa cruz.
   Mas, como belos raios,
   Cumpramos a missão
   De dar sempre alegria
   A cada coração.

3. Que grande privilégio:
   Brilhar, sim, por Jesus
   E desfazer as trevas,
   Pra dar lugar à luz.
   Com pensamentos puros
   Vivamos em amor;
   Sejamos raiozinhos
   Que brilhem sem temor.

*Pequenos raios somos
Da verdadeira Luz;
Em todos os lugares
Brilhemos por Jesus.*

542 - Jesus e as Crianças — A.B.W./S.E.M.

1. Cristo tem amor por mim,
   Com certeza creio assim;
   Por amor de mim morreu,
   Vivo está por mim no céu.

2. Sim, Jesus me tem amor,
   Pois se fez meu Salvador;
   Hoje ainda tem prazer
   De crianças receber.

3. Pra gozar seu rico amor,
   Hei de amar meu Salvador,
   E desejo anunciar
   Seu amor tão singular.

4. Meu Senhor Jesus está
   Ao meu lado e levará,
   Afinal, ao céu de luz,
   Os que resgatou na cruz.

Coro: *Ama os meninos, ama as meninas,
Ama os meninos, Jesus, o Salvador.*

543 - Cântico Escolar S.P.K.

1. Alerta, meninos! Tenhamos viveza,
Tenhamos coragem, também decisão!
Pois tudo é custoso para o preguiçoso,
Que a nada se dá com leal coração!

Alerta, meninos! Devemos mostrar,
Que a Deus, nosso Pai, procuramos honrar.

2. Em breve esperamos, aos pais ajudando,
Pagar-lhes um pouco do seu muito amor.
Agora estudamos e assim agradamos
Aos caros parentes e ao bom professor.

3. No fim dos estudos, dispostos e alegres,
Pra casa voltamos, com muito prazer;
Com zelo estudando, com gosto brincando,
Busquemos em tudo por Cristo viver.

544 - Avante, Mocidade T.A.

1. Mocidade cristã, eia, avante!
Vossas forças uni pra lutar!
O inimigo potente se mostra,
Mas com Cristo sois fortes: Marchar!

Mocidade cristã, eia, avante!
Contra o mal, contra o erro lutai!
Tendo o santo evangelho por arma,
A verdade da cruz proclamai!

2. Mocidade cristã, vede o abismo,
Onde muitos estão a cair!
Por faltar-lhes a luz do evangelho,
Não procuram a Cristo seguir.

3. Eia, jovens, ativos obreiros,
Pela causa do bem pelejai!
Ide aos povos levar o evangelho,
Para a glória de Deus trabalhai!

545 - Vamos à Escola   W.S.P./W.E.E.

1. Vamos, jovens alunos, à escola,
A Palavra de Deus estudar,
Boas novas ouvirmos de Cristo,
E favores reais alcançar.

Oh, vem, sim, vem à escola comigo
Ouvir boas novas dos céus;
Boas coisas ali aprendemos
Da bendita Palavra de Deus.

2. Vamos, jovens alunos, à escola,
Pois queremos louvar ao Senhor,
Seus conselhos ouvir com respeito,
Que se ensinam ali com amor.

3. Ó Jesus, sê presente na escola,
Inspirando-nos santo poder,
E que sempre, do estudo aqui feito,
Muito fruto possamos colher.

546 - Mocidade, Avante   R.G.

1. Eia, avante, mocidade,
   Vamos por Jesus lutar!
   A peleja é mui gloriosa,
   Deus nos há de auxiliar.
   Eia, avante, camaradas,
   Olhos fitos em Jesus!
   Caminhemos destemidos,
   Avancemos para a luz!

2. Eia, avante, mocidade,
   Nunca, nunca recuar!
   Só há um caminho certo,
   Eia, jovens, avançar!
   Eia, avante, camaradas,
   Proclamai como um clarim
   As palavras do convite:
   "Vinde todos, vinde a mim!"

3. Eia, avante, mocidade,
   Confiando no Senhor!
   Onde há fé ninguém vacila,
   Pois há vida, luz, vigor!
   Eia, avante, camaradas,
   Sempre unidos a lutar,
   Sempre unidos na esperança,
   Sempre unidos no avançar!

Por Jesus, com zelo santo,
Vinde, jovens, combater!
A mensagem do evangelho
Proclamai até morrer!

547 - Semeando e Segando   W.E.E.

1. Semente lançada na terra
   Germina e seu fruto produz:
   As nossas ações e palavras
   Dão ceifa de trevas ou luz.

2. O joio do mal espalhado,
   Colheita maldita dará;
   O trigo do bem semeado,
   Colheita de bênçãos trará.

3. Se, pois, tu semeias na carne,
A morte eternal tu terás;
Porém se no Espírito andares,
Da vida do céu gozarás.

4. Semente do bem, pois, semeia,
Bondade e palavras de amor;
Feliz tu serás para sempre
Com Cristo Jesus, o Senhor.

Que queres, ó jovem, segar?
A morte ou a vida será!
O fruto decerto se colhe
De tudo que se semear.

548 - Jovens Lutadores   R.H.M.

1. Ó jovens, acudi ao brilhante pavilhão
Que Jesus há desfraldado na nação!
A todos Cristo quer nas fileiras receber.
E mui firmes nos levar o mal a combater.

Vamos com Jesus e marchemos sem temor!
Vamos ao combate, inflamados de valor!
Com coragem vamos todos contra o mal!
Em Jesus teremos nosso General!

2. Ó jovens, acudi ao divino Vencedor;
Quer juntar-vos todos hoje a seu redor!
Dispostos a lutar, vinde, pois, sem vacilar;
Vamos prontos, companheiros, vamos a lutar!

3. Quem nesta guerra entrar sua voz escutará,
Cristo então vitória lhe concederá!
Saiamos, meus irmãos, invistamos mui fiéis;
Com Jesus conquistaremos imortais lauréis!

549 - Alerta, Mocidade   W.E.E.

1. Alerta, mocidade!
   À guerra vos chamou
   Jesus, que sua vida
   Por vós sacrificou.

2. Alerta, mocidade!
   A Cristo obedecei!
   Olhando para Cristo,
   A causa defendei.

CORO:
*Leais, entrai
Na guerra contra o mal!
Jamais canseis
Na luta sem igual.*

3. Alerta, mocidade!
   E sede campeões;
   Tomados de coragem,
   Vencei as tentações.

4. Alerta, mocidade!
   Avante, sem temor!
   Pois certa é a vitória
   Dos crentes no Senhor.

550 - Juventude   F.P.L.

1. Levantai-vos, moços crentes,
   Para anunciar Jesus
   Como Salvador do mundo,
   Verdadeiro Guia e Luz.

2. Sim, Ele é "a Luz do mundo"!
   Ele poderá dizer:
   "Só Eu dou a vida eterna
   A qualquer que queira crer".

*Despertai-vos! Levantai-vos!
Não há tempo que perder.
Se quereis servir a Cristo,
Tendes muito que fazer.
Meditai no seu amor,
Meditai no que Ele fez:
Pela morte no Calvário
Resgatou-nos de uma vez!*

3. Pois se nós estamos certos
De que Cristo é Salvador,
Vamos publicá-lo a todos
Com coragem e fervor.

4. E se nós, sinceramente,
Já servimos nosso Deus,
Exultamos na certeza
De encontrá-lo lá nos céus.

551 - Mocidade M.B.F.

1. Mocidade, deixa o mundo,
Com seu mal e seu pesar,
E procura o amor fecundo
Que Jesus quer te ofertar;
No aconchego dos seus braços,
Tu terás consolo e amor;
Mocidade, nos teus passos,
Segue os passos do Senhor!

CORO:
Mocidade, ergue a bandeira
Contra o mundo e seus ardis;
Mocidade brasileira,
Com Jesus serás feliz!

2. Mocidade, a vida é bela
Quando em bênçãos se traduz,
Quando na alma um céu estrela
As promessas de Jesus;
Vê que o mundo se debate
Entre as ondas da paixão;
Mocidade, nesse embate,
Anuncia a salvação.

552 - Mocidade Crente
P.P.B./S.L.G.

1. Levantai-vos jovens crentes,
   Firmes pela cruz!
   Combatei os inimigos
   Do Senhor Jesus!

   Lealdade, ó jovens crentes,
   A Jesus Senhor!
   Firmes sempre nas doutrinas
   Do bom Redentor.

2. Vede as hostes temerárias,
   Cheias de furor;
   Oh, unidos combatamos
   Sempre, sem temor!

3. Avançai com lealdade,
   Firmes em Jesus!
   Seja a Bíblia vosso guia,
   Seja vossa luz.

553 - Lealdade a Cristo
W.E.E.

1. Mocidade, estais amando
   A Jesus e seu pendão?
   Já marchais sob seu comando,
   De abrasado coração?
   Dedicai-vos, sem reserva,
   Ao serviço de Jesus,
   Pois o inferno se conserva
   Em combate contra a luz!

2. Defendei a sã doutrina;
   Proclamai com grande ardor
   Tudo quanto nos ensina
   A Palavra do Senhor.
   Combatei a vil mentira,
   Avançai em união,
   Tendo sempre em vossa mira
   Jesus Cristo e seu pendão!

3. Despertai-vos já e vede
   Quantas almas há sem luz,
   Tão cansadas e com sede
   Do descanso de Jesus;
   Apontai-lhes a água viva
   Que dimana do Senhor;
   Ela torna rediviva
   A alma opressa, sem vigor.

4. Transmiti o dom eterno
   Que lograste alcançar;
   Deus, em seu amor paterno,
   Os perdidos quer salvar.
   Sim, de vós é que se espera
   Que ao Brasil a luz leveis,
   Onde o erro tanto impera
   Contra Cristo e suas leis.

554 - Agora   Anônimo

1. Ó moços, que ventura
   Vos é servir a Deus!
   Com vida santa e pura
   Correr caminho aos céus;
   Chegai-vos sem demora
   A Cristo, o Salvador;
   Aproveitai agora,
   Fugi da eterna dor.

2. Por que só na velhice
   Servir a Deus quereis?
   Também, quem foi que disse
   Que lá vós chegareis?
   Não dura a mocidade
   Mais que mimosa flor;
   Correi com brevidade
   A dar-vos ao Senhor.

3. Que pobre sacrifício
   A Deus oferecer;
   Deixar pecado e vício
   Só ao envelhecer!
   Se endureceis vossa alma
   À santa vocação,
   Lembrai que Deus condena
   A vossa dilação.

555 - Alerta, Jovens — M.A.S.

1. Vinde, ó mocidade,
   Dedicar com todo o amor,
   Sim, com ansiedade,
   Vossa vida ao Salvador.
   Ele vos convida
   Para virdes trabalhar;
   Nessa santa lida
   Vinde com prazer entrar.

2. Contemplai as almas
   Longe do Senhor Jesus;
   Como vivem calmas
   Sem saber do amor da cruz!
   Andam enganadas,
   Sem pensar no triste fim;
   Sem Jesus, coitadas,
   É um triste estado, sim!

3. Oh, levai a nova
   Que Jesus lhes dá perdão!
   Ide dar a prova
   Desse amor da salvação!
   Vede como as gentes,
   Afastadas do bom Deus,
   Todas descontentes,
   Clamam pela luz dos céus.

Trabalhar com todo o ardor (bis)
Vinde vós, ó moços,
Por Jesus, Senhor!

556 - Oração para a Noite — P.H./J.G.R.

1. Finda-se este dia que meu Pai me deu;
   Sombras vespertinas cobrem já o céu.
   Ó Jesus bendito, se comigo estás
   Eu não temo a noite, vou dormir em paz.

2. Com os meus pecados eu te entristeci,
   Mas perdão te peço por amor de ti.
   Sou humano e fraco, livra-me do mal,
   E em sossego tenho sono e paz real.

3. Guarda o marinheiro no violento mar,
   E ao que sofre dores queiras confortar;
   Ao tentado estende tua mão, Senhor;
   Manda ao triste e aflito teu Consolador.

4. Pelos pais e amigos, pela santa lei,
Pelo amor divino graças te darei.
Ó Jesus, aceita minha petição,
E seguro durmo sem perturbação.

557 - O Anoitecer   S.B.G./G.S.

1. Vai fugindo o dia, breve a noite vem,
Vespertina estrela já se avista além.

2. Ao que mui cansado na tristeza jaz,
Dá, Jesus bendito, teu descanso e paz.

3. Noite de sossego, vimos te pedir;
Que por ti guardados, vamos nós dormir.

4. Quando despertarmos, seja bom Senhor,
Para te servirmos com maior vigor.

558 - Hino Vespertino   R.H.M.

1. Salvador, por ti guardados,
Desejamos descansar.
Os defeitos e os pecados
Tu nos pode perdoar.
Se de noite algum perigo
Contra nós puder surgir,
Teu amor nos dê abrigo
E nos deixe em paz dormir.

2. Dos teus olhos trevas densas
Não nos podem ocultar;
Teu cuidado nos dispensas
Num constante vigiar.
Se esta noite adormecermos
Para o nosso fim mortal,
Com certeza acordaremos
Na mansão celestial.

559 - Fim do Ano
M.G.L.A.

1. Já termina o ano velho;
   Damos a Jesus louvor,
   Que do mal nos tem guardado
   Todo este ano com amor.

2. Cristo eterno, te rogamos
   Que na eternidade além,
   De teu Pai, no trono excelso,
   Nós gozemos todo bem.

3. A verdade em nós conserva;
   Tem nossa alma em proteção;
   De doutrina falsa e ímpia
   Livra nosso coração.

4. Do pecado nos afasta,
   Nossos passos vem guiar,
   E, esquecidas nossas culpas,
   Um bom ano vem nos dar,

5. Dá-nos vida santa e justa,
   Em teus passos sempre andar,
   E, no dia derradeiro,
   Junto a ti feliz lugar.

560 - Ano Novo
J.G.R.

1. Rompe a aurora, vai-se embora
   Mais um ano de labor;
   Não temamos, prossigamos,
   A lutar com mais ardor.

2. Cada dia Cristo, o Guia,
   Nos renove o coração;
   Temos gozo, bom repouso,
   Confiando em sua mão.

3. Do pecado resgatados,
   Pertencemos a Jesus;
   Nova vida, santa lida,
   Temos nós por sua cruz.

4. Hinos santos entoemos
   E louvemos ao Senhor!
   Vem do arcano mais um ano
   Que anuncia seu favor!

CORO: *O ano findo nunca mais veremos;*
O ano novo hoje recebemos!
Vê, vê, o belo dom que Deus nos dá!

561 - Salve, Ano Novo   W.E.E.

1. Grande, Senhor, é tua compaixão,
   Alta, veraz é tua salvação;
   No decorrer deste ano que findou
   Foi teu amor que nossas vidas conservou.

   Com prazer todos nós rendemos-te louvor,
   A ti, o nosso Deus e grande Benfeitor.

2. Grande Pastor, nos meses a correr,
   Na retidão queremos nós viver,
   Ser-te fiéis na dura provação
   E te servir com verdadeira gratidão.

3. Ano feliz queremos, pois gozar,
   Nosso labor queremos ver vingar;
   Faze, Senhor, teu povo progredir,
   E ao Salvador sedentas almas atrair.

4. Olha, Senhor, a terra do Brasil,
   Vem conceder-lhe tuas bênçãos mil,
   Dando ao país durável proteção;
   Atende, pois, ó Mestre, a nossa petição.

562 - Templo Novo — W.E.E.

1. A ti, ó Deus, louvores altos damos,
   Ao ser divino, com intenso ardor!
   Concerto divinal aqui firmamos,
   Teu culto celebramos com fervor.
   Hoje, dedica-se este templo novo,
   Marco altaneiro do favor de Deus;
   Vem, ó Senhor, contempla aqui teu povo,
   Sim, vem abençoá-lo lá dos céus!

2. Mui fervorosas graças te rendemos
   Por esta casa de oração, aqui,
   Pois nela, ó Deus, o culto a ti daremos,
   Ungidos com ardente fé em ti.
   Seja teu evangelho aqui pregado
   Aos pecadores com tão santo amor,
   Que busquem o perdão do seu pecado
   Aos pés do nosso amado Redentor!

3. Oh, todos quantos nesta casa entrarem
   Instruam-se de Deus na santa lei!
   E possam, Pai, também se consolarem
   Atribulados desta tua grei!
   Faze que nesta casa sempre habitem
   Os teus fiéis em plena comunhão,
   Que tuas ricas bênçãos os incitem
   À tua casa amar de coração!

563 - Consagração de Templo — R.P.

1. Entoemos hinos de louvor a Deus
   Pelas bênçãos que Ele deu aos filhos seus,
   Pois podemos consagrar ao Salvador
   Este templo em sua honra e em seu louvor.

Louvai, cantai hinos de alegria!
Louvai, cantai, sempre em harmonia!
Sim, louvemos com fervor
A Jesus, o Salvador,
Pelas bênçãos que Ele deu a todos nós!

2. Qual farol em densas trevas, a raiar,
Mostra ao viajor o rumo em alto-mar;
Desta casa a luz celeste há de luzir,
Para a salvação errantes conduzir.

3. Nesta casa os crentes vêm, com devoção,
Tributar ao Deus supremo adoração;
Novas forças para a luta vêm buscar,
E em conjunto todos vêm a Deus louvar.

564 - Mais um Templo — M.A.S.

1. Hoje, inaugura-se aqui, santo Deus,
Mais um padrão de teu amor;
Um novo templo, fanal para os céus,
Causa de mais louvor!

Coro:
Glória a Deus, glória a Deus!
Cantem os filhos teus!
Glória a Deus, glória a Deus!
Glória nos altos céus!

2. Casa de cultos e fonte de luz,
Onde o Senhor dá salvação
Pelo evangelho que trouxe Jesus
Com tanta compaixão!

3. Marco sublime da proclamação
Do teu amor, do teu querer;
Os pecadores aqui ouvirão
Qual é o seu dever.

4. Seja esta casa lugar de oração,
Habitação certa de Deus,
Porta do céu e lugar de perdão,
Vida de paz dos céus!

565 - Separação   J.E.R./S.E.M.

1. Deus vos guarde pelo seu poder,
   Protegidos e velados,
   Desfrutando os seus cuidados,
   Deus vos guarde pelo seu poder!

Coro:
Pelo seu poder e no seu amor,
'Té nos encontrarmos com Jesus!
Pelo seu poder e no seu amor,
Oh, que Deus vos guarde em sua luz!

2. Deus vos guarde bem no seu amor,
   Consolados e contentes,
   Achegados sempre aos crentes,
   Deus vos guarde bem no seu amor!

3. Deus vos guarde do poder do mal!
   Da ruína, do pecado,
   Do temor de todo lado,
   Deus vos guarde do poder do mal!

4. Deus vos guarde para seu louvor,
   Para seu divino gozo,
   Seu serviço tão glorioso,
   Deus vos guarde para seu louvor!

566 - Saudação   J.D.

1. Saudamo-vos, irmãos em Cristo,
   Lembrando do que temos visto;
   Nesses anos pelas lutas, tentações,
   Foram atendidas nossas petições.
   Toda glória seja ao nome do Senhor;
   Vinde a Ele todos entoar louvor!

   Bem alto agora vamos nós cantar,
   Que terra e os céus virão nos ajudar.

*Até aqui Deus mesmo nos guiou,
E com a sua mão nos ajudou.*

2. Um dia tão glorioso temos,
   E ao nosso Pai agradecemos;
   Pois é Ele quem nos dá real prazer
   E é fiel em nos guardar e proteger.
   Vinde vós, irmãos, conosco a Deus cantar;
   Deste gozo vinde, pois, participar!

3. Alegres hoje jubilemos,
   Ao nosso Salvador cantemos;
   Ele como filhos seus nos escolheu,
   Ricas bênçãos Ele já nos concedeu.
   Seja "avante" o nosso lema triunfal,
   Pois seguimos para o lar celestial!

567 - União Vital   M.A.S.

1. Duas vidas, Senhor se unem num só ser,
   Duas almas e dois nobres corações;
   Pelo amor e afeição mútua assim viver
   Querem, juntos na paz ou nas aflições.

   *Abençoa, Senhor, esta santa união,
   Dando graça e favor; faze-a prosperar
   Na alegria, na fé, na consagração:
   Que ambos sempre só queiram contigo andar!*

2. Mais um lar que se faz cheio do vigor
   Do caráter cristão, base principal
   Duma vida feliz numa união de amor,
   Que abençoa e mantém a paz conjugal.

3. Preparaste, Senhor, para o gozo e paz
   Do teu povo que habita esta terra aqui,
   Essa união tão feliz, que amplas bênçãos traz.
   Gratos, pois, entoamos louvor a ti!

568 - Casamento — S.P.K.

1. Benigno Salvador, com tua aprovação,
   Consagra em doce amor teus servos nesta união;
   E sobre os noivos faz descer
   A graça que lhes é mister.

2. Em paz os faze andar, unidos no Senhor,
   E a vida aqui passar em terno e santo amor;
   Ligados no temor de Deus,
   Caminhem juntos para os céus.

3. Oh, vem reger seu lar, em que serás o Rei!
   Seus corações mantém fiéis à tua lei;
   Socorre-os, pois, na tentação,
   Consola-os na tribulação.

569 - O Ministério Santo — R.H.M.

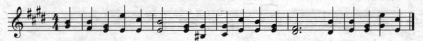

1. Senhor da ceifa, atende
   À nossa petição,
   Que o teu trabalho siga
   Com mais animação.
   Os campos já branquejam,
   Convidam a ceifar,
   E mui preciosos frutos
   Na igreja arrecadar.

2. Somente a ti compete
   Ceifeiros escolher;
   Que façam o serviço
   Conforme o teu querer.
   As mentes, pois, prepara,
   Inflama os corações
   E manda bons obreiros
   Pregar às multidões.

3. Se aquele que nos veio
   Pra trabalhar aqui
   No ministério santo,
   Mandado foi por ti,
   Confirma seu trabalho
   Com bênçãos especiais
   E dá-lhe, em ricos frutos,
   Divinas credenciais.

4. Alenta-lhe a esperança,
   Aumenta nele a fé;
   Na lida não permitas
   Que lhe vacile o pé.
   E, cada vez mais forte,
   Mais cheio de fervor,
   A todos manifeste
   A graça do Senhor.

570 - Mais um Obreiro — M.A.S.

1. Mais um obreiro escuta
   A tua voz, Jesus,
   E quer entrar na luta,
   Seguindo tua luz;
   Tem força diminuta,
   Mas, crendo em tua cruz,
   Os planos executa,
   Que teu amor produz!

2. Senhor, desperta e chama
   Ceifeiros mais e mais;
   Pois tua vinha clama
   Por servos mui leais,
   Que levem tua fama
   De amor, perdão e paz
   Ao mundo que Deus ama
   Com graça e amor veraz!

3. Ao servo teu dá graça
   E vida de poder;
   Que a tua obra faça,
   Visando o teu querer.
   Protege-o da desgraça
   De sua fé perder;
   Reveste-o da couraça
   Do teu real poder.

4. Concede-lhe justiça
   E um nobre coração;
   Que escape à vil cobiça
   Em toda ocasião;
   Que tenha fé submissa,
   Contigo em comunhão,
   Fiel na santa liça,
   Vencendo a tentação

571 - Morte do Crente — Anônimo

1. Para o crente, o morrer é cessar
   Do trabalho, cessar de gemer;
   É com Cristo Jesus repousar,
   Sim, é principiar a viver.

   Pra gozar com Jesus,
   À morada de Deus eu irei;
   Vou viver com Jesus,
   E a coroa de vida terei.

2. O morrer é do mundo voar;
   O morrer é pra Cristo subir;
   O morrer é com Cristo habitar;
   O morrer é pra a glória partir.

3. É sentir uma dita sem par,
   É ter parte na bênção dos céus,
   É prazeres celestiais gozar,
   É chegar à morada de Deus.

572 - Dormir em Cristo — M.M./W.E.E.

1. Dormir em Cristo é muito bom,
   Já livre de perturbação,
   Fruindo, assim, ditoso dom:
   Do mundo ter libertação.

2. Dormindo em Cristo o nosso irmão,
   Já livre está de todo o mal;
   Não sofre dor nem tentação,
   Já goza a vida perenal.

3. Dormindo em Cristo o nosso irmão,
   Bem junto está do Salvador;
   Já goza a santa comunhão
   Com os remidos do Senhor.

4. Dormir em Cristo é estar em paz;
   O despertar, supremo bem,
   Pois Ele transportar-nos faz
   Ao gozo divinal de além.

573 - Dormindo no Senhor — S.P.K.

1. Dormindo no Senhor,
   Bendito é nosso irmão;
   Perante o trono, vencedor,
   Desfruta a salvação.

2. Dormindo no Senhor,
   Liberto já do mal,
   Deixando o mundo e seu labor,
   Descansa em paz real.

3. Dormindo no Senhor –
   Oh, santa e calma paz! –
   O gozo do divino amor
   Sua alma satisfaz.

4. Dormindo no Senhor –
   É doce assim morrer!
   Do crente a morte é sem terror,
   É ir com Deus viver.

5. Os mortos no Senhor
   Hão de ressuscitar;
   Oh, vem, bendito Salvador!
   Teus santos acordar!

6. Os mortos viverão;
   E os vivos, com fulgor,
   Ao teu encontro subirão.
   Não tardes, ó Senhor!

574 - Pátria Brasileira
S.F.S./W.E.E.

1. Do meu país Brasil, ó terra varonil,
   É meu cantar.
   Que matas virginais, que rios sem rivais
   E lindos litorais tu tens sem par!

2. Tu, minha Pátria, tens maravilhosos bens
   No seio teu;
   Tão belos laranjais e ricos cafezais,
   Riquezas naturais, orgulho meu!

3. Sê livre, meu país, sê forte, sê feliz
   Sob justas leis;
   Aos filhos da nação concede proteção
   Do crime e da traição, ó Rei dos reis!

4. E faze-a prosperar, e sempre caminhar
   Na tua luz;
   Que sempre com favor e com excelso amor
   Te cerque o bom Senhor e Rei, Jesus,

575 - Hino da Proclamação da República do Brasil
J.J.C.C./L.A.M.

1. Seja um pálio de luz desdobrado
   Sob a larga amplidão destes céus
   Este canto rebel, que o passado
   Vem remir dos mais torpes labéus!
   Seja um hino de glória que fale
   De esperanças de novo porvir!
   Com visões de triunfos embale
   Quem por ele lutando surgir.

Liberdade! liberdade!
Abre as asas sobre nós!
Das lutas na tempestade
Dá que ouçamos tua voz!

2. Nós nem cremos que escravos outrora
   Tenha havido em tão nobre país...
   Hoje, o rubro lampejo da aurora
   Acha irmãos, não tiranos hostis.
   Somos todos iguais! Ao futuro
   Saberemos, unidos, levar
   Nosso augusto estandarte que, puro,
   Brilha, ovante, da Pátria no altar!

3. Se é mister que de peitos valentes
   Haja sangue no nosso pendão,
   Sangue vivo do herói Tiradentes
   Batizou este audaz pavilhão!
   Mensageiro de paz, paz queremos,
   É de amor nossa força e poder,
   Mas da guerra nos transes supremos
   Heis de ver-nos lutar e vencer!

4. Do Ipiranga é preciso que o brado
   Seja um grito soberbo de fé!
   O Brasil já surgiu libertado,
   Sobre as púrpuras régias de pé!
   Eia, pois, brasileiros, avante!
   Verdes louros colhamos louçãos!
   Seja o nosso país, triunfante,
   Livre terra de livres irmãos!

576 - Hino à Bandeira Nacional O.B.M./G.B.

1. Salve, lindo pendão da esperança!
   Salve, símbolo augusto da paz!
   Tua nobre presença à lembrança
   A grandeza da Pátria nos traz.

   Recebe o afeto que se encerra
   Em nosso peito juvenil,
   Querido símbolo da terra,
   Da amada terra do Brasil.

2. Em teu seio formoso retratas
   Este céu de puríssimo azul,
   A verdura sem par destas matas,
   E o esplendor do Cruzeiro do Sul.

3. Contemplando teu vulto sagrado,
   Compreendemos o nosso dever,
   E o Brasil, por seus filhos amado,
   Poderoso e feliz há de ser.

4. Sobre a imensa nação brasileira,
   Nos momentos de festa ou de dor,
   Paira sempre, sagrada bandeira,
   Pavilhão da justiça e do amor!

577 - Hino Nacional Brasileiro J.O.D.E./F.M.S.

1. Ouviram do Ipiranga as margens plácidas
   De um povo heróico o brado retumbante,
   E o sol da liberdade, em raios fúlgidos,
   Brilhou no céu da Pátria nesse instante.
   Se o penhor dessa igualdade

Conseguimos conquistar com braço forte,
Em teu seio, ó liberdade,
Desafia o nosso peito a própria morte!
Ó Pátria amada, idolatrada, salve! salve!
Brasil, um sonho intenso, um raio vívido
De amor e de esperança à terra desce,
Se em teu formoso céu, risonho e límpido,
A imagem do Cruzeiro resplandece.

Gigante pela própria natureza,
És belo, és forte, impávido, colosso,
E o teu futuro espelha essa grandeza.
Terra adorada,
Entre outras mil, és tu, Brasil, ó Pátria amada!
Dos filhos deste solo és mãe gentil,
Pátria amada, Brasil!

2. Deitado eternamente em berço esplêndido,
Ao som do mar e à luz do céu profundo,
Fulguras, ó Brasil, florão da América,
Iluminado ao sol do Novo Mundo!
Do que a terra mais garrida
Teus risonhos, lindos campos têm mais flores;
"Nossos bosques têm mais vida,
Nossa vida", no teu seio, "mais amores".
Ó Pátria amada, idolatrada, salve! salve!

Brasil, de amor eterno seja símbolo
O lábaro que ostentas estrelado,
E diga o verde-louro desta flâmula:
"Paz no futuro e glória no passado",
Mas, se ergues da justiça a clava forte,
Verás que um filho teu não foge à luta,
Nem teme, quem te adora, a própria morte,
Terra adorada,
Entre outras mil, és tu, Brasil, ó Pátria amada!
Dos filhos deste solo és mãe gentil,
Pátria amada, Brasil!

578 - Sonda-me, ó Deus   E.O./W.K.

1. Sonda-me, ó Deus, pois vês meu coração;
   Prova-me, ó Pai, te peço em oração.
   De todo mal liberta-me, Senhor,
   Também da transgressão que oculta for.

2. Vem me limpar dos vis pecados meus,
   Conforme prometeste, meu bom Deus.
   Faze-me arder e consumir de amor,
   Pois quero te magnificar, Senhor.

3. Todo o meu ser, que já não chamo meu,
   Quero gastá-lo no serviço teu.
   Minhas paixões tu podes dominar:
   Ó santo Deus, vem sempre em mim estar!

4. Lá do alto céu o avivamento vem,
   A começar em mim e indo além.
   O teu poder, as bênçãos, teu favor
   Concede aos que são teus, ó Pai de amor.

579 - Olhando para Cristo — J.F.S.

1. Ruge forte, contundente, a guerra do pecado,
   Mas os seus clangores vis não podem me afligir.
   Sei em quem confio, pois na Rocha estou firmado,
   E celestes bênçãos irei fruir.

Olhando para Cristo, grande autor da salvação,
Prossigo, pois avisto soberano galardão.
De Deus ministro, me revisto do poder do meu Senhor
Para servi-lo com todo ardor.

2. Vejo ao longe campos vastos, prontos pra colheita:
   Multidões sem luz, sem Deus, aguardam salvação!
   Vem, ó Deus, desperta o amor da geração eleita,
   Para os teus obreiros concede unção.

3. Desprezando deste mundo as sendas ardilosas,
   Volto o meu olhar pra a cruz de quem me resgatou;
   Dele tenho na alma, então, as bênçãos mui gloriosas,
   E, feliz, com Cristo, cantando vou!

580 - Vem, Visita Tua Igreja — H.M.W.

Vem! visita a tua igreja,
Ó bendito Salvador!
Sem tua graça ela murcha
Ficará e sem vigor.
Vivifica, vivifica   *(bis)*
Nossas almas, ó Senhor!

581 - A Única Esperança   M.B.F.

1. Do Amapá ao Rio Grande,
Do Recife a Cuiabá,
Grita a angústia que se expande:
A verdade onde estará?
Em São Paulo, no Acre ou Minas,
Em Brasília ou Salvador,
Proclamemos as divinas
Boas novas do Senhor!

Cristo é a única esperança
Neste mundo tão hostil,
Para a santa liderança
Do Evangelho no Brasil!

2. Nossa Pátria amada e imensa,
Nosso povo humilde e bom,
Tem por meta a recompensa
Do celeste e eterno dom;
Do Oriente ao Ocidente
E do Norte ao Sul, feliz,
Cada qual se torne um crente
Para bênção do país.

3. Na campanha brasileira
Para evangelização
Seja a fé nossa bandeira,
Nossa espada, a salvação;
E por lema da porfia
Que garante o céu, além:
"Trabalhar enquanto é dia,
Pois a noite perto vem!"

Índice dos Autores, Tradutores e Fontes das Letras

— A —

Ackley, Alfred Henry (1887-1960) — 410

Adams, Sarah Flower (1805-1848) — 283

Albuquerque, José Joaquim de Campos da Costa de Medeiros
e (1867-1934) — 575

Alexander, Cecil Frances (1818-1895) — 82

Alford, Henry (1810-1871) — 513

Andrade, Maria da Glória Loureiro de (1839- ?) — 281, 559

Armond, Lizzie De — 347 (estribilho)

Atchinson, Jonathan Bush (1840-1882) — 320, 498

— B —

Baker, Mary Ann (?-1881) — 328

Barbosa, Achilles (1894-1967) — 183, 276, 278, 343

Baring-Gould, Sabine (1834-1924) — 368, 458, 460, 557

Barnes, E. A. — 124

Barraclough, Henry (1891-) — 97

Bathurst, William Hiley (1796-1877) — 365

Baxter, Lydia (1809-1874) — 62, 252

Beazley, Samuel W. — 449

Belamy, W. H. — 236

Bennet, Sanford Filmore (1836-1898) — 508

Bilac, Olavo Braz Martins dos Guimarães (1865-1918) — 576

Billhorn, Peter Philip (1861-1936) — 77, 514

Birdseye, George — 310

Black, James Milton (1856-1938) — 108

Blackford, Alexander Latimer (1829-1890) — 294

Blair, Henrietta E. — 184

Blenkhorn, Ada — 239

Bliss, Philip Paul (1838-1876) — 100, 124, 170, 183, 192,
208, 213, 250, 251, 300, 312, 376, 399, 465, 472, 489,
515, 552

Bonar, Horatius (1808-1889) — 197, 231, 256, 394, 486, 510

Bonar, Jane Catherine (1821-1884) — 275

Booth, Ballington (1859-1940) — 342

Borthwick, Jane (1813-1897) — 230

Boswell, Robert (1746-1804) — 25

Bottome, Francis (1823-1894) — 28, 51

Bowring John (1792-1872) — 24, 84

Boyle, John (1845-1892) — 133, 483, 534

Bradford, Ellen K. — 272

Breck, Sra. Frank A. (1855-1934) — 447

Brown, Jessie H. (1861-1921) — 299

Brown, Mary (c. 1850-1900) — 298 (1ª estrofe)

Bullinger, Ethelbert William (1837-1913) — 42, 446

Burton, Henry (1840-1930) — 203

Butler, Charles J. — 392

— C —

Caldas, Antônio Pereira de Souza (1762-1814) — 177

Caldeira, Augusto de Souza Pinto (1867- ?) — 505

Camargo, Manuel de Arruda (1870-1936) — 498

Campos, Antônio Ferreira de (1866-1950) — 170, 195, 315

Carter, Russel Kelso (1848-1928) — 154

Cary, Phoebe (1824-1871) — 488

Cassel, Elijah Taylor (1849-1930) — 207, 413

Cassels, André Boys — 242, 478

Cassel, Elijah Taylor (1849-1930) — 207, 413

Castro, P. — 246

Charlesworth, Vernon J. (1839-?) — 317

Clairvaux, Bernard de (1091-1153) — 70 (4ª estrofe)

Clark, Myron Augusto (1866-1920) — 151, 298

Clephane, Elizabeth (1830-1869) — 39

Cluny, Bernard de (Século XII) — 505

Coghill, Annie Louisa Walker (1836-1907) — 419

Conder, Josiah (1789-1855) — 172

Costa, João C. da — 32, 57, 64, 293, 360, 383

Cowper, William (1731-1800) — 281

Crewdson, Jane Fox (1809-1863) — 109

Crosby Fanny Jane (1820-1915) — 15, 43, 64, 116, 126, 128, 171, 187, 196, 210, 212, 215, 224, 232, 235, 237, 238, 255, 269, 273, 286, 288, 289, 290, 292, 308, 309, 331, 339, 356, 363, 370, 374, 375, 420, 421, 422, 435, 448, 450, 455, 471, 501, 503

Cushing, William Orcutt (1823-1902) — 110, 274, 343, 352, 524

Cutler, Lyman G. — 426

— D —

D' Aguiar, Thomas — 544

Darwood, W. M'K. — 87

Davis, Frank M. (1839-1896) — 357

Dayyam, Daniel Ben Judah (Século XV) — 14

Deter, Arthur Beriah (1868-1945) — 285, 391, 403, 519

Dieners, João (1889-1963) — 245, 249, 259, 372, 493, 501, 566

Dingman, P. H. — 391

Doddridge, Philip (1702-1751) — 407

Duarte, Benjamim Rufino (1874-1942) — 28, 62, 476, 490, 509

Duffield, George Jr. (1818-1888) — 466

Dunstan, Albert Lafayette (1869-1937) — 81, 108, 318,

— E —

Edwards, Lizzie — 350

Ellerton, John (1826-1893) — 161

Elliott, Charlotte (1789-1871) — 266

Elliott, Emily (1836-1897) — 31
Entzminger, William Edwin (1859-1930) — 3, 4, 10, 11, 13, 19, 30, 53, 58, 68, 79, 87, 97, 128, 143, 145, 166, 172, 175, 187, 210, 230, 248, 251, 266, 290, 304, 305, 306, 308, 309, 312, 313, 327, 328, 340, 341, 348, 355, 370, 371, 386, 387, 398, 407, 413, 417, 439, 448, 451, 453, 466, 488, 497, 499, 502, 503, 508, 514, 524, 528, 532, 533, 545, 547, 549, 553, 561, 562, 572, 574
Estrada, Joaquim Osório Duque (1870-1927) — 577
Excell, Edwin Othello (1851-1921) — 387, 519

— F —

Fawcett, John (1740-1817) — 180, 379
Featherstone, William Ralf (1842-1878) — 303
Fernandes, Patrocínia de Castro (1868-1948) — 459
Ferraz, Salomão — 539
Ferreira, Domingos José (?-1910) — 473
Ferreira, Guilherme Luís dos Santos (1850-1934) — 20, 167, 277, 442
Ferreira, Luiz Vieira (1835-1908) — 506
Figueiredo, Joaquim dos Santos — 279
França, Mário Barreto (1909) — 551, 581
Freymann, Frederico (1889-1922) — 228
Fry, Charles William (1837-1882) — 73

— G —

G., D. F. — 150
Gabriel, Charles Hutchison (1856-1932) — 389, 436, 487, 500
Gates, Ellen Hutington (1835-1920) — 247
Gilmore, Joseph Henry (1834-1918) — 359
Ginsburg, Emma Morton (1865-1953) — 531
Ginsburg, Salomão Luis (1867-1927) — 7, 21, 22, 24, 25,

37, 44, 46, 47, 56, 65, 69, 71, 89, 106, 107, 110, 111, 120, 124, 125, 126, 129, 140, 142, 147, 161, 163, 168, 171, 176, 184, 189, 194, 196, 197, 198, 200, 212, 215, 217, 218, 223, 226, 227, 233, 234, 243, 255, 263, 264, 269, 272, 287, 288, 295, 297, 301, 303, 310, 320, 322, 325, 331, 333, 337, 339, 344, 345, 354, 356, 364, 369, 382, 389, 400, 401, 406, 410, 420, 426, 427, 429, 431, 432, 434, 435, 436, 437, 440, 445, 446, 449, 457, 462, 470, 471, 474, 475, 480, 487, 500, 517, 529, 531, 552

Gonçalves, Raul (1875- ?) — 425, 546

Goreh, Ellen Lakshmi (1853-?) — 151

Graeff, Frank E. (1860-1919) — 340

Gueiros, Jerônimo (1870-1953) — 114

— H —

Habershon, Ada Ruth (1861-1918) — 322

Hafe, J. Eduardo Von — 323

Hall, Elvina Mabel (1818-1889) — 268, 390

Hall, J. E. — 35

Halls, R. George — 369

Hamilton Eliza H. (1888-?) — 270

Hammond, Edward Payson (1831-?) — 400

Hankey, Katherine (1834-1911) — 50

Havergal, Frances Ridlley (1836-1879) — 88, 92, 102, 193, 296, 383, 425, 452

Hawks, Annie Sherwood (1835-1918) — 294

Hazlett, D. M. (1852-?), — 92

Heath, George (1750-1822) — 415

Heber, Reginald (1783-1826) — 9, 442

Henry, S. M. I. — 333

Herbert, Petrus (?- 1571) — 556

Hewitson, William Hepburn (1812-1850) — 131, 271 388

Hewit, Eliza Edmunds (1851-1920) — 129, 169, 441, 507

Hoffmann, Elisha Albrigth (1839-1929), — 245, 282, 314, 345

Holden, Richard (1828-1886) — 12, 45, 49, 54, 63, 76, 121, 275, 477, 482

Hopper, Edward (1816-1888) — 327

Houston, James Theodore (1847-1929) — 135, 159, 180, 268

Howe, Julia Ward (1819-1910) — 112

Hudson, Ralph E. (1843-1901) — 396 (estribilho)

Hull, Amelia Matilda (1825-1882) — 195

Hunter, William (1811-1877) — 225

Huntington, DeWitt Clinton (1830-1912) — 504

HYMNS FOR THE YOUNG (1836) — 152

— I —

Inke, Ricardo Jacob (1880-1936) — 300, 342, 430

— J —

Johnson, Sra. James Gibson — 241

Joiner, Edward E. — 273

Jones, Joseph (1848-1927) — 15, 42, 43, 48, 55, 188, 235, 522

Jones, Lewis Edgar (1865-1936) — 89, 499

— K —

Kalley, Robert Reid (1809-1888) — 74, 105

Kalley, Sarah Poulton (1825-1907) — 8, 39, 50, 115, 116, 118, 136, 152, 178, 199, 247, 250, 256, 270, 316, 351, 353, 376, 380, 381, 412, 416, 433, 465, 491, 516, 523, 525, 526, 527, 536, 543, 543, 568, 573

Kaschel, Werner (1922) — 84, 578

Kaufman, C. S. — 470
Keble, John (1792-1866) —284
Keitth, George — 166
Kelly, Thomas (1769-1854) — 66
Ken, Thomas (1637-1711) — 8
Kidder, Mary Ann (1820-1905) — 485
Knapp, Phoebe Palmer (1839-1908) — 334

— L —

L., F. P. — 173, 550
Lathbury, Mary Artemisia (1841-1913) — 4, 137
Latta, Edden Reeder (1839-?) — 123
Lattimore, W. O. — 264
Law, John (1813-1869) — 117, 518
Leslie, Mary Eliza (1834-?) — 517
Lindsay, L. F. — 462
Lindsay, W. Robert — 493
Longstaff, William Dunn (1822-1894) — 176
Lowry, Robert (1826-1899) — 53, 93, 98, 99, 104, 186, 248, 402, 496
Lloyd, G. G. — 360
Luther, Martin (1483-1546) — 323
Lyte, Henry Francis (1793-1847) — 13, 56, 291

— M —

MacKay, Margareth (1802-1887) — 572
MacKay, William Paton (1839-1885) — 135
Maddox, Otis Pendleton (1874-1955) — 59
Marriot, John (1780-1825) — 174
Martin, Civilla Durfee (1869-1948) — 337, 344
Martin, Samuel Wesley (1839-?), — 188
Martin, W. C. — 65

Maxfield, J. J. — 395

McAuley, Neal A. — 535

McGranahan, James (1840-1907) — 243, 257, 443, 451

McNair, Stuart Edmund (1867-1959) — 17, 18, 38, 67, 73, 75, 95, 98, 102, 103, 104 , 109, 185, 186, 192, 208, 209, 216, 220, 231, 257, 332, 363, 367, 395, 397, 530, 540, 542, 565

Medley, Samuel (1738-1799) — 47

Menezes, Manuel Antônio de (1848-1941) — 100, 127, 182, 213, 274, 422, 461, 496, 515

Midlane, Albert (1825-1909) — 171, 522

Millan, Antônio José (1830-1911) —240, 390

Miller, Emily Huntington (1833-1913) — 531

Mills, Elizabeth (1825-?), — 506

Mohr, Joseph (1792-1848) — 30

Moore, Thomas (1779-1852) — 336

Moreton, Robert Hawkey (1844-1917) — 14, 27, 33, 88, 232, 241, 350, 358, 468, 521, 548, 558, 569

Morris, Leila Naylor (1862-1929) — 190, 226, 474

Mote, Edward (1797-1874) — 366

— N —

N., A. — 200

Neighbour, Robert E. — 219, 392, 399, 428, 456, 485

Nelson, Justus Henry (1849-1931) — 5, 26, 60, 90, 132, 134, 284, 326, 346, 365, 377, 415, 481, 484

Neumeister, Erdmann (1671-1756) — 234

Neves, Antônio José dos Santos (1827-1874) — 6, 96, 141, 153, 265, 338

Newman, John Henry (1801-1890) — 355

Newton, John (1725-1807), — (1ª , 2ª e 3.ª estrofes), 139

Niles, Nathaniel (1835-?) — 349

Nind, George Benjamim (1860-1932) — 139, 375
Norton, Nathaniel — 218
Nunn, Marianne (1779-1847) — 76

— O —

Oakey, Emily Sullivan (1829-1883) — 433
Oatman, Johnson Jr. (1856-1926) — 81, 285, 329, 430
Ogden, Ina Duley — 417
Ogden, William Augustus (1841-1897) — 198
O'Kane, Tullius Clinton (1830-1912) — 48
Olivers, Thomas (1725-1799) — 14
Orr, Edwin — 578
Owens, Priscila Jane (1829-1899) — 194, 367

— P —

Pages, Raphael Camacho (1900-1969) — 165
Palmer, Horatio Richmond (1834-1907) — 461
Parker, Anna T. — 541
Paulin, George — 502
Payne, John Howard (1792-1852) — 512
Penno, Henrique Rodolfo (1895-) — 411
Perronet, Edward (1726-1792) — 60 (1.ª, 2.ª e 3.ª estrofes)
Phelps, Sylvanus Dryden (1816-1895) — 305
Pierson, Arthur Tappan (1837-1911) — 189
Pigott, Jean Sophia (1845-1822) — 397
Pitrowsky, Ricardo (1891-1965) — 99, 112, 149, 160 (4.ª
estrofe), 190, 202, 204, 207, 236, 237, 239, 253, 254,
314, 347, 441, 447, 489, 492, 504, 520, 535, 563
Pitts, William Savage (1829-1903) — 382, 545
Pollard, Adelaide Addison (1862-1934) — 175
Pounds, Jessie Brown (1861-1921) — 306
Pryor, Charles Esther (1856-1927) — 298 (2.ª e 3 estrofes)

— R —

Rankin, Jeremiah Eames (1828-1904) — 565

Ransom, John J. (1853-1934) — 119

Reed, Andrew (1787-1862) — 10

Reed, Eliza (1794-1867) — 233

Rexford, Eben Eugene (1848-?) — 276, 434, 495, 541

Ribeiro, Júlio César (1845-1890) — 289, 472

Rippon, John (1751-1836) — 60 (4.ª estrofe)

Robinson, Robert (1735-1790) — 132

Rocha, João Gomes da (1861-1947) — 2, 9, 77, 82, 174, 181, 238, 291, 317, 458, 479, 538, 556, 560

Rodrigues, José Joaquim Pereira (1839-1902) — 402

Root, George Frederick (1820-1895) — 219, 525

Rowe, James (1865-1933) — 46, 160 (1.ª; 2.ª e 3.ª estrofes), 401, 533

Rowley, Francis Harold (1854-1952) — 44

— S —

Sobrinho, Almeida (1845-1936) — 221, 224

SALMO 1 — 388

SALMO 98 — 26

SALMO 103 — 56, 131

SALMO 139 — 353

SALMO 145 — 2

Sammis, John H. (1846-1919) — 301

Sankey, Ira David (1840-1908) — 68, 113

Schofield, Jack P. (1882-?) — 79

Scriven, Joseph (1820-1886) — 155

Searle, George (1857-?) — 557

SELEÇÃO DE RIPPON (1787) — 166

Servoss, Mary Elizabeth (1849-?) — 120, 278, 318

Shaw, Knowles (1834-1878) — 249, 429

Shekleton, Mary — 38

Shepherd, Annie Houlditch (1809-1857) — 534

Sherwin, William Fiske (1826-1888) — 475

Sickle, D. R. Van — 59

Silva, Alfredo Henrique da — (1870-1950) — 162, 302, 379, 419, 444

Silva, A. J. Rodrigues da — 450

Silva, Francisco Caetano Borges da (1863-?) — 222, 357, 366

Silva, Leônidas Philadelpho Gomes da (1854-1919) — 203, 286, 296, 359, 510

Simpson, Jane Cross (1811-1886) — 480

Skilton, A. L. — 253

Sleeper, William True (1819-1904) — 201, 287

Small, James Grindley (1817-1888) — 75

Smart, Eliza Rivers (1848-?) — 329

Smith, Samuel Francis (1808-1895) — 574

Smyth, Harper G. (1873-1945) — 304

Soren, João Filson (1908-) — 579

Souza, Manuel Avelino de (1886-1962) — 29, 36, 51, 52, 83, 94, 156, 158, 191, 206, 214, 319, 324, 335, 336, 361, 384, 385, 405, 418, 438, 454, 495, 511, 537, 555, 564, 567, 570

Spafford, Horatio Gates (1828-1888) — 398

Stead, Louisa M. R. (c.1850-1917) — 406

Sterling, Julia — 428

Stites, Edgar Page (1836-1921) —348, 481

Stockton, John Hart (1813-1877) — 223

— T —

T., F. S. — 417

Talbot, Nellie — 539

Taylor, Catarina K. — 31, 155

Taylor, Ida Scott — 22

Taylor, James Jackson (1855-1924) — 66, 93, 486

Teixeira, Theodoro Rodrigues (1871-1950) — 130, 148, 261, 507

Tersteegen, Gerhard (1697-1769) — 230

Thomas, Alexcenah — 529

Thompson, Mary Ann (1834-1923) — 437

Thompson, Will Lamartine (1847-1909) — 222

Thrupp, Dorothy Ann (1779-1847) — 152

Toplady, Augusto Montague (1740-1778) — 371

— U —

Ufford, Edward Smith (c.1851-1910) — 431

— V —

Venter Judson W. Van de (1855-1939) — 295, 403, 497

— W —

W., L. — 332

Walford, William W. (1772-1850) — 148

Walker, Eliza A. — 457

Walton, W. Spencer (1850-1906) — 37

Wardlaw, H. Mary — 394

Warner, Anna Bartlett (1820-1915) — 542

Watson, Aleck (1883-?) — 424

Watts, Isaac (1674-1748) — 26, 53, 90, 119, 396, (1ª; 2ª; 3ª e 4ª. estrofes), 520

Weatherly, F. E. — 521

Wesley, Charles (1707-1788) — 27, 101 (3ª. estrofe), 326

Whittle, Daniel Webster (1840-1901) — 95, 106, 111, 125, 168, 227, 229, 307, 325, 354, 364, 377, 469, 494

Williams, William (1717-1791) — 482

Witter, Will Ellsworth (1854-?) — 211

Wordsworth, Christopher (1807-1885) — 69
Wright, Henry Maxwell (1849-1931) — 1, 16, 23, 34, 35,
40, 41, 61, 69, 70, 72, 78, 80, 85, 86, 91, 101, 113, 122,
123, 137, 146, 157, 164, 169, 193, 205, 262, 267, 280,
282, 292, 299, 307, 311, 321, 330, 349, 352, 362, 368,
373, 378, 393, 396, 404, 408, 409, 414, 421, 423, 443,
452, 455, 460, 463, 464, 467, 469, 512, 513, 580

— Y —
Yates, John Henry (1837-1900) — 313

— Z —
Zelley, H. T. (1859-1942) — 476

Índice das Primeiras Linhas dos Hinos

— A —

A água da vida 238
A cruz ainda 197
A cruz que me deu 342
A Deus demos 15
A Deus, supremo 8
A graça de nosso 181
A graça do Senhor 189
A Jesus com fé 80
A Jesus crianças 527
A Jesus Cristo 345
A Jesus, o Rei 56
A mensagem do 198
A mensagem vem 194
A nosso Pai do céu 6
A nova do 188
À pátria 481
A pátria para 440
À porta chamo-te 232
A semana já 139
A terna voz 225
A teus pés 262
A ti, ó Deus, fiel 1
A ti, ó Deus, ... 562
A ti seja 296
Ah, que canto 412
Ah, se eu tivesse 386
Abrigado em meu 320
Acaso podíamos 166
Achei a fonte 281
Achei um grande 73
Acode em tempo! 431

Aflito e triste 344
Alegre nova 19
Aleluia! Aleluia! 69
Alerta, meninos! 543
Alerta, mocidade! 549
Alerta, ó terra 28
Alma, que aflita 336
Almejo a fé 365
Alta noite estão 32
Amavas-me, ... 20
Amigo dos 523
Amigo, qual é teu 255
Amigo sem igual 72
Anelo por Cristo 487
Anseio a paz 109
Ao crente é dada 313
Ao Deus de Abraão 14
Ao Deus de amor 7
Ao findar o labor 259
Ao Mestre, ... 420
Apenas rompe 177
Após as lutas 486
Àquele que, de 121
Aqui no mundo 528
Às águas do 145
As riquezas 485
As tuas mãos 351
Até a cruz 41
Atribulado coração 236
Avançai! avançai 428
Aviva-nos, Senhor 171

— B —

Bem ansiosos 107
Bem de manhã 162
Bem longe de Deus 392
Bendigam a Deus 13
Bendita a hora 148
Bendito o Rei 55
Bendito Senhor 418
Benditos laços 379
Bendize, ó tu 131
Benigno Salvador 568
Bom Jesus, és 302
Buscou-me com 37

— C —

Cada coração 408
Cada dia tinham 172
Cai a semente 433
Campeões 473
Cantai a Cristo 48
Cantai que o 26
Cantarei a linda 44
Cantarei de Jesus 399
Cantarei do amor 124
Castelo forte 323
Ceifeiros da seara 451
Ceifeiros somos 424
Celeste, estranho 276
Cercando teu 147
Chegado à cruz 282
Chuva de bênçãos 168
Com gratidão 426

Comigo assiste 291
Como foi para 114
Como há de ser 491
Confia sempre 457
Confio só em ti 321
Confiando em meu 348
Confiando no 446
Consagrando-nos 309
Conta-me a história 196
Contai-me a velha 50
Cristo amado, sei 335
Cristo, bom Mestre 175
Cristo, divino Rei 448
Cristo do céu 111
Cristo é que nos 531
Cristo, em tua cruz 84
Cristo já 101
Cristo Jesus, com 214
Cristo, meu Mestre 290
Cristo, meu Salvador ... 200
Cristo salva 234
Cristo te chama 235
Cristo te chama 210
Cristo tem amor 542
Cristo tudo fez 49
Cristo veio 192
Cristo volta 102
Cristo vos chama 470

— D —

Da linda pátria 484
Das águas da vida 208

Das glórias eternais 88	Do teu pecado 89
De Jesus a doce 390	Do vasto Mato 444
De pecados 404	Domingo, ó dia 140
De teu cuidado 360	Dormindo no meu 521
De ti, Jesus 294	Dormindo no 573
De todas as terras 517	Dormir em Cristo 572
Decorridas eras 17	Duas vidas, Senhor 567
Depois que Cristo 490	
Depressa vem 254	**— E —**
Desde um a outro 442	É Deus por mim 316
Despede-nos 182	É grato relembrar 488
Desperta e canta 47	É ordem do 413
Desperta já, meu 64	É tempo, é tempo 450
Despertado 227	Eia, ao combate 474
Desprezado foi 209	Eia, às armas 472
Deus dá às 541	Eia, avante 460
Deus de paz 480	Eia, avante, ... 546
Deus é amor 24	Eia, avante, sempre 467
Deus é meu 319	Eia, crentes 468
Deus promete 160	Eia, guerreirinhos 533
Deus sempre 230	Eia, ó soldados 458
Deus vos guarde 565	Eis a escrava 402
Dirijo a ti, Jesus 159	Eis a ordem 204
Disse Jesus: Ide 438	Eis, Cristo 211
Ditoso o dia 407	Eis dos anjos 27
Do Amapá ao Rio 581	Eis entronizado 67
Do Deus santo 364	Eis Jesus ressuscitado .. 100
Do meu país 574	Eis morto o Salvador 99
Do mundo Deus 21	Eis os milhões 443
Do país distante 231	Eis que Chefe 66
Do Salvador 300	Eis que Cristo vem 524
Do Salvador o 58	Eis que, ó Pai 149

Eis que vamos 414	Firme nas promessas ... 154
Eis Samuel ouviu 136	Foi Jesus 306
Em breve a vida 503	Fonte de amor 510
Em breve 115	Fonte tu de toda 132
Em Jesus amigo 155	Franqueada 252
Em Jesus confiar 301	
Em mim vem 293	**— G —**
Em nada ponho 366	Glória a Jesus 184
Em teus braços 310	Glória a Jesus 372
Enquanto, ó Salvador ... 137	Glória, glória 61
Entoemos hinos 563	Glória, honra 54
Envolvido em densas ... 264	Glória seja dada 68
Erguei-vos, cristãos 455	Graças ao bom 74
Escuta a voz 217	Grande Deus 180
Espalhemos todos 429	Grande, Senhor 561
Estarei perante 519	Guia, Cristo 327
Eterno Deus 128	Guia-me, meu Salvador 357
Eu aos teus pés 269	Guia, ó Deus 482
Eu avisto uma 508	
Eu conhecer 163	**— H—**
Eu já contente 275	Há hoje alguém 245
Eu nas trevas 279	Há um amigo 76
Eu, perdido 46	Há um bom 522
Eu sei que Deus 333	Há um lar 504
Eu sou um 478	Há um lugar 518
Eu triunfarei 463	Há um rio 496
	Há uma terra 516
	Há uma terra 520
— F —	Hoje inaugura-se 564
Feliz é o homem 388	
Filhos da luz 416	**— I —**
Finda a lida 509	
Finda-se este dia 556	Ide a mensagem 441

Ide meu filho 248
Importará 340
Inda há lugar 256
Irmãos fiéis 462
Irmãos, todos 71

Jesus vos diz 212
Junto ao trono 506
Justo és, Senhor 2

— L —

Leva tu contigo 62
Levantai-vos 552
Levantai-vos 550
Livres do medo 376
Louvai ao Senhor 120
Louvai, louvai 126
Louvamos 12
Louvamos-te 135
Lutai, irmãos 466
Luz após trevas 425

— J —

Já certo estou 378
Já convencido 277
Já muitas vezes 492
Já refulge 112
Já termina o ano 559
Jamais houve 51
Jerusalém excelsa 505
Jesus, agora, sim 42
Jesus amado 536
Jesus, ao céu 118
Jesus Cristo está 98
Jesus desceu 103
Jesus é rejeitado 95
Jesus escuta 540
Jesus, lá na 240
Jesus me guia 359
Jesus, Pastor 381
Jesus, santo nome 63
Jesus, sempre 303
Jesus sendo meu 105
Jesus, Senhor 400
Jesus Senhor, me 270
Jesus tem o poder 202
Jesus, teu nome é 127
Jesus, teu nome 65

— M —

Mais de Cristo 169
Mais perto 283
Mais um obreiro 570
Manda, oh, manda 157
Manso e suave 222
Mãos ao trabalho 419
Mestre divino 370
Meu deleite 507
Meu divino 326
Meu irmão, procura 465
Meu Jesus me guia 356
Meu pecado 167
Meu Senhor 332
Meu Senhor, sou 292
Milhares de 513

Minha alma alerta	415	Neste mundo, mar	315
Minha alma, canta	125	Neste mundo	362
Minha alma	387	No meu viver	341
Minha morada	343	No mundo paz	57
Minha pátria para	439	No paraíso	493
Minha possessão	286	No serviço do	410
Mocidade cristã	544	Nós iremos com	495
Mocidade, deixa	551	Nosso Deus e Pai	158
Mocidade, estais	553	Nosso Pai	150
Morri na cruz	92	Noventa e nove	39
Mui doce soa	70	Num sonho vi	535
Mui longe o monte	82	Numa orgia	249
Mui terna	272		
Mui triste eu	401	— O —	
Muitos falam dos	358	O amor de meu	389
		O chorar não salva	186
— N —		O culto sagrado	178
Na escuridão	355	O dia alegre chega	104
Na forte aflição	346	O estandarte	456
Na pátria celeste	512	O grande amor	35
Na terra, aos	141	O meu coração	278
Não sei por que	377	"O mundo vasto	427
Não sei quando	489	O mundo vil já	285
Não somente pra	417	O povo, sim	29
Não sou meu	307	O sangue tão	91
Não te demores	219	Ó corações	233
Não te importa	447	Ó crentes	432
Não teve um	253	Ó Deus bendito	156
Nas agruras desta	312	Ó Deus, bom Pai	11
Nasce Jesus, fonte	33	Ó Deus do céu	23
Nem sempre será	298	Ó Deus tu, me	353
Nenhum amigo	81	Ó divino Preceptor	117

Ó filhos de Sião 53	Oh, que tão precioso 86
Ó gratos ao Senhor 3	Oh, sim, Jesus 52
Ó Jesus, achei 397	Oh, tão cego eu 396
Ó Jesus! Ó vera 144	Oh, vai me 515
Ó jovens, acudi 548	Oh, vem divina 263
Ó línguas, povos 134	Oh, vinde adorar 16
Ó meninos, vinde 532	Oh, vinde à fonte 215
Ó Mestre! o mar 328	Oh, vinde a mim 218
Ó meu Deus, te 173	Oh, vinde meninos 538
Ó meu querido 284	Oh, vinde ouvir 122
Ó minha alma 205	Oh, vinde ver 243
Ó moços, que 554	Oh, vinde, vós 223
Oh, vinde crentes 85	Olha para Cristo 203
Oh, buscai não 423	Olhando o lenho 90
Oh, como é grande 349	Onde quer que 299
Oh, como é tão 97	Onipotente Rei 5
Oh, como estou 391	Oscilando minha fé 322
Oh, como foi que 87	Ouço meu Senhor 268
Oh, convidai-os 435	Ouço o clamor 529
Oh, escutai! Jesus 228	Ousados, com 449
Oh, eu sou feliz 405	Ouve-nos, Pastor 152
Oh, mais detestável 170	Ouvi o Salvador 394
Oh, maravilha 36	Ouviram 577
Oh, não consintas 339	
Oh, não tens 18	— P —
Oh, onde os 434	Pai celeste, Deus 165
Oh, quando o 514	Palavra abençoada 241
Oh, quantos 260	Pão da vida 142
Oh, que bela 445	Para Jesus Senhor 280
Oh, que belos 274	Para o crente 571
Oh, que descanso 393	Pátria minha 483
Oh, que mensagem 191	Pecador, confessa 258

Pecador, teus 187
Pendurado foste 83
Pendurado no 265
Perante o trono 534
Perdido andei 403
Peregrinando vou 476
Peregrinos, quais 477
Perto de ti almejo 288
Plena graça 34
Plena paz gozo eu 409
Por meus delitos 119
Por mim sofreu 373
Povo de Deus 437
Pra todo perdido 183
Preciosas as palavras 43
Proclamai a todo 193
Prometo agora 297

— Q —

Qual ave que 22
Qual grande vaga 40
Qual o adorno 380
Qualquer que crer 267
Quando a tempestade .. 318
Quando Cristo os 110
Quando Cristo sua 108
Quando meu 500
Quando nos cercar 330
Quando terminar 511
Quão preciosas 151
Quase achegado 251
"Quase induzido 250

Que alegria neste 411
Que alicerce 367
Que bendita, que 129
Que consolação 314
Que delícia é crer 406
Que doce voz tem 384
Que grande amigo 75
Que grande amor 25
Quem é que vai 257
Quem está ao lado 452
Quem me poderá 93
Quem ouvir as 213
Quem pode o teu 38
Quem tenho eu 369
Queres desanimar 337
Queres o teu vil 226
Querido lar tenho 501
Quero estar ao pé 289
Quero o Salvador 350
Quero ser um 304

— R —

Refúgio Cristo 317
Regozijai-vos 113
Riquezas não 395
Rocha eterna 371
Rompe a aurora 560
Ruge forte 579

— S —

Sabeis falar 421
Sábia, justa 138

Sacrifícios 199
Salvação Jesus me 361
Salvador bendito 368
Salvador benigno 273
Salvador, por ti 558
Salve, lindo 576
Salvo por Jesus 374
Santo Deus, vem 10
Santo, santo 4
Santo! Santo 9
Saudai o nome 60
Saudamos-te, ó 59
Saudamo-vos 566
Se aqui, Senhor 153
Se da vida 329
Se eu tiver Jesus 308
Se infeliz nos 499
Se já estás salvo 430
Se já liberto 130
Se nos cega o sol 96
Se paz a mais 398
Sê tu meu Guia 363
Seguro estou 324
Sei agora o que 146
Sei que o amigo 77
Sei que vive 338
Seja bendito 123
Seja um pálio 575
Semente lançada 547
Sempre combatamos 461
Sempre fiéis, sim 464
Sempre, sempre 352

Sempre unidas 459
Sempre vencendo 471
Sendo remido 354
Senhor da ceifa 569
Senhor Jesus, eu 383
Senhor Jesus, ó 161
Senhor, quão 45
Será possível 143
Sim, de graça 78
Só tu, Jesus 94
Só vejo trevas 261
Sobre a cruz 311
Sóis vós, irmãos 453
Somente Cristo 185
Sonda-me, ó Deus 578
Sou forasteiro 207
Sou um infantil 537
Sou um soldado 530

— T —

Tal qual estou 266
Tantos remidos 497
Tão perto do reino 237
Temos por lutas 454
Temos sombras 331
Tempo de ser 176
Tendes vós lugar 229
Tenho gozo 382
Tenho lido da bela 498
Terás vida em 195
Teu culto findo 179
Teu divinal amor 305

Todo o meu tão 271
Tributai, ó vós 133
Triste e sombrio 287
Tu anseias hoje 239
Tu deixaste, Jesus 31
Tu que mandaste 174
Tu, que sobre 164
Tudo é paz 30
Tudo, ó Cristo 295

— U —
Um bom amigo 79
Um passo só 224
Um pendão real 469
Um pouco mais 502
Um rico, de noite 201
Uma barca 325
Uma cidade mui 494
Uma voz ressoa 436

— V —
Vai fugindo o dia 557
Vamos batalhar 475

Vamos, jovens 545
Vamos nós louvar 385
Vamos nós 422
Veio Jesus a este 190
Vejo no céu 539
Vem a Cristo 246
Vem, alma cansada 334
Vem, Espírito 116
Vem, filho perdido 247
Vem, ó Cristo 106
"Vem, vem a mim 220
"Vem, vem a mim 216
Vem! visita 580
Venham, venham 526
Vinde, aflitos 244
Vinde já, vinde 242
Vinde, meninos 525
Vinde, ó mocidade 555
"Vinde todos 221
Vindo sombras 347
Vitória como 206
Vivo feliz 375
Vou à pátria 479

Índice dos Estribilhos dos Hinos

— A —

A cruz que 342
A graça vinda 128
A Jesus Cristo 345
A minha fé 366
À porta por amor 232
A ti, Jesus 268
Abençoa, Senhor 567
Aceita-nos, Senhor 426
Acode em tempo 431
Acordai! acordai 414
Alerta, meninos 543
Ali eu cantarei 492
Ali na cruz 87
Aleluia! aleluia 513
Aleluia! aleluia 197
Aleluia! aleluia 537
Aleluia! aleluia 316
Aleluia, toda a 135
Alvo mais que a 123
Ama os meninos 542
Amados, filhos 364
Ao Mestre 420
As boas novas 437
As ondas atendem 328
Aviva-nos, Senhor 171

— B —

Bem alto agora 566
Bem de manhã 162
Bom Jesus, minha 302
Breve o dia vem 104

Brilha no meio 417
Brilhando 539
Brilho celeste 476

— C —

Cada momento 354
Cada vez mais 488
Cada vez mais e 309
Canta, minha alma 375
Cantai, cantai 278
Cantam: "Glória 534
Cantarei a linda 44
Cantarei de Jesus 124
Cantarei na sua 391
Cantarei que Jesus 399
Chuvas de bênçãos 168
Com Cristo estou 395
Com prazer todos 561
Com valor 469
Como em Jerusalém 57
Como é triste 279
Como estrelas 524
Confia em Deus 457
Confiado no Senhor 350
Confiai em seu poder .. 234
Confiemos nele já 348
Conta as bênçãos 329
Contai-me a velha 50
Coroai-O 66
Creio, creio 370
Crer e observar 301
Cristo! Cristo! Já 406

Cristo! Cristo! 273	Despertai-vos 550
Cristo é a única 581	Deste convite 441
Cristo está pronto 184	Deus cuidará de ti 344
Cristo Jesus, meu 361	Deus é amor 24
Cristo me amou 46	Deus me guiará 319
Cristo me chama 272	Deus o proclama 216
Cristo, Mestre 116	Divino amor 22
Cristo, Mestre 335	Do Salvador 58
Cristo, meu Mestre 36	Doce porvir 486
Cristo não tarda 111	
Cristo, nome de 65	**— E —**
Cristo sabe das 81	E face a face 503
Cristo salva 223	É Jesus que nasce 29
Cristo sempre, e 408	Eia, ao combate 474
Cristo te salva........... 235	Eia, avante 460
Cristo vai hoje 245	Eia avante, dando 470
Cristo volta.............. 102	Ei-lo a convidar 230
Cristo vos chama 228	Eis a mensagem 207
	Eis a nova 191
— D —	Eis o mandado 204
Da nossa vista........... 494	Ele valerá 322
Da sepultura saiu 99	Em Jesus procuremos .. 461
Da sua glória 97	Em teus braços 310
Dai lugar a Jesus 229	Então com que 254
Dai-nos luz 436	És tu, Jesus, meu 42
De maneira tal 402	Esperam lá 493
De nada aproveita........ 255	Estarei perante 519
De uma vez 376	Esse gozo nós 496
Deixa a luz do céu 239	Eu alegre vou 403
Descansando nos 314	Eu creio, sim 281
Despede-nos 182	Eu, em qualquer 528
Desperta já 64	Eu quero fazer........... 298

Eu sou de Jesus	401		**— I —**	
Eu venho como	270	Ide, pois, servos	448	
Exaltado seja	385	Importa renascer	201	
Excelsa paz hei	514	Irmão! irmão	430	
Exulta, ó crente	337	Irmãos! irmãos	421	
Exultai! Exultai	15			

— F —

		— J —	
Faze como Daniel	465	Já chega de	226
Faze-me vaso	304	Jamais se contou	498
Firme, firme	154	Jesus Cristo me	318
Foi escrito por ti	485	Jesus é meu amigo	73
Foi Jesus que	186	Jesus é o melhor	77
Foi na cruz	396	Jesus escuta	540
Frente ousada	472	Jesus, Jesus é o	185
		Jesus, Jesus, o	373
		Jesus me guia	359

— G —

		Jesus, o Mestre	220
Glória a Deus	564	Junto a ti	286
Glória ao Salvador	282	Juntos na glória	497
Glória, glória	112		
Glória, glória	190	**— L —**	
Glória, glória os	274		
Glória no porvir	331	Lá no céu	504
Gozo, paz	243	Lá no céu, a mão	249
Graça real	79	Leais, entrai	549
Guia, guia, sempre	357	Lealdade, ó jovens	552
		Liberdade	575
		Logo vem o dia	95

— H —

		Louvai, cantai	563
Há poder, sim	89	Louvai, louvai	126
Havemos de colher	429	Louvai, louvai	120
Hei de ver	509	Louvemos tão	25
Hosana! hosana	535	Luz bendita, luz	129

— M —

Mais, mais de 169
Mais perto 292
Mais perto, sim 285
Marchai, ó crentes 466
Mas eu sei 377
Metade nunca se 383
Meu amigo, hoje 259
Meu Deus 333
Meu Jesus me guia 358
Meu pecado, sim 390
Mocidade cristã 544
Mocidade, ergue 551
Morri, morri na 92
Muito contente 387

— N —

Na coroa as 507
Na redenção 125
Não consentir 339
Não é dos fortes 471
Não há lugar 253
Não me falaram 447
Não sou meu 307
Nasce Jesus, fonte 33
Nasceu o Redentor 28
Naufragante 325
No céu, na terra 7
No eterno lar 517
No labor 422
No poder de 324
No serviço do meu 410

Nome bom, doce 62
Nossa morada 367
"Novas tenho 32
Nunca me deixar 362

— O —

O ano findo 560
O dom é de graça 208
O Espírito e a 238
O sangue de Jesus 85
O segredo do 330
Ó crentes, proclamai ... 449
Ó filho perdido 247
Ó Jesus bendito 368
Ó Jesus, vem 312
Ó meu Jesus 294
Ó meu Mestre 264
Ó pecador, eis 210
Oh, aleluia 490
Oh, bela terra 481
Oh, cantemos 411
Oh, com valor 453
Oh, crê! Oh, crê 18
Oh, dia triunfal 113
Oh, doce, doce lar 512
Oh, faz-me forte 119
Oh, ide buscá-lo 248
Oh, não temas 349
Oh, olhai, pois 198
Oh, qual há de ser 433
Oh, quanto amor 252
Oh, quanto, quanto 82

Oh, que amor 37
Oh, que dia 114
Oh, que grande 47
Oh, que grandioso 313
Oh, que preciosa 93
Oh, quer-me bem 341
Oh, sede heróis 455
Oh, sim, eu sei 340
Oh, sim, prossigamos 71
Oh, sim, qualquer 189
Oh, ternura, graça 389
Oh, vem a Jesus 240
Oh, vem sem 236
Oh, vem, sim 418
Oh, vem, vem 545
Oh, vem, vem 382
Oh, vinde a Jesus 237
Oh, vinde a mim 218
Oh, vinde todos 206
Olhando para 579
Onde os obreiros 434
Onde quer 299
Os que confiam 451
Ouve as vozes 412
Ouve, ó Deus 158

— P —

Para o céu por 306
Pela sua graça 67
Pelo seu poder 565
Pelos caminhos 435
Pequenos raios 541

Perto, mui perto 290
Por isso canto 400
Por Jesus, com 546
Porque não já 233
Pra gozar com 571
Prazer, alegria 51
Precioso é Jesus 487

— Q —

Qual maior prazer 384
Quando nos vier 110
Quando se fizer 108
Que alegria, sem 525
Que prazer eu 407
Que profundo 17
Que queres, ó 547
Quem de Cristo 452
Quem pode o seu 35
Quer no presente 225
Querido lar, oh, ... 501
Quero viver pra 300

— R —

Recebe o afeto 576
Rei, Emanuel 59
Resolutos avançai 456

— S —

Salvação! Salvação 48
Salve Deus 439
Salvo por Jesus 374
Salvo! salvo 372

Salvos pela fé 68
Salvos por Jesus 495
"Santa paz e 188
Se teu coração 347
Seguirei a meu 308
Sem luz nas 263
Sempre fiéis 464
Será grande glória 489
Seu amor pregai 413
Seu convite é 221
Sião é a nossa 53
Sim, conquistar 427
Sim, Cristo é 317
Sim, Cristo tem 202
Sim, Deus é por nós 454
Sim, feliz eu sou 405
Sim, há de ser 500
Sim, marchar 450
Sim, na cruz 289
Sim, te encontrarei 515
Sim, tu, irmão 445
Só Cristo 52
Só por Jesus 192
Sou feliz 398
Sou pecador 353
Sua bondade 386
Sua fé Jesus 160
Sublime e doce 276

— T —
Tenho paz 320
Toda a terra e 27

"Todo o poder 443
Todo o que quiser 213
Todos marchemos 530
Trabalhar com 555
Tudo entregarei 295
Tu, Jesus, vieste 83
Tu serás bem 231

— U —
Um passo só 224
Um pouco mais 502
Unidos vamos já 462

— V —
Vai buscar 529
Vamos com Jesus 548
Vamos, crentes 475
Vamos, irmãos 438
Vamos já, com 473
Vamos já obedecer 424
Vamos todas 459
Vamos ver Jesus 499
Vê, vê, viverás 195
Vem amigo 227
Vem, esperança 106
Vem, inflama viva 167
Vem, Jesus 31
Vem, oh, vem 164
Vem, oh, vem 246
Vem, vem 256
Vem a Jesus 214
Vem dar-me paz 343

"Vem já, vem já	222	Vinde, cristãos	130
Vem já, vem já	219	Vinde, vinde	241
Vem para a luz	183	Vou à pátria	479
Venham todos	209	Vou morar	508
Vinde a Jesus	215	Vou viver com	511

Diagramação, Impressão e Acabamento.

www.geograficaeditora.com.br